Introduction to Mathematics Education Practice

数学教育実践入門

黒田恭史 編著

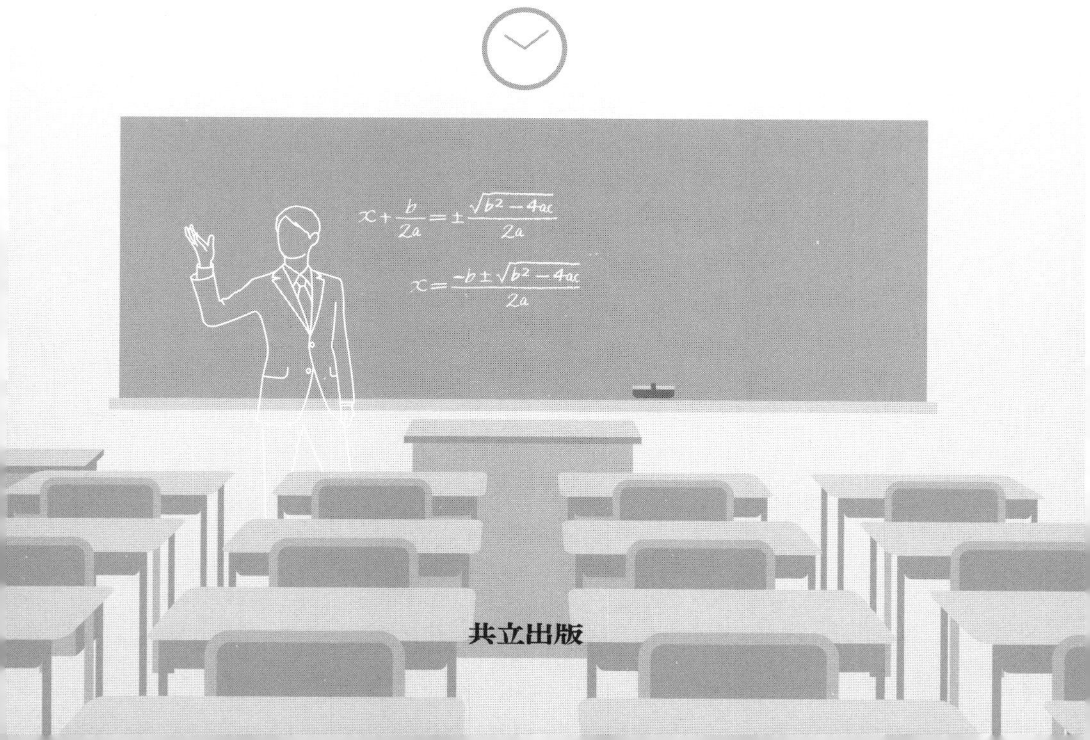

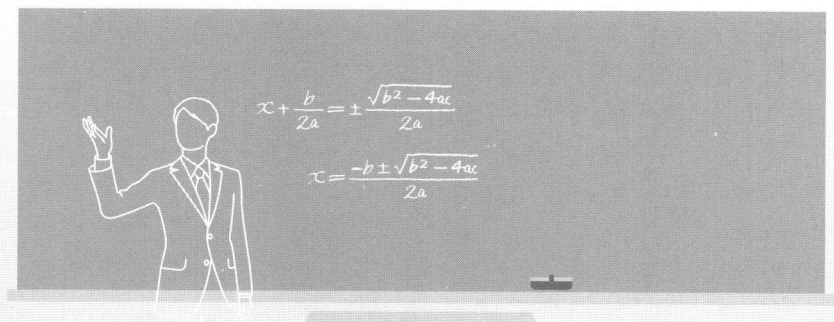

共立出版

はじめに

　本書は，中・高等学校（数学）の教職を目指す学生，学校教育現場で数学を指導しておられる先生，さらには広く数学教育に関心のある方々を対象に編纂したものである。先の拙書『数学科教育法入門』（共立出版）が理論編であるのに対して，本書は実践編となっている。

　学習指導要領が改訂され，数学的活動や表現力の育成が重視されるようになった。本書は，これまでの研究成果，教育実践をもとに，数学の現実事象への活用能力や，問題解決過程の記述・表現能力を育成するための方法を，具体的な実践の中で取り上げている。また，各学年で取り上げる教育内容においても，学年間での移行や，新しいトピックスが入るなど，大きく様変わりした。こうした改訂についても，概観できるようにした。併せて，評価については，表現力の育成を踏まえたバランスの取れた評価を行うための方法について記した。本書の内容を参考に，生徒の数学の力を，より向上させるための教育実践につなげていってほしい。

　以下，各章で扱っている内容の概略を紹介する。

　第1章では，数学教育の目標，内容，評価，実践について論じている。目標と内容については，学習指導要領で示された目標と内容の概略とともに，これまでの数学教育研究の中で培われてきた目標と内容について解説している。評価については，評価の時期，評価の内容と方法について，行為動詞やチェックリストの活用を踏まえ述べている。実践については，授業形態や授業進行スタイルの特徴，フローチャートによる授業記述，接続詞を活用した表現力の育成などをもとに，具体的な授業づくりにつなげている。

　第2章では，代数教育を対象に，目標，内容，実践について論じている。目

標と内容については，数の拡張，文字の持つ意味，文字式の種別と特徴，代数的構造などについて，系統的な指導のあり方を踏まえ論じている．実践については，中学校での取り組みにおいて，プログラム電卓やコンピュータを活用し，現実的な場面を取り入れた授業について解説している．

　第3章では，幾何教育を対象に，目標，内容，実践について論じている．目標と内容については，図形の種別，図形の位置する平面・空間，図形の移動・変換，論証，計量などについて，系統的な指導のあり方を踏まえ論じている．実践については，折り紙を用いたオリガミクスを積極的に取り上げ，証明を実際の折り紙で確認するなどの活動場面を取り入れた授業について解説している．

　第4章では，関数・解析教育を対象に，内容，実践について論じている．内容については，変化と対応，変化の割合，各種関数，微分・積分などについて，系統的な指導のあり方を踏まえ論じている．実践については，中学校，高等学校での取り組みにおいて，多様な現実場面を対象に，関数の特性を利用して，未来を予測するなどの授業について解説している．

　第5章では，確率・統計教育を対象に，目標，内容，実践について論じている．目標と内容については，確率の概念，確率変数，記述統計，推測統計などについて，系統的な指導のあり方を踏まえ論じている．実践については，確率の取り組みにおいて，様々な試行を行い，計算によって求まる確率と実験による確率の関係を扱ったり，統計の取り組みにおいて様々なグラフを活用し，現実的な場面を取り入れた授業について解説している．

　なお，本書は，テキストのみでの学習も可能となるよう，各項目とも出来る限り解説に頁を割き，自学自習で学習をすすめていけるよう心掛けた．また，全体を平易な記述表現で統一しながらも，内容については，最新の実証的な研究成果を踏まえているため，現在の学校教育現場において役立つものとなっている．

　本書の分量は「数学科教育法」の4単位分を想定している．具体的な使用方法としては，第1章の目標と評価，第2章の代数教育を前期2単位，第3章の幾何教育，第4章の関数・解析教育，第5章の確率・統計教育を2単位というものが考えられる．本書と併せて理論編の『数学科教育法入門』では，

理論部分を2単位，数学教育の歴史，コンピュータの利用などを2単位で学習し，2冊併せて「数学科教育法1〜4」までの8単位分を網羅することができるようになっている。

　各章の最後には，数題の研究課題を載せている。テキスト内容だけでなく，実際に紙と鉛筆，様々な器具を用いて，実証的に数学を学ぶ姿勢を身に付けていただきたい。また，章末に記された参考文献なども積極的に活用し，豊富な数学の知識を吸収したうえで，数学教員として活躍していただく人が一人でも多く輩出することができれば，本書の目的は達せられたといえる。

　最後に，本書の執筆に際し，出版の機会を与えていただいた共立出版㈱寿日出男氏に，この場を借りて感謝の意を表したい。

2014年2月

編　著　者

目　　次

1　数学教育における実践とは　　1

- 1.1　数学教育の目標と内容 1
  - 1.1.1　数学教育の目標 1
  - 1.1.2　数学教育の内容 6
- 1.2　数学教育の評価 13
  - 1.2.1　評価の目的 13
  - 1.2.2　評価の要点 14
  - 1.2.3　評価の時期 16
  - 1.2.4　評価の内容と方法 17
- 1.3　数学教育の実践 22
  - 1.3.1　授業形式について 22
  - 1.3.2　授業実践での工夫 26
  - 1.3.3　具体的な授業づくり 28
- 研究課題 40

2　代数教育における実践　　41

- 2.1　代数教育の目標と構成 41
  - 2.1.1　代数教育の目標 41
  - 2.1.2　代数教育の構成 43
- 2.2　代数教育の内容 45

		2.2.1	数について	*45*
		2.2.2	整式について	*50*
		2.2.3	文字・文字式について	*54*
		2.2.4	代数的構造	*58*
	2.3	代数教育の実践		*60*
		2.3.1	中学校第 1 学年での実践	*60*
		2.3.2	中学校第 2 学年での実践	*70*
	研究課題			*85*

3 幾何教育における実践　　　　　　　　　　　　　　　*87*

	3.1	幾何教育の目標と構成		*87*
		3.1.1	幾何教育の目標	*87*
		3.1.2	幾何教育の構成	*90*
	3.2	幾何教育の内容		*92*
		3.2.1	平面幾何の基本定義・公理	*92*
		3.2.2	平面幾何の基本定理	*101*
		3.2.3	平面幾何の基本作図	*108*
	3.3	幾何教育の実践		*116*
		3.3.1	幾何のカリキュラムとオリガミクス	*116*
		3.3.2	中学校第 1 学年での実践	*118*
		3.3.3	中学校第 2 学年での実践	*122*
		3.3.4	中学校第 3 学年での実践	*124*
		3.3.5	高等学校での実践	*128*
	研究課題			*138*

4 関数・解析　　　　　　　　　　　　　　　　　　　　*139*

	4.1	中学校での関数・解析の教育内容		*139*
		4.1.1	関数関係となる 2 変量の抽出（中 1）	*139*
		4.1.2	変化と対応（中 1）	*140*

		4.1.3	変化の割合（中2） *142*
		4.1.4	関数の利用（中1・2・3） *143*
	4.2	高等学校での関数・解析の教育内容 *145*	
		4.2.1	二次関数（高1） *145*
		4.2.2	指数関数・対数関数（高2） *146*
		4.2.3	三角関数（高2） *147*
		4.2.4	微分・積分の考え（高2） *148*
		4.2.5	微分法（高3） *149*
		4.2.6	積分法（高3） *150*
	4.3	関数・解析教育の実践 *152*	
		4.3.1	中学校第1学年での実践／ともなって変わる2変量の抽出 *152*
		4.3.2	中学校第1学年での実践／比例・反比例の利用 . . . *156*
		4.3.3	中学校第2学年での実践／一次関数の導入 *161*
		4.3.4	中学校第3学年での実践／関数 $y=ax^2$ の導入 . . . *165*
		4.3.5	中学校第3学年での実践／関数 $y=ax^2$ の利用 . . . *169*
		4.3.6	高等学校第1学年での実践／二次関数のグラフ . . . *173*
		4.3.7	高等学校第1学年での実践／絶対値を含む関数のグラフ *177*
		4.3.8	高等学校第2学年での実践／指数関数の利用 *181*
	4.4	関数・解析教育の課題 *185*	
		4.4.1	現実との関わり *185*
		4.4.2	多変数関数 *186*
		4.4.3	ICT活用 *186*
	研究課題 *187*		

5 確率・統計教育における実践　　*189*

	5.1	確率・統計の数学内容について *189*	
		5.1.1	確率とは *189*
		5.1.2	統計について *201*

5.2	確率・統計の指導のポイントについて		*218*
	5.2.1 現在の確率・統計の教育について		*218*
	5.2.2 現在の確率・統計の学力について		*221*
	5.2.3 確率・統計の指導のポイントについて		*223*
5.3	確率・統計教育の実践		*224*
	5.3.1 統計的確率・数学的確率（小学6年・中学1年）		*224*
	5.3.2 データ取りと度数分布表とヒストグラム（小学校高学年）		*228*
	5.3.3 正規分布と平均値・標準偏差（中学校〜高等学校）		*232*
	5.3.4 二項分布と割合の推定（中学校〜高等学校）		*235*
	5.3.5 検定（高等学校）		*238*
研究課題			*244*

索　引　　　　　　　　　　　　　　　　　　　　　　　　　*247*

第1章

数学教育における実践とは

1.1 数学教育の目標と内容

1.1.1 数学教育の目標

　数学教育の目標を考えるにあたっては，国の基準としての学習指導要領と，歴史的・国際的視野を踏まえた数学教育研究としての目標があることを踏まえなくてはならない。

　そして，実際の指導に際しては，より幅広い数学教育研究としての目標をもとに，現在の学数指導要領で決められた内容を生徒の状況に応じて指導していく必要がある。以下では，最初に学習指導要領に示された目標を概観し，その後，数学教育研究の立場から目標を解説する。

(1) 学習指導要領

　学習指導要領は，我が国の基準としての数学教育の内容を定めたものである。第二次世界大戦後の 1947 年から出されるようになり，約 10 年ごとに改訂がなされ，今日に至っている。学習指導要領の変遷については，各種書物に詳しいので，ここでは，『中学校学習指導要領数学編』(2008) と『高等学校学習指導要領数学編理数編』(2009) の概略について解説する。

A. 中学校学習指導要領 数学編

　まず，領域構成をこれまでの「数と式」，「図形」，「数量関係」の3領域から，「数と式」，「図形」，「関数」，「資料の活用」の4領域に変更した。これは，確率・統計に関する内容を充実させることで，「資料の活用」として新たな領域を立ち上げ，その分「数量関係」をより関数の内容に特化させるため「関数」と名称変更したものといえる。

　中学校段階における数学の目標については，次の3点を主たる改善点としている。

　1つ目は，数学的活動を重視することであり，その具体例として，数学を生み出す活動，数学を利用する活動，数学的に伝え合う活動，数学的に実感する活動などを挙げている。

　2つ目は，事象を数理的に考察し表現する能力の向上であり，とりわけ数学の各種性質の説明や，筋道立てた説明，自分の考えを説明するといった表現能力の育成が，より重視されるようになった。

　3つ目は，数学を様々な場面で活用する態度の育成の強調であり，そのことを通して数学の学習に主体的に取り組むようになることが期待されている。

　続いて，数学の内容については，次の3点を主たる改善点としている。

　1つ目は，領域構成の変更であり，上述の3領域から4領域へと，より具体的な領域分類が行われた。さらに，各領域における数学的活動の具体例の詳細が示されるようになった。

　2つ目は，内容の学年間の移行を行ったことである。全体的に，中学校低学年の内容は小学校高学年に，高等学校の内容は中学校に移行された。具体的には，中学校第1学年で扱っていた図形の対称性，角柱や円柱の体積，第2学年で扱っていた起こり得る場合の数はいずれも小学校第6学年に移行した。また，高等学校「数学I」で扱っていた数の集合と四則計算，球の表面積と体積は中学校第1学年に，有理数と無理数，二次方程式の解の公式，相似な図形の面積比と体積比，いろいろな関数は中学校第3学年にそれぞれ移行した。

　3つ目は，生徒が身に付けるべき能力を明確に記述したことである。学年進行に伴い能力を高めていく場合，「培う → 養う → 伸ばす」という表現を用い，習得すべき内容は「知ること」や「理解すること」という表現を用いて，

到達目標を明確にすることにした。

B. 高等学校学習指導要領 数学編 理数編

　数学の科目構成について，下記のような改善を図っている。従前は，数学基礎 (2)，数学Ⅰ (3)，数学Ⅱ (4)，数学Ⅲ (3)，数学A (2)，数学B (2)，数学C (2) であり，これらのうちから，最低2単位を習得することが義務付けられた（かっこ内の数字は標準単位数）。今回の改訂により，科目編成は，数学Ⅰ (3)，数学Ⅱ (4)，数学Ⅲ (5)，数学A (2)，数学B (2)，数学活用 (2) となり，共通必修科目として，数学Ⅰを履修することとなった。加えて，高等学校での必履修科目や多くの生徒の選択が見込まれる科目に「課題学習」を位置付け，指導の充実を図ることが示された。

　高等学校段階における数学の目標については，次の4点を主たる改善点としている。

　1つ目は，数学的な知識の「量」だけでなく，学習の「質」を重視している点である。ここでいう学習の「質」とは，数学の知識や技能をどのようにして習得したのかということであり，そのことが各種場面での数学の活用力に影響するからである。

　2つ目は，創造性の基礎を養うことと，論拠に基づく判断力の育成である。創造性や判断力は，数学学習における知的好奇心，豊かな感性，批判力，直観力，洞察力，思考力，想像力などが集約された上で，形作られるものである。

　3つ目は，数学が抽象的で体系的な学問であるがゆえに，様々な場面への適用が可能であることを理解させることである。抽象的であるため，自然科学のみならず社会科学でも数学が有用であり，客観的・論理的に物事を説明することが可能になるわけである。

　4つ目は，高度情報通信技術を積極的に活用した数学教育の取り組みを推進することである。現代社会は，コンピュータなしではもはや成り立たないことからも，コンピュータの操作技能の向上とともに，コンピュータを活用することで，現実場面を積極的に取り上げるような数学教育へと改善していく必要がある。

　数学の内容については，それぞれの科目構成において次のような改善が行

われている。「数学 I」は，共通必修科目とし，高等学校数学の基礎的・基本的な知識，技能と，その活用能力などの育成を目的として，数と集合，図形と計量，二次関数などの内容を扱う。「数学 II」は，数学的な資質・能力などの伸張を目的として，式と証明，高次方程式，図形と方程式，三角関数などの内容を扱う。「数学 III」は，専門的な数学の知識・技能の育成を目的として，極限，微分法，積分法などの内容を扱う。「数学 A」および「数学 B」は，選択履修する科目としており，確率，数列，ベクトルなどを扱う。「数学活用」は，数学と人間とのかかわり，社会生活における数学の果たす役割を理解させることも目的とし，「数学基礎」の内容を発展させたものを扱う。

(2) 数学教育研究からの目標

　数学教育研究の立場から目標を考える際は，日本の学習指導要領の目標にとどまらず，各国の数学教育の目標を概観したり，最新の研究成果を踏まえ，検討を行う必要がある。以下では，大きく中学校と高等学校に分けて，目標について解説する。

　なお，2003 年の学習指導要領一部改正により，各学年に示された教育内容は，扱うべき最低限の内容であると規定された（文部科学省 2003）。したがって，各学年の進度に沿って，よりすすんだ内容を扱うことも可能であり，そのことを踏まえたカリキュラムの構成を考えておく必要があることから，目標についても視野を広げて捉えておくことが肝要である。

A．中学校の目標

　中学校における数学の目標を，横地ほか（2005a）を参考に，数学教育研究の立場から整理すると，以下のようになる。
①論理的推論・展開を基礎に数学を体系的に理解させること。これは，小学校段階に見られる具体的な事象としての性質や証拠として論を展開するというのではなく，論理的に正しいことを積み重ねていくことで論を展開するということへの転換である点にポイントがある。
②現在並びに将来に必要とされる生活の基盤としての数学を身につけさせること。ここでいう生活とは，単に日常生活の中にある数学的要素という意

味ではなく，よりレベルの高い数学への誘いを含めた，発展的内容ということである。
③より広範で抽象化の高い数学までを理解させること。抽象化された数学は，現実事象と乖離するものではなく，より汎用性を持って様々な場面への応用が可能であることから，積極的に数学と現実事象を結びつけることにつながる。

上記3点の事項をまとめると，小学校の算数から中学校の数学へと移行するということは，抽象化と論理化をすすめ，数学を体系的に捉える力を育成するとともに，将来に向けた生活の基盤として数学を様々な場面に役立てることのできる力の養成であるといえる。

B. 高等学校の目標

高等学校における数学の目標を，数学教育研究の立場から整理すると，以下のようになる。
①数学の各専門分野を踏まえた論理的推論・展開を行い，数学を体系的に理解させること。とりわけ，平面幾何学，空間幾何学の分野は，日本の数学教育において十分な扱いが見られないことから，数学教育の立場から体系化することが望ましいといえる。
②生活の基盤としての数学に加えて，科学技術の発展や自然現象の解明につながる数学を身につけさせること。関数，微分・積分などが，単なる数式処理に終わるのではなく，様々な自然現象を解明したり予測したりする上で重要な役割を担っていることを，具体的に取り扱うことが重要である。
③抽象化された数学を生徒の認識実態に応じて再配置し，理解させること。高等学校の数学では，抽象化がすすむことにより，数学と現実事象の乖離が大きくなるといわれるが，むしろ抽象化をすすめることで，より広範な現実事象への適用がすすむという観点から教育内容を設定することが重要である。

上記3点の事項をまとめると，中学校の数学から高等学校の数学へと移行するということは，数学の各専門分野への誘いの観点から，より抽象化と論理化をすすめ，数学を体系的に捉える力を育成するとともに，科学技術への

応用や自然現象の解明の視点から，数学を具体的に活用することのできる力の養成であるといえる．

1.1.2 数学教育の内容

中学校では，小学校算数科で学習した内容を踏まえ，それらをより専門的，抽象的に扱う数学の内容が取り上げられる．高等学校では，中学校数学科で学習した内容の上に，代数学，幾何学，解析学，確率論，統計学といった数学の各専門分野へとつながる数学の内容が取り上げられる．ただし，中学校，高等学校で扱う内容が，数学の中だけで閉じるものとしてではなく，広く日常生活や自然現象に大いに関連するものとして取り上げ，生徒が数学を様々な場面で活用しようとすることができるように指導を行わなくてはならない．ここでは，中学校数学と高等学校数学で扱う内容の要点を記すことにする．

(1) 中学校数学の内容

以下では，中学校の数学全体を通して取り上げる内容の概略について記し，その後，学習指導要領に記された各学年で取り上げる概略を記す．

A．中学校で取り上げる数学の内容

まず，「数の概念及びその範囲の拡張」では，小学校算数科で学習した数について，より数学的な扱いをする．具体的には，これまで学習してきた数を，自然数，整数，有理数，無理数として捉えなおし，その意味と用語について取り上げる．

「ユークリッド空間」では，各種図形の性質とともに，図形が位置する空間自体の諸関係について扱う．具体的には，個々の図形の特徴や操作（移動，運動，相似）を取り上げるとともに，ユークリッド空間の性質についても触れる．

「関数」では，数量の変化や対応などの動的な対象に着目し，現実事象との関連を踏まえ，その特徴について扱う．具体的には，2つの数量の関係から関数の性質を学習したり，式やグラフを用いることで可視化することなどを取り上げる．

「不確定な事象」では，確実な事象だけでなく，不確定な事象においても数学が活用されていることを知り，その原理の理解と，式化，数値化することを扱う．具体的には，不確定な事象が起こる程度としての確率や，集団の特徴や傾向を捉えるための統計などの基礎を取り上げる．

「文字を用いた式」では，具体的な事象を，より一般化・抽象化する目的で，文字を用いた式について扱う．具体的には，現実の事象や関係を，数学の世界で考察することができるよう，多項式，方程式，関数などを取り上げる．

「数学的な推論」では，帰納，類推，演繹などの数学的な推論について扱う．帰納とは観察や実験を通して一般的な結果を導き出すものであり，類推とは似たような条件で新しい命題を予想するものであり，演繹とは前提となる命題から必然的な結論を導き出すもので，こうした推論を取り上げる．

最後に，「説明し伝え合うこと」として，数学的活動などを通して，上記の領域の内容を，より確実に理解させることを扱う．ここでいう数学的活動とは，数学の解法などについて互いに説明し伝え合う活動を指しており，これらの時間を充実させるようにする．

続いて，各学年で取り上げる教育内容について，「数と式」，「図形」，「関数」，「資料の活用」の4領域と，「数学的活動」に分けて記す．

B. 中学校第1学年の内容

「数と式」では，正負の数の意味とその四則計算，文字を用いた式と一元一次方程式の解の求め方を扱う．「図形」では，平面において，角の二等分線，線分の垂直二等分線，垂線などの基本的な作図と，平行・対称・回転移動を扱う．また，空間において，直線や平面の位置関係，空間内での運動（移動）を扱う．「関数」では，比例・反比例の意味と，その関係を式，表，グラフに表すことを扱う．「資料の活用」では，資料からヒストグラムを作成したり，代表値や散らばり具合をもとに，資料の傾向を捉えることを扱う．その際，コンピュータを積極的に活用する．

「数学的活動」では，上記の4つの領域内容を包括する3つの活動を扱う．その3つとは，「既習の数学を基にして，数や図形の性質などを見いだす活動」，「日常生活で数学を利用する活動」，「数学的な表現を用いて，自分なり

に説明し伝え合う活動」である。この「数学的活動」は，中学校第2学年，第3学年も同様である。

C．中学校第2学年の内容

「数と式」では，文字を用いた式の四則計算と，目的に応じた式変形を取り上げ，連立二元一次方程式の解の求め方を扱う。「図形」では，平面において，平行線や角の性質，三角形・多角形の角の性質を取り上げ，図形の合同条件などの証明の意味やその方法を扱う。「関数」では，一次関数の意味と，その関係を式，表，グラフに表すことを扱う。また，二元一次方程式を関数として捉え，式，表，グラフに表すことを扱う。「資料の活用」では，不確定な事象を対象に，確率の意味と理解を取り上げ，確率を求めることを扱う。

D．中学校第3学年の内容

「数と式」では，数において，無理数（平方根）と素因数分解を扱い，文字において，単項式と多項式の乗除，因数分解，二次方程式の解を扱う。「図形」では，平面図形において，三角形の相似条件，平行線と線分の比，相似比・面積比・体積比を扱う。「関数」では，二次関数の意味と，その関係を式，表，グラフに表すことを扱う。「資料の活用」では，コンピュータなどを用いて，母集団と標本の関係，標本調査の必要性と有効性を扱う。

(2) 高等学校数学の教育内容

以下では，学習指導要領に記された高等学校数学の各教科で取り上げる概略を記す。

A．「数学Ⅰ」の内容

中学校数学の各領域からの繋がりとして，①数と式，②図形と計量，③二次関数，④データの分析で構成されており，加えて各領域において「課題学習」を配置している。「①数と式」では，数の拡張として実数までを取り上げ，数の体系やそれぞれの数の演算の特徴を扱う。式では，二次までの乗法公式と因数分解，集合と命題の基本的な概念を扱う。また，集合と命題についても

取り上げ，数学的な思考や表現方法の基礎を扱う。「②図形と計量」では，三角比と正弦定理・余弦定理について取り上げ，これらの定理を用いた図形の計量を扱う。「③二次関数」では，二次関数とそのグラフ，最大・最小と，二次方程式・二次不等式を扱う。「④データの分析」では，データの傾向を数学的に分析する方法として，四分位数，四分位範囲，四分位偏差，分散，標準偏差などを扱う。併せて，複数のデータ間の関係について分析する方法として，散布図，相関係数を扱う。最後の「課題学習」では，上記①〜④の内容を，生活と関連付けたり発展させたりしたものを扱う。

B.「数学II」の内容

「数学I」の内容を発展，拡充するものとして，①いろいろな式，②図形と方程式，③指数関数・対数関数，④三角関数，⑤微分・積分で構成されている。「①いろいろな式」では，整式の乗法・除法，分数式の四則計算を扱う。併せて，数を複素数まで拡張し，二次方程式の解の判別などを扱う。「②図形と方程式」では，直交座標系における点と直線，円の方程式を扱う。「③指数関数・対数関数」では，指数を有理数まで拡張した指数関数や，対数関数とそのグラフを扱う。「④三角関数」では，角の概念を一般角まで拡張し，弧度法について取り上げるとともに，三角関数とそのグラフや三角関数の加法定理を扱う。「⑤微分・積分」では，微分において微分係数や導関数を取り上げ，導関数を用いて関数の値の増減や極大・極小，さらにはグラフの概形を扱う。積分においては，不定積分と定積分を取り上げ，様々な関数のグラフで囲まれた面積の計算を扱う。

C.「数学III」の内容

数学が必要な専門分野への導入として，①平面上の曲線と複素数平面，②極限，③微分法，④積分法で構成されている。「①平面上の曲線と複素数平面」では，平面上の様々な曲線において，直交座標，媒介変数表示，極座標における表示の仕方と，相互の関係を扱う。複素数平面においては，座標平面上に複素数を対応させたり，複素数の和，差，実数倍の図表示を扱う。「②極限」では，数列において，その極限や無限等比級数の収束・発散を扱う。ま

た，関数において，分数関数，無理関数，合成関数，逆関数について取り上げ，関数値の極限を扱う。「③微分法」では，関数の積・商，合成関数，三角関数，指数関数，対数関数の導関数を扱う。併せて，導関数の応用として，曲線の接線の方程式，極大・極小，グラフの凹凸を扱う。「④積分法」では，不定積分と定積分の関係，置換積分法・部分積分法について取り上げ，分数関数，無理関数，三角関数，指数関数，対数関数の積分を扱う。また，様々な関数のグラフで囲まれた面積や回転体としての体積の計算を扱う。

D.「数学A」の内容

数学を具体的な事象に適用するものとして，①場合の数と確率，②整数の性質，③図形の性質で構成されており，加えて各領域において「課題学習」を配置している。「①場合の数と確率」では，場合の数において，具体的な事象をもとに，順列・組合せを扱う。確率において，確率の基本的な法則，独立な試行，条件付き確率を扱う。「②整数の性質」では，中学校数学の発展として，素因数分解による約数と倍数，ユークリッドの互助法，n進法を扱う。「③図形の性質」では，平面図形において，三角形の重心，内心，外心の性質，円に内接する四角形の性質，接線と方べきの定理などを扱う。空間図形において，直線や平面の位置関係，多面体を扱う。最後の「課題学習」では，上記①～③の内容を，生活と関連付けたり発展させたりしたものを扱う。

E.「数学B」の内容

数学の活用において基礎的な役割を果たす，①確率分布と統計的な推測，②数列，③ベクトルで構成されている。「①確率分布と統計的な推測」では，確率変数と確率分布，二項分布，正規分布，および統計的な推測を扱う。「②数列」では，数列において，等差数列，等比数列，階差数列などを扱う。漸化式と数学的帰納法において，数列を漸化式で表現することや，命題を証明する一方法としての数学的帰納法の意味とその形式を扱う。「③ベクトル」では，平面上のベクトルにおいて，ベクトルの基本的意味，内積などを扱う。その後，空間ベクトルに拡張する。

F.「数学活用」の内容

数学と人間や社会との関連として，①数学と人間の活動，②社会生活における数理的な考察で構成されている。「①数学と人間の活動」では，数や図形と人間の活動や文化との関わり，また数理的なゲームやパズルなどの遊びの中の数学を扱う。「②社会生活における数理的な考察」では，社会生活などの場面での数学の活用，数学的な表現の工夫，不確定な事象のデータ分析などを扱う。

(3) 数学教育研究から見た教育内容

学習指導要領に沿って，中学校，高等学校の各学年で学習する数学の内容の概略を見てきた。ここでは，数学教育研究の立場から，国際的な数学教育の視点，専門数学との接続の視点などから，より自由度を高めて，中等教育における数学教育の内容について記すことにする（横地ほか 2005b，横地ほか 2005c，横地ほか 2005d）。

A. 中学校の教育内容

中学生は，数学を論理的・体系的に学習しようとする態度が確立し始める時期であることから，それに相応しい教育内容を設定する必要がある。具体的には，代数学，幾何学，解析学，確率論，統計学といった数学の各分野への誘いとしての内容が挙げられるが，その際，数学の系統性を踏まえつつも，数学教育としての内容配列を検討しなくてはならない。また，現実事象と数学の関連を意識した扱いを取り入れるとともに，形式化・抽象化された数学的な扱いも組み込んでいかなくてはならない。

この点を踏まえ，中学校の各学年で取り上げることが可能な教育内容としては，下記のようなものが挙げられる。

第1学年：数については，正負の数の導入とともに，有理数全般も含めて扱う。文字・文字式については，一変数の文字式から簡単な多変数の文字式や分数式を扱う。方程式については，一次方程式を代数的に扱う。関数については，比例関数・反比例関数を取り上げるとともに，関数の基礎となる区間や対応の概念を扱う。平面図形については，順序の公理，結合の公理などユー

クリッド幾何学の基礎を取り上げ，その後，合同条件を扱う．空間図形については，多面体を取り上げ，面同士によってできる多面角を扱う．

　第 2 学年：方程式については，連立二元一次方程式を代数的に取り上げ，さらには連立三元一次方程式，一般的な連立多元一次方程式へと発展するように扱う．関数については，一次関数を取り上げ，さらには二次関数へと発展するように扱う．図形については，座標を用いた解析幾何学的扱いと，証明を基礎とした総合幾何学の両方を扱う．論証については，図形にとどまらず，様々な数学における証明の基礎となる，三段論法，反例，背理法，対偶などを扱う．確率については，身近な事象を事例として，統計的確率から数学的確率を扱う．

　第 3 学年：数については，平方根などの無理数を扱う．文字式については，演算規則を取り上げ，因数分解を扱う．方程式については，二次方程式を取り上げ，解の公式までを扱う．関数については，一般の二次関数を取り上げ，関数の変化やグラフを扱う．図形については，三平方の定理を取り上げ，2 点間の距離を求めることや三角関数への発展を扱う．また，三角形の相似や多角形の相似を取り上げ，体系的，論理的に扱う．

B. 高等学校の教育内容

　高校生は，中学校での数学の学習を基礎に，論理的・体系的に学習する態度が確立する時期である．教育内容としては，代数学，幾何学，解析学，確率論，統計学といった数学の各分野の初段階を，スムーズに学ぶことができるよう，内容配列を工夫する必要がある．

　この点を踏まえ，高等学校の各学年で取り上げることが可能な教育内容としては，学習指導要領に記されたものに加えて，下記のようなものが挙げられる．

　第 1 学年：数の応用として，有限集合と無限集合について取り上げ，無限大の考えと，ある区間内での無限個の違いを扱う．併せて，集合における演算を扱う．

　第 2 学年：数の応用として，複素数の演算を扱う．ベクトルの応用として，解析幾何的に図形のベクトル表示や座標変換などを扱う．

第3学年：微分，積分の応用として，偏微分，重積分を扱う。また，微分方程式を扱う。

C. シンガポールの数学教育との比較

シンガポールは，世界各国が参加する TIMSS の学力調査において，常に上位に位置してきており，2012年に実施された PISA の学力調査においても数学リテラシーの順位は2位であった。技術立国である点からも，日本の数学教育を考える上でも参考にする点が少なくない。そこで，シンガポールの中等学校における数学教育の内容のうちから代数領域を取り上げ，日本の代数教育と比較検討する（Chow 2007）。

図 1.1 は，シンガポールと日本の中等学校数学の代数領域の内容の学年配列である。それぞれ対応する教育内容を線で結び，学年間の差異を図示した。傾向としては，同じ教育内容の場合，シンガポールの方がより学年が早い段階で学習する傾向にあること，その学年差は約1年程度であり，場合によれば2年程度の開きが見られることなどが特徴として挙げられる。また，教科書の頁数では，シンガポールは中等学校第1学年でAとB（日本の上と下に該当）があり，それぞれ 218 頁と 210 頁の計 428 頁であり，日本の中学校第1学年の 281 頁と比較すると，約 1.5 倍の分量である（大きさはいずれも A4 サイズ）。こうした海外の動向も踏まえながら，日本の中・高等学校に相応しい数学教育の内容を考えていく必要がある。

1.2 数学教育の評価

1.2.1 評価の目的

評価の目的は，学習状況の正確な把握と，学習成果の確認を主として，生徒の各種数学の能力を高めることである。評価方法の代表例としては，単元終了時の筆記テスト，学期末の通知簿などが挙げられるが，単なる格付けや評点を付けるだけでは評価とはいえない。また，高等学校，大学受験のための資料としての意味合いだけで用いられることも好ましくない。評価は，次の学校機関などが，授業の改善，計画に活用したり，あるいは，生徒が自身の

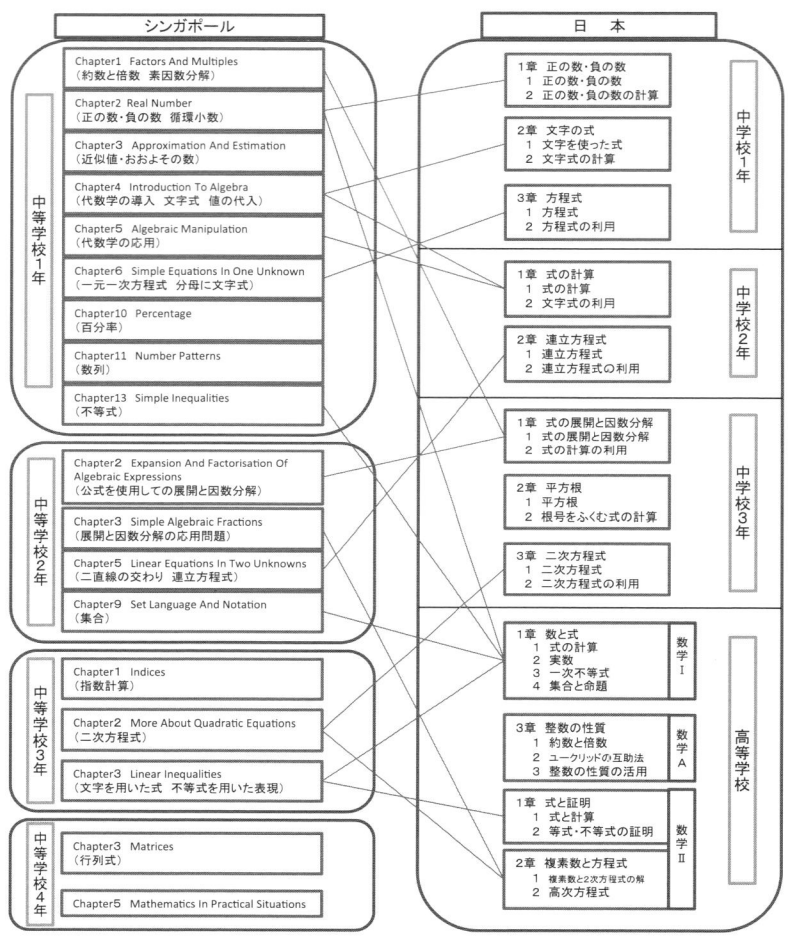

図 1.1　シンガポールと日本の中等学校数学の代数領域

達成度や課題の把握に活用するカルテとしての意味を持たなくてはならない。

1.2.2　評価の要点

　学習指導要領改訂に伴い，評価について改訂がなされた。以下ではその概要について記すことにする。

(1) 評価のあり方

　評価においては，学習評価を通して授業および教育活動の改善を図ることを目的とし，目標に準拠した「観点別評価」，学校などの現場での創意工夫を生かした評価を実施していくことが示された。

　観点別評価については，学習指導要領で示された3つの要素に合わせて観点を整理し，実施することとした。3つの要素とは，①「知識・理解」，「技能」，②「思考・判断・表現」，③「関心・意欲・態度」である。これらの観点を，各教科の特性に合わせて改正することとした。

(2) 中学校数学科の評価の要点

　数学における評価の4観点は，表 1.1 のように改訂された。「数学的な表現・処理」は，「数学的な技能」にまとめられた。これまでの，評価の観点に示された「表現」は，解答過程を記述することなどを指してきたが，今回の改訂での「表現」は，自身の考えや解答過程を説明したりすることを指しており，この活動は「思考・判断・表現」とまとめられ，「数学的な見方や考え方」のところに入ることとなった。したがって，文言として「表現」が登場しないが，これまで以上に「表現」の活動が重視されるようになった。

表 1.1　中学校数学科の評価の観点

現　　行	改　　正
数学への関心・意欲・態度	数学への関心・意欲・態度
数学的な見方や考え方	数学的な見方や考え方
数学的な表現・処理	数学的な 技能
数量，図形などについての知識・理解	数量 や 図形などについての知識・理解

(3) 高等学校数学科の評価の要点

　高等学校においても，中学校同様，観点別評価を積極的に活用して評価を実施することが示された。併せて，中学校以上に，生徒の特性，進路などが多様なことも配慮しながら評価を行う必要があることが付言された。

1.2.3 評価の時期

　評価は，単元終了時，学期末，学年末といった学習の最終段階だけの評価だけでなく，学習前，学習過程，学習後の全体を通して行われることが重要である。これは，診断的評価，形成的評価，総括的評価として表すことができる。それぞれの内容は，次のとおりである。

(1) 診断的評価

　診断的評価とは，学年，学期，単元などの授業を開始するにあたって行われる評価で，事前的評価ともいわれる。レディネステストや認識調査が，これに該当する。前者のレディネステストとは，これから学習する内容に必要となる既習事項が，各生徒にどの程度定着しているのかを調べるものである。三角形の相似条件の導入にあたって，前段階で学習した"3つの三角形の合同条件を理解し適切に活用できるか"，"証明に使用する記号と形式を理解し，適切に記述することができるか"などが調査の問題に設定される。調査結果は，新しい単元の導入段階で復習する内容と時間数の決定，新しい単元で指導に留意が必要な点の分析などに用いられる。後者の認識調査とは，生徒が日常的な経験則によって身に付けている概念や，日常経験の実態を調べるものである。"相似関係にある現実事象を見つけることができるか"，"相似を考える上で，角と辺の関係に着目することができるか"などが調査の問題に設定される。調査結果を，数学的に正しい概念との相違の分析や，抽象的な思考の発達段階の把握に活用することで，取り扱う内容の順序設定やカリキュラム構築，授業で重点的に指導すべき内容などの資料とすることができる。

　また，こうした調査にアンケートを加えるなどして，習熟度別学習のコース編成を決める場合があるが，これも診断的評価となる。診断的評価は，教師の教授活動の計画に活用されることが多いが，この場合の評価については，教師と生徒がその結果を共有した上で，各生徒のコースが決められることが望ましい。

(2) 形成的評価

　形成的評価とは，1時間の授業，1つの単元など，あるサイクルのプロセスで行われる評価である．フィードバックを主な目的とし，授業が計画どおりにすすんでいるか，ねらいどおりに展開されているかの資料とするものである．たとえば，1時間の授業のプロセスであれば，机間指導や生徒の発表状況の確認などが形成的評価に該当する．また，1つの単元であれば，各授業後の振り返りカードや復習プリントなどが該当する．ねらいどおり生徒が目標を達成していないと考えられる場合には，原因の特定と軌道修正を行わなければならない．発展的な内容まで扱うのか，復習に時間をかけるのか，生徒の達成状況別に授業形態を変えるのかなどを判断する必要がある．

(3) 総括的評価

　総括的評価とは，単元終了時，学期末，学年末などの，各段階の終了時に行われる評価である．単元終了時の筆記テストや通知簿などが，総括的評価に該当する．総括的評価において留意すべきことは，単なる順位や結果の情報にとどめないようにすることである．教師にとっては，各生徒，クラス，学年全体の到達状況を把握する資料になるとともに，授業の反省と今後の授業計画の材料として活用できる．また，生徒にとっては，自身の学習における課題を確認し，今後の学習の計画に活かしていく資料とすることができる．

1.2.4　評価の内容と方法

　評価においては，生徒が目標をどの程度達成したのかという判断が重要となる．到達度の適正な判断を行うためには，教師の主観に委ねられる曖昧な評価内容ではなく，学習開始前から教師と生徒の双方が共有できる明確なものを設定することが望ましい．明確な評価内容の設定は，目標と評価の一致にもつながるため，生徒は，授業で習得すべきことを自覚でき，各自が目標を設定して主体的に学習することができる．また，教師にとっても，授業のねらいを具体的なものとして持ちながら，授業に臨むことができる利点がある．

(1) 明確な評価内容の設定

　評価内容を，より明確なものとする具体的な方法としては，行為動詞の活用が有効である。行為動詞とは，教師と生徒の両者が観察・判断可能な動詞を指し，目標にこの行為動詞を用いることで，内容を具体化する方法である（西之園 1986，西之園ほか 2007）。たとえば，正負の数における「正の数・負の数の加法，減法に進んで取り組もうとしている。」という評価内容は，具体的に何ができれば，「進んで取り組もうとしている」ことになるのかの基準が不明瞭になりがちである。そのため，教師にとっても生徒にとっても，その達成の可否がわかりにくく，最終的にその判断は教師の主観に委ねられることにもなる。これを行為動詞の考え方を用いて記述すると，「正の数・負の数の加法，減法の問題を自ら作成したり，その計算過程を説明することができる。」といったように表すことができる。

　行為動詞は，技能的行為動詞，認知的行為動詞，創作的行為動詞，運動的行為動詞，社会的行為動詞の5つに分けられている。これらは，全教科を対象としているため，数学科では運動的行為動詞群を除いた4つが参考になる。また，数学科では，認知的行為動詞に属する動詞の活動が多いため，これを分割することで，より詳細な分類が可能になると考えられる。ここでは，思考的行為動詞群を新たに設け，もとの認知的行為動詞のうち，より思考を必要とされるものをここに分類する。それぞれの動詞の内容をまとめると以下のようになる。

技能的行為動詞：決められた手順をこなすことで，解決が可能な活動。機械的な作業が多い。

認知的行為動詞：決められた手順をこなすことを基礎としながら，そこに自身の判断を交えることで解決に至る活動。

思考的行為動詞：学習した知識をもとに，組み立てたり，操作したりすることで解決に至る活動。決められた手順をこなすだけでは，解決が難しい場合が多い。

創作的行為動詞：学習した内容を用いて，何かを作製したり，発見したりする活動。

社会的行為動詞：説明，発表，質問など，他者とのかかわりの中で行われる

表 1.2　数学科における行為動詞表

学習者の行為動詞				
技能的	認知的	思考的	創作的	社会的
聞く	列挙する	立式する	計画する	聴く
よむ	比較する	予測する	作成する	質問する
書く	対照する	推論する	作製する	受け入れる
合わせる	区別する	解釈する	応用する	賛同する
分ける	識別する	分析する	工夫する	批評する
組み立てる	区分する	関係づける	発見する	指摘する
敷き詰める	分類する	対応させる	定義する	評価する
操作する	配列する	適用する	一般化する	説明する
収集する	整理する	適合させる	公式化する	発表する
測定する	選別する	結論する		表現する
描く	選択する	決定する		交流する
作図する	弁別する	帰納する		協力する
数える	同定する	演繹する		
計算する	見積もる	要約する		
記録する	検算する			
求める	確かめる			
	活用する			

活動。

そして，実際の動詞群は，表 1.2 のようになる。技能的行為動詞から社会的行為動詞まで，おおむね右にいくにつれて難度が高くなる学習活動であるといえる。重要なことは，学年，学期，単元を通して，これらの 5 つの行為動詞群のバランスを考慮しながら，指導の計画を立てることである。総じて，技能的行為動詞，認知的行為動詞，思考的行為動詞の割合が多くなりがちであるが，極力バランスを考えながら創作的行為動詞，社会的行為動詞を配置していくようにすることが重要である。

続いて，中学校数学を例に，5 種類の行為動詞の具体例を，「数と式」，「図

表 1.3 中学校の各領域における行為動詞の例

	技能的行為動詞	認知的行為動詞	思考的行為動詞	創作的行為動詞	社会的行為動詞
数と式	・計算する ・因数分解する	・見積もる ・方程式を解く	・公式を活用する ・立式する	・問題を作成する	・論理的に説明する
図形	・作図する ・測定する	・観察する ・分類する ・移動する	・証明する ・演繹する	・規則を発見する	・図表などを活用して発表する
関数	・対応表を作成する ・グラフをかく	・数値を比較する ・数値を対応する	・立式する ・データを予想する	・現実場面に適応する	・他者の発表に対して質問する
資料の活用	・記録する ・グラフの値をよむ	・グラフにあらわす ・表に整理する	・複数の資料を関連づける ・データの傾向を予想する	・データの規則を発見する	・グループで討論する

形」,「関数」,「資料の活用」の4領域それぞれについて示したものが表1.3である。なお,社会的行為動詞は,領域の固有性が小さいため,いずれの領域にも共通する活動を挙げた。

また,5つの行為動詞群は,下記のように分類することもできる。すなわち,上の3つの行為動詞群が,主に教育における「模倣」の分野に該当し,下の2つ行為動詞群が「創造」の分野に該当する。

$$\left.\begin{array}{l}\text{技能的行為動詞}\\ \text{認知的行為動詞}\\ \text{思考的行為動詞}\end{array}\right\} 模倣$$

$$\left.\begin{array}{l}\text{創作的行為動詞}\\ \text{社会的行為動詞}\end{array}\right\} 創造$$

ところで,行為動詞は,もともと,評価の客観化を試行する研究の中で考えられた行動目標に源流をもっている。行動目標とは,学習の成果として生徒に生じるものを,操作的行動的用語によって規定しようとする考え方である(梶田 1992)。こうした考えは,「行動の変化」という学習観に立っているため,情意面での変化,長期的な中での変化など,明確には特定が難しい変化の評価には適応できないという批判も一部で聞かれる。しかし,具体的な活動を示した評価のもとで行われる授業は,教師にとって,そして何より生徒にとって,達成感や成長を実感できるものとなる。情意的な変化に寄与す

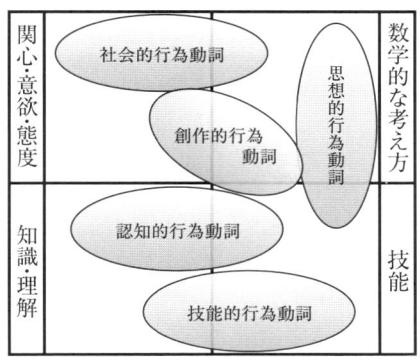

図 1.2 学習評価の4観点と行為動詞との対応関係

る要素を抽出したり，長期的な変化に重要となる活動を見越したりして，明確な動詞を用いて評価内容が設定されるべきであろう．

(2) 行為動詞を活用した教師用の評価内容の設定

教師が各単元の評価内容を設定するにあたっては，指導要録をもとに設定されている学習評価の4観点である「数学への関心・意欲・態度」，「数学的な見方や考え方」，「数学的な技能」，「数量や図形についての知識・理解」を用いる．この4観点と，行為動詞の5種類は，おおむね図1.2のような対応を持つと考えるとよい（以下，図表中は4観点を，「関心・意欲・態度」，「数学的な考え方」，「技能」，「知識・理解」と略記する）．

これらの行為動詞を適切に活用しながら，評価項目を記述・設定することで，学習者は明確な目標を持って学習に取り組むことができ，評価者は明確な基準のもと評価することが可能となる．

(3) 行為動詞を活用した生徒用の評価内容の設定

評価内容は，教師にとっては，生徒に身につけさせたい能力であり，生徒にとっては，達成すべき目標となるものである．目標は，事前にその内容を理解して，達成に向かうものであるため，評価内容は教師だけが認識するものではなく，生徒にも事前に知らされることが必要である．ただし，生徒に

表 1.4 図形の証明学習時のチェックリスト例

	チェック項目	✓
1	仮定が何であるかが整理・理解できる	
2	証明すべきことが何であるのか（結論）が理解できる	
3	結論に至るために必要な条件を予想することができる	
4	必要な条件を論理的に記述して導き出すことができる	
5	状況に応じて適切な公式や定理を適用することができる	
6	証明全体を通して過不足なく論理的に記述できているかを検証できる	

は，生徒自身が理解でき，生徒自らが達成の判断ができるような，生徒用の評価内容が提示されるべきである。この具体例としては，行為動詞を活用した，生徒用のチェックリストの作成がある。例えば「図形の性質と証明」の単元における，図形の証明に関するチェックリストを作成すると，表 1.4 のようになる。1つ1つの活動を，行為動詞を活用して記述し，生徒が自分自身でチェックできるようにしている。

　チェックリストは，生徒にとっては達成すべき目標であるとともに，学習順序の指針となる。教師にとっては，活動の明確化と，各生徒のつまずいている箇所を発見する資料とすることができる。こうしたチェックリストを，各単元で作成することで，学習理解度合いを正確に測定することができるようになる。さらにこうしたチェックリストの活用が，ポートフォリオ評価にも有効である（西岡 2003）。

1.3　数学教育の実践

1.3.1　授業形式について

(1) 授業形態について

　数学は主要教科の1つとされているため，小学校算数科，中学校数学科とも，重点的に教員が配置されている。一例を挙げると，文部科学省の「平成 23 年度公立小・中学校における教育課程の編成・実施状況調査（A 票）の結

表 1.5　個に応じた指導 上位教科（小学校）

	算数科	国語科	理科
少人数	33.4%	4.9%	2.3%
TT	44.0%	16.9%	12.1%

表 1.6　個に応じた指導 上位教科（中学校）

	数学科	外国語科	国語科
少人数	33.6%	26.7%	5.0%
TT	37.6%	31.9%	11.5%

果について[1]」内の，小学校（表 1.5）と中学校（表 1.6）の各教科における少人数指導や TT（ティーム・ティーチング）の割合においては，算数・数学が全教科の中で最も高い（複数回答）。

表 1.6 からも，数学の実践を考える上では，生徒の実態に応じて，様々な授業形態を検討しておく必要がある。そこで，一般的に使用される授業形態のメリット，デメリットをまとめた。生徒の実態に応じて，これらの授業形態を適切に使用することが重要である。

習熟度別授業：習熟度合いに応じて，クラスを再編成する方法。メリットは，レベルが均一のため指導する側の内容を設定しやすい，生徒間の学力差が小さいため相互に質問しやすいことである。デメリットは，発見型の問題になると多様な意見が出にくい，学力低位のクラスに対するレッテルを配慮する必要がある。

単純分割授業：出席番号などで，クラスを分割する方法。メリットは，少人数のため指導がいきわたりやすい，レッテルなどの問題がないことである。デメリットは，人数が少ないため多様な意見が出にくい，各生徒のレベル差に対応する必要がある。

TT 授業：1 つのクラスに複数の教員が入り，全体授業進行と個別指導を役割分担しながら行う方法。メリットは，理解困難な生徒への個別サポー

---

[1] 各学年の実施割合データを，小・中学校ごとに筆者の方で平均化し，表にまとめた。
http://www.mext.go.jp/a_menu/shotou/new-cs/__icsFiles/afieldfile/2012/01/31/1315677_1_1.pdf

トが行いやすい，通常の構成メンバーで授業を受けることができることである。デメリットは，複数の教員間の連携を円滑に行うための打合せが必要となることである。

(2) 授業進行スタイルについて

　数学科の授業進行スタイルとして，主に「問題解決学習」，「教えて考えさせる学習」，「数学的作法型学習」の3つの方法がある。「問題解決学習」は，戦後アメリカからの導入により日本に普及したものであり，現在でも算数・数学科教科書の各単元の導入部分に用いられることが多い。一方，「教えて考えさせる学習（授業）」は，市川（2008）によって，近年，提唱されるようになった方法であり，最初に教師が解法について詳細に説明するところに特徴がある。「数学的作法型学習」は，両者の中間に位置する方法であり，最初に取り組み方のコツ（作法）を共有してから，問題に取り組むという方法であり，筆者が提案するものである。

　以下では，それぞれの授業進行スタイルの特徴と，メリット・デメリットについて記す。図1.3は，各授業進行スタイルにおいて，授業内での時系列で扱う項目のキーワードを整理したものである。

問題解決学習：解決すべき問題が提示され，それを解決する過程を通して，数学の諸概念を学習するとともに，現実場面への応用を知ることができる方法。メリットは，現実場面への応用を具体的に体感することができ，数学の有用性を実感することができることである。デメリットは，解決の糸口が見つからない生徒が，手つかずの状態で止まってしまうことである。また，様々な考え方の意見交流は，得意な生徒には有用であるが，苦手な生徒には思考の混乱を誘発する可能性がある。

教えて考えさせる学習：問題解決学習の課題を克服するために開発された指導法。最初に教師が数学の諸概念を講義・演習形式で丁寧に教え，その後，各自の進度に応じて深化（習熟・応用）へと取り組む指導法。メリットは，数学が苦手な生徒も，しっかりと数学の諸概念を理解することが容易になることである。デメリットは，解法の発見や，思考力の鍛錬の点で，十分ではないということである。

1.3. 数学教育の実践

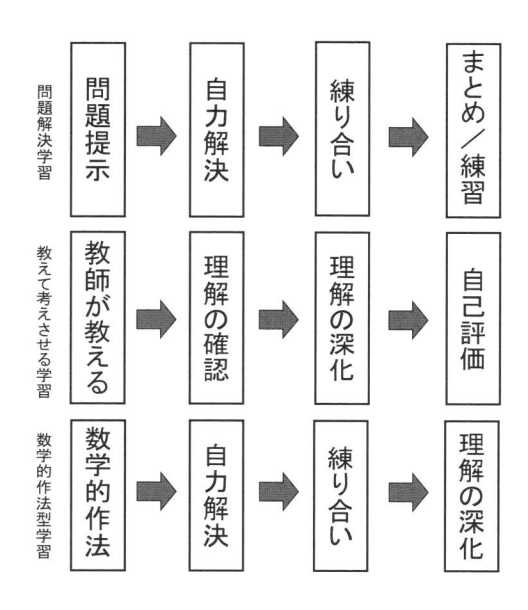

問題解決学習	問題提示 →	自力解決 →	練り合い →	まとめ／練習
教えて考えさせる学習	教師が教える →	理解の確認 →	理解の深化 →	自己評価
数学的作法型学習	数学的作法 →	自力解決 →	練り合い →	理解の深化

図 1.3 授業設計パターン

数学的作法型学習：上記 2 つの方法の間に位置する指導法．最初に，解決すべき問題に取り組み方について学習する．この取り組み方を「数学的作法」と呼ぶ．数学的作法には，手順提示型，指針提示型，方針転換型がある．続いて，自力解決を行い，練り合いを行うが，この点は，問題解決学習と同様であり，最後に深化をはかる．メリットとしては，最初に数学的作法を共有するため，解決の糸口が見つからない生徒が減少し，練り合いでも互いの説明の意味が理解しやすくなることである．デメリットは，解法の発見や，思考力の鍛錬の点で，少し十分ではないということである．また，数学的作法における「手順提示型」とは，問題解決までの手順のキーワードがあらかじめ記されたものであり，例えば，関数の学習において対応表から式化する際の手順のキーワードを列挙したようなものが該当する．また，「指針提示型」とは，解決する上での指針が記されたものであり，例えば，表 1.4 のような項目が該当する．「方針転換型」は，解決の糸口が見つからないときに，改めて前提や条件を見直し，

解決方法を検討する際に参考となる考え方を示したようなものである。

ただし，Polya（1945）の提唱する問題解決学習では，事前に，「数学的作法型学習」で提案するような解法への取り組み方についての様々なアドバイスが示されていることから，一概にこれら3つのスタイルに分類することはできない。併せて，一斉学習，個人学習，グループ学習など，人数による分類もあることから，これらを組み合わせながら，より効果的な授業を計画していくよう努力する必要がある。

1.3.2 授業実践での工夫

(1) フローチャートの活用について

1時間の授業を計画する際，各時間帯にどのような内容を取り上げるのか，また生徒の理解が十分でない場合は，どのようなヒント提示や後戻りをするのかを予想しておくことは，授業を円滑に行う上で，不可欠な作業である。フローチャートは，こうした授業の流れを一覧できるという点で，優れたツールの1つといえる。また，各内容の箇所に時刻を記しておくと，授業を時間通りに進める際にも有効である。

フローチャートとは，流れ図または流れ作業図と呼ばれるものであり，複雑なプロセスやプログラムの設計などを，様々な箱や線でつなぐことで，作業のプロセスを図示化するものである。一般に，コンピュータなどの処理を明確にするために用いられることが多いが，これを応用することで，授業の流れを明確化することにも活用可能である。以下では，フローチャートを作成する上での基本的な記号と用法を取り上げ，その後，1時間の数学の授業を想定した具体例を取り上げることにする。

図1.4は，フローチャートで使用する主な記号の種類と役割の一覧である。「働き」の箇所の下段に，教育用に用いる際の，フローチャートの記号の働きを記している。フローチャートの作成にあたっては，まず，付箋紙などに，授業での学習活動のキーワードを記入する。その後，授業の進行に対応させて順序を検討し，付箋紙を配置する。最後に，生徒の理解困難な点や，ヒントなどの必要な箇所を洗い出し，フィードバックなどのサポートを追加する。

記　号	名　称	働き（下段が「教育用」）
 ———————	流れ線	制御の流れを示す。 学習の流れを示す。
⬭	端子	プロセスの開始と終了を示す。 学習の開始と終了を示す。
▭	処理	具体的な処理を示す。 具体的な学習活動を示す。
 ◇	判断	Yes, Noなどの判断を示す。 理解の可否などの判断を示す。
▭|▭	定義済処理	定型された処理を示す。 公式の適用などを示す。
〜〜	書類	データの出力を示す。 解答の記述を示す。

図 1.4　フローチャートでの使用記号

　図1.5は，方程式の等式の性質を用いて解を求める学習場面のフローチャートである。最初に，前時の復習があり，その後，本時のテーマが示され，解法を工夫・整理して理解につなげていくというものである。作成にあたっては，フローチャートの「端子」が，最初と最後で対応関係となっているか，また，フィードバックは適切な場面で，適切な箇所へなされているかといった点を注意して確認しておくことが重要である。

(2) 表現力の育成について

　学習指導要領改訂により，表現力の育成が重視されるようになった。表現力を系統的に育成するためには，単に討論や発表の場面を増やすだけでは十分ではない。具体的な表現技能を，数学科の授業の中で育成する方法を検討しておかなくてはならない。その際，有効なのが，接続詞の適切な活用を積極的に取り入れることであり，接続詞を適切に用いることで，議論の展開や

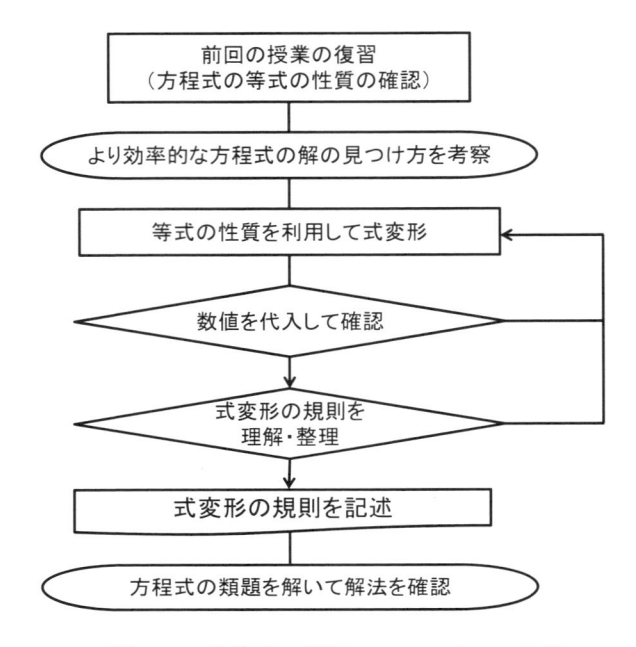

```
┌─────────────────────────┐
│    前回の授業の復習      │
│ (方程式の等式の性質の確認) │
└───────────┬─────────────┘
            ↓
  ╭───────────────────────────╮
  │ より効率的な方程式の解の見つけ方を考察 │
  ╰───────────┬───────────────╯
            ↓
┌─────────────────────┐←─────┐
│  等式の性質を利用して式変形  │      │
└───────────┬─────────┘      │
            ↓                │
       ◇数値を代入して確認◇ ──┤
            ↓                │
       ◇式変形の規則を      │
         理解・整理◇ ────────┘
            ↓
┌─────────────────────┐
│    式変形の規則を記述    │
└───────────┬─────────┘
            ↓
  ╭───────────────────────────╮
  │ 方程式の類題を解いて解法を確認  │
  ╰───────────────────────────╯
```

図 1.5 方程式の学習のフローチャート例

構成を明確にすることができる．豊富な接続詞を，生徒が相互に共有し活用しあうことで，表現力の育成につながるといえる．図 1.6 は，接続詞をその特性ごとに分類整理したものである（野矢 1997）．中学校段階，高等学校段階で使用すべき接続詞をピックアップし，生徒にそのリストを活用させることで，表現力の系統的な育成が図られるようになる．

1.3.3 具体的な授業づくり

授業実践を効果的にすすめていく際には，十分に検討された学習指導案が作成されなくてはならない．以下では，授業の目標，内容，評価，展開などについて，中学校（岡本ほか 2012）と高等学校（岡部ほか 2012）における数学科の授業を例に，具体的な記述の仕方について解説する．

1.3. 数学教育の実践

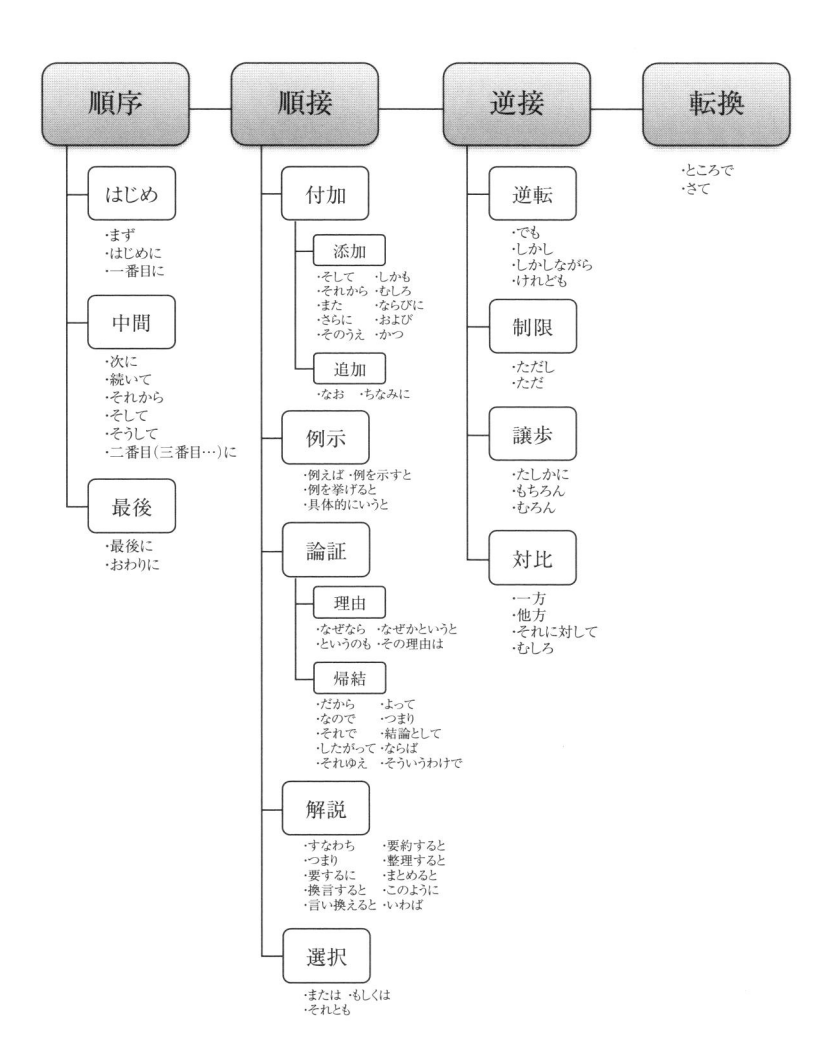

順序
- はじめ
  - まず
  - はじめに
  - 一番目に
- 中間
  - 次に
  - 続いて
  - それから
  - そして
  - そうして
  - 二番目(三番目…)に
- 最後
  - 最後に
  - おわりに

順接
- 付加
  - 添加
    - そして
    - それから
    - また
    - さらに
    - そのうえ
    - しかも
    - むしろ
    - ならびに
    - および
    - かつ
  - 追加
    - なお
    - ちなみに
- 例示
  - 例えば
  - 例を示すと
  - 例を挙げると
  - 具体的にいうと
- 論証
  - 理由
    - なぜなら
    - というのも
    - なぜかというと
    - その理由は
  - 帰結
    - だから
    - なので
    - それで
    - したがって
    - それゆえ
    - よって
    - つまり
    - 結論として
    - ならば
    - そういうわけで
- 解説
  - すなわち
  - つまり
  - 要するに
  - 換言すると
  - 言い換えると
  - 要約すると
  - 整理すると
  - まとめると
  - このように
  - いわば
- 選択
  - または
  - もしくは
  - それとも

逆接
- 逆転
  - でも
  - しかし
  - しかしながら
  - けれども
- 制限
  - ただし
  - ただ
- 譲歩
  - たしかに
  - もちろん
  - むろん
- 対比
  - 一方
  - 他方
  - それに対して
  - むしろ

転換
- ところで
- さて

図 **1.6** 接続詞リスト

中学校数学科学習指導案

指導者：○○　○○

1. 単元名　一次方程式
2. 日　時　○年○月○日（○曜日）　第○校時
3. 対　象　第1学年○組（計○○名）
4. 単元の目標

【関心・意欲・態度】

　一元一次方程式と解の関係について順序立てて説明したり，生徒間で考え方の交流を行ったりすることができる。

【数学的な考え方】

　身近な事象を一元一次方程式の立式を用いて表したり，一元一次方程式の考えを用いて身近な事象の問題を解決することができる。

【技能】

　一元一次方程式を，等式の性質を正しく用いて解くことができる。

【知識・理解】

　等式の性質を正しく理解し，一元一次方程式の解を求める過程の式変形の意味を理解する。

　方程式の中の文字の意味（変数，未知数）や解の意味を理解する。

5. 単元について

(1) 単元観

　本単元のねらいは，一次方程式を解くことができるようにし，それを通して代数的操作の意味と有用性を理解させることである。

　最初に等式の関係について扱い，数と文字を演算記号と等号で関係づけて表示する方法とその意味を理解させる。続いて，移項について扱い，式を変形しても等号関係が保たれることの意味や，右辺から左辺に移項することで数や文字の前にある演算記号が変わることを理解させる。

　こうした式変形の作業について習熟することができれば，今度は文字の意味と特徴を扱う。文字は，変数としての役割を基本として，文字に様々な数を代入して等号が成り立つ場合と成り立たない場合が存在することを確認さ

せる。一元一次方程式の場合，等号が成り立つ場合（解）は一通りしかなく，文字のことを未知数として扱うわけである。なお，文字に様々な数を代入して見つけた解と，式変形して求めた解が等しくなることから，式変形の有用性を理解させるようにする。

(2) 生徒観

小学校段階では，□や△など文字の前段階となる記号を用いて式を学んできているが，本格的に x や a などの文字を用いて式を立てるのは，今回が最初となる。したがって，問題を解く段階では文字にどの数字が該当するのかが不明であるという感覚は，生徒に非常に不安感を抱かせる。さらに文字に対する不安感のある状態での文字を用いた式化は，さらに理解が困難である。併せて，文字を移項するという作業の正しい意味を理解することも容易ではない。

文字や文字式の基礎部分についての事前調査を実施すると，機械的な操作はある程度可能であるが，意味理解が十分ではないという傾向がみられた。また，小学校算数科での苦手分野の１つに，□や△の式を挙げている生徒も少なくない。

(3) 指導観

小学校算数科から中学校数学科への内容の大きな変化の１つに，具体的・個別的数値での数・計算から，抽象的・一般的意味での文字・文字式での計算と表示への転換が挙げられる。与えられた個々の問題の解答を求められるのではなく，それらの間に成り立つ論理的な構造を示すことが数学では求められるようになるわけである。その傾向は，中学校の上学年，さらには高等学校に行けばより強調される。

したがって，導入段階では，いきなり解法手順にすすむのではなく，文字・文字式で解答したり結果を表示することで，個別の事例に対して成り立つことだけでなく一般性のある事柄を証明することになることの意味自体を強調して取り上げる必要がある。展開段階では，小学校段階での計算のように式を（左辺）→（解答）と一方通行に理解させるのではなく，等号は（左辺）＝（右辺）としての双方向の関係を示したものであることを理解させるようにする。そのことを拠り所に，移項の意味と方法を取り上げるようにする。また，

実際に文字に様々な数値を代入してみて，等号の成り立つ場合を探させるといった活動も，文字の変数としての理解を促す上で有効である。まとめの段階では，文章題から正しく題意を読み取り，立式するという過程を重視して指導するようにする。このことは，高等学校段階での，問題文だけで，三角関数などを用いて式を作成するといった場面の基礎的な能力にもつながるものである。

　全体を通して，生徒間での交流・説明といった時間を確保し，表現力の育成に努めるようにする。

6. 単元の指導計画（全8時間）

　　第1次　等式の性質
　　　　第1時　等式について
　　　　第2時　方程式について
　　　　第3時　等式の性質のまとめ
　　第2次　一次方程式
　　　　第4時　移項の意味について　　　　　　　　（本時）
　　　　第5時　いろいろな一次方程式
　　　　第6時　一次方程式の解き方のまとめ
　　　　第7時　文章題への方程式の利用の仕方
　　　　第8時　方程式を使って文章題を解く手順のまとめ

7. 本時の目標

　等式の性質を利用して式を変形し，方程式を解くことができるようにするために，

ア）等式の性質が式を変形して解く場合の根拠となっていることを理解させる。

イ）移項が等式の性質に基づいて行われる操作であるということを理解させる。

ウ）等式の性質を理解させることにより，もとの方程式と同値で最も簡単な方程式を導くことで解が求められることを理解させる。

8. 本時の展開

学習 内容	学習活動 （予想される生徒の反応）	指導上の留意点 ■…評価	準備物
1. 導入 〈5分〉	・等式の関係を確認する。 ・例題の x に，様々な数を代入し，等号が成り立つ場合を見つける。 ・解のかき方を確認する。	・（右辺），（左辺），（等号）の関係を正しく確認させる。 ・例題を2問板書する。 ・解が2の場合，$x=2$ とかくことを押さえておく。 ■方程式の解を，代入法を用いて求めることができているか。	教科書
2. 展開 〈35分〉 ・方程式を効率よく解く方法	より効率的な方程式の解の求め方を考える ・等式の性質を具体的な数値を代入して確認する。 ・$x+6=-3$ の，左辺の $x+6$ を x だけにする方法を考える。 ・等式の性質を利用して，$x=$ の形に式を変形する。	・等式の両辺に同じ数を加減乗除しても等号が成り立つことを確認させる。除の場合0を省くことも押さえておく。 ・$x+6-6$ として，後ろの2つの数値を先に計算すると x だけになることを確認させる。 ・$x+6=-3$ 　$x+6-6=-3-6$ 　$x=-3-6$ 　$x=-9$ の解答過程を等号の上下の位置を揃えて正しく記述できるようにさせる。	ワークシート
・式変形の仕組み	・右辺から左辺に数値が移動した際の符号に着目して，どのような法則があるのかを整理する。 ・式変形の仕組みを理解する。 ・式変形を用いて解いた場合と数値を代入して解いた場合の解が一致することを認識する。	・移項の際の符号の変化の規則を具体的な問題を通して確認させる。 ・$+$ と $-$，$\times$ と $\div$ が対応関係になっていることに気付かせる。 ・式変形が等式の性質を基にしているということを理解させる。	

		■移項の意味と方法が理解できているか。	
・移項の定義	・移項の定義を理解する。 ・グループ間で移項の方法を交流したり，説明したりする。	・右辺から左辺へと移項できることも押さえておく。 ■移項とは「等式の一方の辺にある項を，その項の符号を変えて他方の辺に移すこと」が理解できているか。	
・同値の意味	・$x+6=-3$ と $x=-9$ は同じ意味の式であることを確認する。	■移項による式変形を行っても，同値であることが理解できているか。	
3. まとめ〈10分〉 ・本時のまとめ	・教科書の例題を解いて，移項の仕方を確認する。	・記述方法は下記となることを確認させる。 $x+6=-3$ $x=-3-6$ $x=-9$	教科書

9. 板書計画（例）

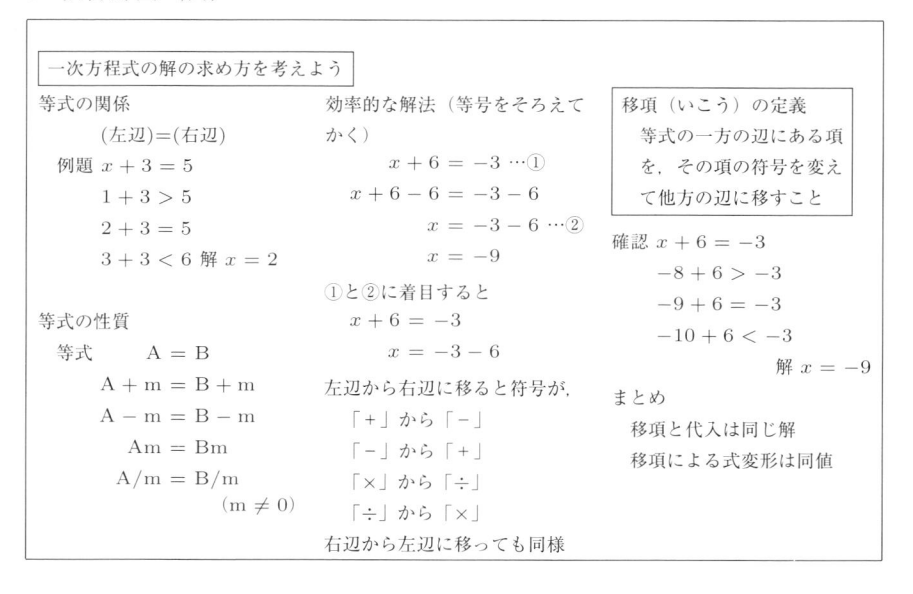

一次方程式の解の求め方を考えよう

等式の関係
  （左辺）=（右辺）
 例題 $x+3=5$
  $1+3>5$
  $2+3=5$
  $3+3<6$ 解 $x=2$

等式の性質
 等式 $A=B$
   $A+m=B+m$
   $A-m=B-m$
   $Am=Bm$
   $A/m=B/m$
    $(m\neq 0)$

効率的な解法（等号をそろえてかく）
  $x+6=-3$ …①
  $x+6-6=-3-6$
   $x=-3-6$ …②
   $x=-9$

①と②に着目すると
  $x+6=-3$
   $x=-3-6$

左辺から右辺に移ると符号が，
 「+」から「−」
 「−」から「+」
 「×」から「÷」
 「÷」から「×」
右辺から左辺に移っても同様

移項（いこう）の定義
 等式の一方の辺にある項を，その項の符号を変えて他方の辺に移すこと

確認 $x+6=-3$
  $-8+6>-3$
  $-9+6=-3$
  $-10+6<-3$
    解 $x=-9$

まとめ
 移項と代入は同じ解
 移項による式変形は同値

高等学校数学科学習指導案

指導者：○○ ○○

1. 単元名 三角関数
2. 日 時 ○年 ○月 ○日（○曜日）第○校時
3. 対 象 第2学年○組（計 ○○ 名）
4. 単元の目標

【関心・意欲・態度】

　三角関数とそのグラフについて，一般角や周期性などの特徴に注目して説明したり，生徒間で考え方の交流を行ったりすることができる。

【数学的な考え方】

　三角関数の相互関係や有用性を認識して，身近な事象の中から三角関数を見つけだし，問題を解決することができる。

【技能】

　三角関数の式から正しく三角関数のグラフをかいたり，三角関数のグラフから正しく立式したりすることができる。

【知識・理解】

　三角関数の係数や定数項の変化が，そのグラフの形状の変化とどのように対応するのかを視覚的・数学的に理解する。弧度法，三角関数の周期性，グラフの対称性について理解する。

5. 単元について

(1) 単元観

　本単元のねらいは，三角関数を一般角まで拡張し，sin, cos, tan の各関数がどのような特徴を持つのかについて，そのグラフとの対応関係の中で理解させることである。

　最初に一般角，弧度法について扱い，360度以上の角度や，弧度法と度数法の対応関係について理解させる。続いて，sin, cos, tan の各関数が，一般角においてどのような変化をするのか，また三角関数の相互の関係について理解させる。

　三角関数の基本的な性質を理解させた後，それらのグラフを扱う。横軸を

一般角として，縦軸がどのような変化になるのかを具体的に点をプロットさせて考えさせる。その際，直線ではなく曲線になることや，周期性（同じ形状の繰り返し）があることなどに気付かせる。また係数や定数項の変化によってグラフの形状がどのように変化するのかという法則を理解させる。

最後に，三角関数を含む方程式や不等式について扱い，三角関数に特徴的な式変形の法則について理解させる。

(2) 生徒観

高等学校第１学年の段階で三角比を学習し，その発展として本単元では三角関数を扱う。三角比は，各図形の特徴を決める辺の長さと角度の関係をつなぐ重要な考えであるが，生徒の多くは問題を解く手段としての役割に重点を置きがちであり，具体的な意味を踏まえて理解している生徒は多くない。

事前調査においても，三角比の問題は解けるが，どのような場面で活用することが有効ですかといった現実の場面への適用に関する問いには，多くの生徒が解答できないという結果となった。

そのため，三角関数においても，一般角に拡張することや三角比を三角関数と捉え直すこと，またグラフが角度についての関数であり周期性のある形状となることなどの理解が困難になることが予想される。加えて，sin，cos の関数は，いずれも曲線であり，相互に平行移動すると重なるといったことや，上限と下限があるといったことも，その数学的意味も踏まえて理解させるのが困難な内容である。

(3) 指導観

高等学校段階の数学では扱う内容の抽象化に伴い，生徒が数学的仕組みを理解せず，解法の手順を暗記するという傾向が強くなる。三角関数もそうした単元の１つであり，具体的な事例をもとに，コンピュータで関数のグラフを表示するなど，視覚的な教材も用いながら指導を行っていくことが重要である。

現在では，関数電卓やコンピュータがあるので，実際に生徒が係数や定数項を代入して，画面に様々なグラフをかかせて，その特徴を視覚的・動的に理解し，その後，数学的な扱いを行っていくといった工夫を行うことが望ましい。

導入段階では，いきなり解法手順にすすむのではなく，三角比の有用性や，

一般角を導入することの意味を理解させた上で，弧度法などについて扱うようにする．展開段階では，一般角における三角関数について扱うが，三角比との対応関係をしっかりと押さえながら，混乱を来さないように配慮する．また，sin，cos，tan の相互関係も，非常に複雑なので，時間をかけて，理解させるようにしたい．まとめの段階では，三角関数を一般の関数と同様に捉えて，方程式の中で移項や変形したりするが，三角関数特有の性質に着目させながら指導を行うようにする．

全体を通して，生徒間での交流・説明といった時間を確保し，表現力の育成に努めるようにする．

6. 単元の指導計画（全12時間）

　第1次　三角関数
　　第1時　一般角について
　　第2時　弧度法について
　　第3時　一般角の三角関数の定義について
　　第4時　三角関数の相互関係について
　　第5時　三角関数の性質について
　第2次　三角関数のグラフ
　　第6時　三角関数のグラフについて
　　第7時　周期について
　　第8時　いろいろな三角関数のグラフについて　　（本時）
　第3次　三角関数と方程式・不等式
　　第9時　三角関数を含む方程式について
　　第10時　三角関数を含む不等式について
　　第11時　三角関数の最大値・最小値について
　　第12時　三角関数のまとめ

7. 本時の目標
・係数や定数項が加わると，グラフがどのように変化するかを個人，グループで考察し，理解する．
・係数や定数項を組み合わせたとき，グラフがどのように変化するかを正しくとらえ，それにあわせた正しいグラフをかくことができる．

8. 本時の展開

学習内容	学習活動 （予想される生徒の反応）	指導上の留意点 ■…評価	準備物
1. 導入 〈5分〉	・$y = x^2$ のグラフを例に係数や定数項が変われば形や位置が変わることをイメージする。	・係数や定数項の変化と，グラフの形状のどの部分の変化が対応するのかに着目させる。 ■係数や定数項の変化がグラフに影響することが視覚的・数学的に理解できているか。	
2. 展開 〈40分〉 ・三角関数のグラフをかく	係数や定数項の変化に着目して三角関数のグラフをかく。		教科書
	・周りの生徒と意見を交換しながら，①から③のグラフが，基本の形からどのように変わるかを考え，グラフをかく。 ① $y = 2\sin\theta$ ② $y = \sin 2\theta$ ③ $y = \sin\left(\theta - \frac{\pi}{2}\right)$	・点の位置の変化を捉えながらグラフをイメージできるよう助言を行う。 ・点と点を結ぶ際に，曲線を活用すると正確にかけることを説明する。 ・「たてのび係数」,「よこちぢみ係数」などの言葉を指導する。	
・係数・定数項とグラフの形状の関係	・それぞれのグラフの特徴を確認し，係数や定数項の変化がグラフの形状にどのように影響するのかを考察し，整理する。	・下記のパターンについてそれぞれの特徴を整理させる。 $y = a\sin\theta$ $y = \sin b\theta$ $y = \sin(\theta - a)$ ■三角関数の場合の係数と定数項がグラフの形状に影響する特徴を整理できているか。	
・応用	・上記の解答方法をもとに，下記の④から⑥のグラフをかく。 ④ $y = 3\sin 2\theta$ ⑤ $y = \frac{1}{2}\sin\frac{1}{2}\theta$ ⑥ $y = \cos\left(\theta + \frac{\pi}{6}\right)$	・タイプごとに正確に，すばやくグラフがかけるようにさせる。	教科書

3. まとめ〈5分〉	・三角関数の係数と定数項の変化とグラフの形状の関係について整理する。	・整理した内容を言語化できるようにさせる。	

9. 板書計画（例）

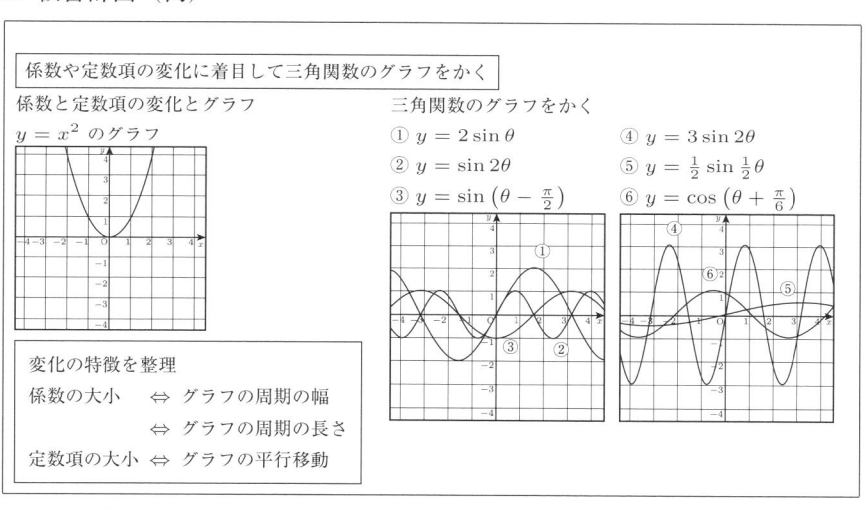

係数や定数項の変化に着目して三角関数のグラフをかく

係数と定数項の変化とグラフ
$y = x^2$ のグラフ

三角関数のグラフをかく
① $y = 2\sin\theta$
② $y = \sin 2\theta$
③ $y = \sin\left(\theta - \frac{\pi}{2}\right)$
④ $y = 3\sin 2\theta$
⑤ $y = \frac{1}{2}\sin\frac{1}{2}\theta$
⑥ $y = \cos\left(\theta + \frac{\pi}{6}\right)$

変化の特徴を整理
係数の大小　⇔　グラフの周期の幅
　　　　　　⇔　グラフの周期の長さ
定数項の大小 ⇔ グラフの平行移動

　本節で使用した学習指導案は，中学校編は大阪大谷大学講師竹歳賢一氏，高等学校編は岐阜県立大垣東高等学校教諭下野宗紀氏の助言を受けた．

引用・参考文献，参考 URL

Chow Wai Keung (2007) *Discovering Mathematics 1A, 1B, 2A, 2B, 3A, 3B, 4A, 4B*, Star Publishing Pte Ltd, Singapore.

市川伸一（2008）『「教えて考えさせる授業」を創る』図書文化，東京

梶田叡一（1992）『教育評価〔第 2 版〕』，有斐閣，東京

柿内賢信訳（1954）『いかにして問題をとくか』丸善株式会社，東京（George Polya (1945) *How to Solve It*. Prinston University Press）

文部科学省（2003）「小学校，中学校，高等学校等の学習指導要領の一部改正等について（通知）」2013 年 10 月 15 日現在
　http://www.mext.go.jp/a_menu/shotou/cs/1320953.htm

文部科学省（2008）『中学校学習指導要領解説数学編』教育出版，東京，p.20
文部科学省（2009）『高等学校学習指導要領 数学編 理数編』実教出版，東京
横地清，菊池乙夫，守屋誠司（2005）『算数・数学科の到達目標と学力保障 別巻理論編』明治図書，東京，p.79
横地清監修，菊池乙夫編（2005）『新教科書を補う中学校数学 発展学習教科書第1巻 第1学年編』明治図書，東京
横地清監修，菊池乙夫編（2005）『新教科書を補う中学校数学 発展学習教科書第2巻 第2学年編』明治図書，東京
横地清監修，菊池乙夫編（2005）『新教科書を補う中学校数学 発展学習教科書第3巻 第3学年編』明治図書，東京
西之園晴夫（1986）『コンピュータによる授業計画と評価』東京書籍，東京
西之園晴夫・岡本敏雄編著（2007）『情報科教育の方法と技術』ミネルヴァ書房，京都
西岡加名恵（2003）『教科と総合に活かすポートフォリオ評価法』図書文化社，東京
野矢茂樹（1997）『論理トレーニング』産業図書，東京
岡部恒治 他（2012）『高等学校 数学I，II，A』数研出版，東京
岡本和夫 他（2012）『未来へひろがる 数学1〜3』啓林館，大阪

研究課題

1. 学習指導要領に記された数学教育の目標と，数学教育研究における数学教育の目標について，それぞれ要点を整理して記述しなさい。
2. 数学教育における評価の目的，時期，内容，方法について，それぞれ注意点を挙げながら説明しなさい。
3. 数学科の中から単元を1つ取り上げ，目標，評価，実践の工夫を踏まえた，学習指導案を作成しなさい。

第2章

代数教育における実践

2.1 代数教育の目標と構成

2.1.1 代数教育の目標

数，文字，文字式，方程式などを扱う代数教育の目標を考えると，大きくは次の5つとなる。

(1) 数の教育の目標

数の教育では，「計算方法の理解と習熟」と「数概念の理解」が目標となる。
「計算方法の理解と習熟」では，中学校入学後に正負の数を学習することによって数の拡張が行われ，これまでの加減乗除の四則演算が加法と乗法の2つに集約できるようになる。また，演算については交換法則，結合法則，分配法則の重要な関係が「正の数」と同様に，数を拡張した際にも成り立つことを系統的に扱うことが重要である。

「数概念の理解」では，各種の数の持つ構造，特徴である順序，四則演算，連続性について理解させることが目標となる。

例えば，$\frac{1}{3}$ は循環小数になおせるので無理数として認識させたり，$\sqrt{2}$ は無限小数であるが，一定の大きさを持っている数と認識させる必要がある。

従来の数の教育では，「数」は計算の対象という観点から「計算技能の習熟」の指導が重視され，「数概念」そのものの指導は十分とはいえなかった。今後

は「数概念」の理解についても，バランスよく指導を行うことが重要である。

(2) 文字の教育の目標

　文字の教育では，定数，未知数，変数についての性質の理解が目標となる。文字は算数から数学へ移行する重要な架け橋となる。指導においては，数の集合を意識して文字の導入を図り，文字を使用する場面によって，定数，未知数，変数を個々に分類して指導するだけではなく，必要に応じて複数の性質を持ち合わせる場合もあるという視点も重要である。

　例えば，方程式の解は，未知数と変数の性質の両方を持ち合わせているなどがある。

　また，文字が常に有している2つの性質として，ある特定な値をもった集合を背景とした"代表記号"と，与えられた集合のいずれの要素も入り得る入れ物としての"空席記号"がある。この2つの概念を導入することによって，より文字の理解が深まると考えられる。

(3) 文字式の教育の目標

　文字式の教育では，「文字式の意味」と「計算方法の理解と習熟」が目標となる。指導において，「文字式の意味」については，1つのまとまった大きさを表していることが重要である。生徒の間違った認識として，$2a+3b=5ab$ があげられる。$2a+3b$ が，ある変量に結びついた他の変量の大きさが1つの文字式で表されることを理解させたい。

　「計算方法の理解と習熟」では，文字式も数と同じように交換法則，結合法則，分配法則が成り立つことを数の計算法則と関連付けて理解させたい。

(4) 方程式の教育の目標

　方程式の教育では，「方程式の意味」，および「解を求める方法とその意味」の理解が目標となる。

　指導において重要なことは，「方程式の意味」については，文字のある特定の値に対してだけ成り立つ等式が「方程式」であることを理解させたい。

　「解を求める方法とその意味」については，単に等式の性質を与えて形式的

な方程式の解法計算に重きを置くのではなく，等式の性質を利用した同値変形を前面に出して行うことである。

また，方程式から不等式へスムーズに移行させるために，不等式の解である文字の取り得る範囲の理解につなげるために方程式の指導の段階から文字を未知数のみならず，変数として捉えさせる指導も重要である。

(5) 現実事象への適用

計算などを行う前に，あらかじめ答えを概数として予測できることが目標となる。

今日，計算機（PC，タブレット型端末，プログラム電卓など）の普及により，複雑な数値を有するリアルな現実事象を手軽に教育内容として取り扱うことが可能となった。このことは，複雑な計算を正確に行うこと以上に，計算機などの計算結果が正しいのかを見極める検算力の養成が重要となる。

さらに，文字・文字式については，机上の計算に終始するのではなく，例えば，数学的モデリングの手法を用いて，現実場面の問題を文字・文字式で解決をして，それを現実事象に返して役立たせる一連の内容を取り扱うようにするとよい。

2.1.2 代数教育の構成

(1) 代数教育の領域

代数教育の内容構成を考えるにあたっては，以下の領域を鑑み，その教育内容を体系化し，その背景にある代数的構造も射程に入れながら，系統的に指導していくことが重要となる。

a. 数の概念の拡張とその教育内容
b. 式の概念の理解とその教育内容
c. 文字・文字式の概念および方程式の理解とその教育内容

では，それぞれの領域について，具体的な教育内容とその留意点について解説する。

A．数の概念の拡張とその教育内容

数について，まず，自然数から整数へと拡張し，正の整数だけではなく，0および負の整数の存在を伝える。続いて，有理数について理解させるとともに，無理数へと発展させ，実数の概念について捉えさせる。さらには，複素数の概念へと進展させることにより，数の体系化を図る。

また，数を実数および複素数まで拡張する意義を理解させることにより，実数および複素数の範囲における四則計算について理解させる。

B．式の概念の理解とその教育内容

乗法公式および因数分解の公式を理解させるとともに，それらを用いて，式の展開や複雑な因数分解が可能となるようにさせる。

また，整式の加法・減法・乗法・除法および分数式の四則計算についてその概念や計算の手法について理解させる。

C．文字・文字式の概念および方程式の理解とその教育内容

文字を用いることの必要性とその意味を理解させるとともに，等式の性質を活用し，式変形（同値変形）を行うことができるようにさせる。ここでは，恒等式と方程式の概念について定着させることが重要となるので，しっかりと把握しておくことが重要となる。

また，方程式については，解の公式や因数定理を用いた簡単な高次方程式の解法を理解させることが重要である。

(2) 代数教育の構築

実際，代数教育の構築にあたっては，単なる四則計算や方程式の解法といったパターン化したドリル的な作業に終始するのではなく，その背景にある代数的構造も踏まえながら授業展開していくことが重要である。

また，近年はコンピュータやプログラム電卓などの情報ツールが急速に普及しており，それらの代数教育への活用も有意義である。例えば，数値を入力するだけで複雑な文字式の値を求めることや，方程式や不等式をグラフ化して視覚的に捉えることも可能となる。

2.2 代数教育の内容

2.2.1 数について

(1) 自然数

 $1, 2, 3, 4, 5, \ldots$ のように，ものを数えるときや順序をつけるときに用いる数を**自然数**という。すなわち，自然数には，集合数（基数）(cardinal number) と順序数 (ordinal number) の両面がある。自然数を演繹的に論じるために公理系を定める必要が生じるが，ここでは，ペアノ (G. Peano, 1858–1932) の公理を示す。

《ペアノの公理》
「1，自然数，後者」を無定義用語とし，次の 5 つの公理を満たすものを自然数とする。
〈公理 1〉　1 は自然数である。
〈公理 2〉　任意の自然数 a に対して，a の後者 a' がただ 1 つ存在し，a' も自然数である。
〈公理 3〉　$a' = 1$ となる自然数 a は存在しない。
〈公理 4〉　a, b を自然数とするとき，$a' = b'$ ならば $a = b$ である。
〈公理 5〉　自然数の集合を $\mathbb{N}$ とする。
　　　　　(i) 1 は $\mathbb{N}$ に属する。
　　　　　(ii) a が $\mathbb{N}$ に属するならば，a' も $\mathbb{N}$ に属する。
　　　　　このとき，$\mathbb{N}$ はすべての自然数の集合である。

この公理により，自然数の基準となる数が 1 であり，$1' = 2, 2' = 3, 3' = 4, \ldots$ となって，自然数全体の集合を $\mathbb{N}$ で表すとき，$\mathbb{N} = \{1, 2, 3, 4, 5, \ldots\}$ が得られる。

　また，自然数の集合 $\mathbb{N}$ について，次の 2 つの事柄が成り立つ。
・2 つの自然数の和は自然数である。

・2つの自然数の積は自然数である。

しかし，2つの自然数の減法・除法は自然数の範囲で必ずしも成り立つとは限らない。

このように，2つの自然数の和や積が自然数になることを，自然数全体の集合 N は，加法・乗法の演算について**閉じている**という。

さらに，

$$交換法則：a+b=b+a, \ a\times b=b\times a$$

$$結合法則：(a+b)+c=a+(b+c), \ (a\times b)\times c=a\times (b\times c)$$

$$分配法則：(a+b)\times c=a\times c+b\times c$$

が成り立つ。

1と自分自身以外に約数をもたない2以上の自然数を**素数**という。それに対して，1と自分自身以外の約数がある数を**合成数**という。なお，1は素数でも合成数でもない。

《素因数分解の一意可能性の定理》

2以上のどんな自然数も，素数の積で表すことができる。また，その積は，掛け算の順序を除いて，ただ1通りである。

例えば，$12 = 2^2 \times 3$, $90 = 2 \times 3^2 \times 5$ と1通りに表現される。

次に，素因数分解の有用性について，公約数と公倍数を事例に述べる。

$$12 の約数は，1, 2, 3, 4, 6, 12$$

$$90 の約数は，1, 2, 3, 5, 6, 9, 10, 15, 18, 30, 45, 90$$

であるが，このとき，12と90に共通する約数1，2，3，6を「12と90の**公約数**」といい，その中の最大数6を「12と90の**最大公約数**」という。

また，最大公約数が1であるとき，たとえば，7と41は「**互いに素**である」という。

一方，

$$12 \text{ の倍数は, } 12, 24, 36, \ldots, 180, \ldots$$
$$90 \text{ の倍数は, } 90, 180, \ldots$$

であるが，このとき，12 と 90 に共通する倍数 $180, \ldots$ を「12 と 90 の**公倍数**」といい，その中の最小数 180 を「12 と 90 の**最小公倍数**」という。

2 つの自然数の最大公約数と最小公倍数を求めるには，$12 = 2^2 \times 3$，$90 = 2 \times 3^2 \times 5$ であるから

$$最大公約数 : 2 \times 3 = 6$$
$$最小公倍数 : 2^2 \times 3^2 \times 5 = 180$$

とすればよい。

一般に，各数を素因数分解し，
① 共通な因数をすべて取り出し，それぞれの最小の指数をつけて掛け合わせると最大公約数が得られる。
② 異なる素因数をすべて取り出し，それぞれの最大の指数をつけて掛け合わせると最小公倍数が得られる。

(2) 整数

自然数・負の整数（自然数にマイナスをつけた数）・0 を合わせて**整数**という。

整数全体の集合を $\mathbb{Z}$ で表すとき，整数全体の集合 $\mathbb{Z}$ は，加法・減法・乗法の演算について閉じていることがわかるが，2 つの整数の除法の結果は必ずしも整数になるとは限らない。

しかし，次の定理を用いて商と剰余を考えることとすれば，除法についても閉じている。

《商と最小非負剰余の存在の定理》

0 でない任意の整数 a と，任意の整数 b に対して，次の等式をみたす整数

q, r が必ず存在する。

$$b = a \times q + r, \ 0 \leqq r < |a|$$

ここで，q を商，r を最小非負剰余という。

自然数から整数の範囲に拡張すると，最大公約数と最小公倍数は次のようにまとめられる。

2つ以上の整数に共通な約数を，それらの数の公約数という。公約数の中で最大の数を**最大公約数**という。また，2つ以上の整数に共通な倍数を，それらの数の公倍数という。公倍数の中で0以外の最小の数を**最小公倍数**という。

(3) 有理数・無理数・実数

m を整数，n を自然数とするとき，$\frac{m}{n}$ の形で表される数を**有理数**という。ここで，任意の整数 m は $\frac{m}{1}$ と表されるので有理数と考える。さらに，有理数は小数で表すと，つねに有限小数または循環無限小数となる。

例えば，$\frac{5}{16} = 0.3125$，$\frac{9}{37} = 0.\dot{2}4\dot{3}$．

では，有理数が循環無限小数となる理由について述べる。

有理数 $\frac{m}{n}$ が無限小数となるとき，余りとして現れる数は n より小さい正の整数 $1, 2, \ldots, n-1$ のいずれかである。したがって，少なくとも $(n-1)$ 回割り算をするうちに，必ず，すでに現れた余りが再び出現する。それ以後の計算は繰り返しとなるので，商の数字も循環して現れることとなる。ゆえに，有理数は循環無限小数となる。

これに対し，循環しない無限小数となる数を**無理数**という。無理数とは $\sqrt{2}$，π などの数で，分母と分子が整数の分数の形で表すことのできない数のことである。

上述した，有理数と無理数との双方をあわせて**実数**という。

有理数全体の集合を $\mathbb{Q}$ で表すとき，2つの有理数を $\frac{b}{a}$，$\frac{d}{c}$（a, c は自然数，b, d は整数）とする。

$$\langle 加法 \rangle \quad \frac{b}{a} + \frac{d}{c} = \frac{bc + ad}{ac}$$

$$\langle 減法 \rangle \quad \frac{b}{a} - \frac{d}{c} = \frac{bc - ad}{ac}$$

⟨乗法⟩ $\dfrac{b}{a} \times \dfrac{d}{c} = \dfrac{bd}{ac}$

⟨除法⟩ $\dfrac{b}{a} \div \dfrac{d}{c} = \dfrac{bc}{ad}$

が成り立つので，有理数全体の集合 $\mathbb{Q}$ は，加法・減法・乗法だけでなく，除法の演算についても閉じている。また，有理数の範囲において，加法，乗法の交換法則・結合法則・分配法則が成り立つ。また，実数全体の集合を $\mathbb{R}$ で表すとき，実数全体の集合 $\mathbb{R}$ は，加法・減法・乗法・除法の演算について閉じており，加法，乗法の交換法則・結合法則・分配法則が成り立つ。

さらに，有理数の稠密性および実数の連続性について考える。

任意の2つの有理数の間には，必ず有理数が存在する。すなわち，有理数を大小の順に並べたとき，有理数には隣の有理数が存在しない。（整数には両隣りの整数が1つずつ存在する。）これを**有理数の稠密性**という。

有理数を数直線上に対応させるとき，有理数は数多く並んでいるが，その間には隙間が多く存在する。この隙間を埋めるものが無理数であり，有理数と無理数を合わせた実数により，数直線上の点はすべて埋め尽くされる。これを**実数の連続性**という（図 2.1）。

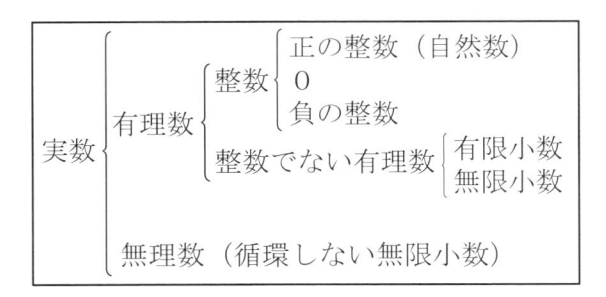

$$
\text{実数}\begin{cases} \text{有理数}\begin{cases} \text{整数}\begin{cases} \text{正の整数（自然数）} \\ 0 \\ \text{負の整数} \end{cases} \\ \text{整数でない有理数}\begin{cases} \text{有限小数} \\ \text{無限小数} \end{cases} \end{cases} \\ \text{無理数（循環しない無限小数）} \end{cases}
$$

図 **2.1** 実数の分類

(4) 複素数

実数の範囲では，2次方程式 $x^2+1=0$ の解は存在しない。そこで，$i^2+1=0$ すなわち，$i^2 = -1$ となる新しい数 i（虚数単位）を考える。このとき，$a+bi$

$(a, b$ は実数) の形に表される数を**複素数**という。a を実部，b を虚部と呼ぶ。

複素数 $a+bi$ について $b=0$ のとき，$a+0i$ は実数 a を表すので，実数は複素数に含まれる。

これに対し，実数でない複素数 $a+bi$ を虚数という。さらに，bi を純虚数という（図 2.2）。なお，複素数には大小関係は定めない。

複素数全体の集合を $\mathbb{C}$ で表すとき，2 つの複素数を $\alpha = a+bi$, $\beta = c+di$ $(a, b, c, d$ は実数) とする。

〈加法〉　$\alpha + \beta = (a+bi) + (c+di) = (a+c) + (b+d)i$

〈減法〉　$\alpha - \beta = (a+bi) - (c+di) = (a-c) + (b-d)i$

〈乗法〉　$\alpha\beta = (a+bi)(c+di) = (ac-bd) + (ad+bc)i$

〈除法〉　$\alpha \neq 0$ のとき，$\dfrac{\beta}{\alpha} = \dfrac{c+di}{a+bi} = \dfrac{ac+bd}{a^2+b^2} + \dfrac{ad-bc}{a^2+b^2}i$

が成り立つので，複素数全体の集合 $\mathbb{C}$ は，加法・減法・乗法・除法の演算について閉じている。

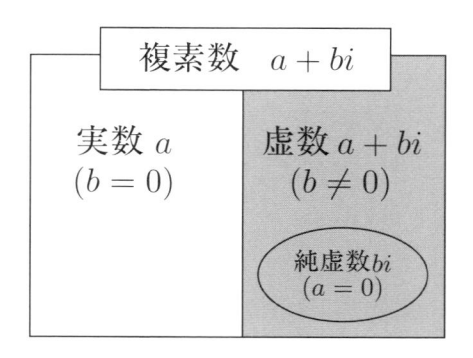

図 2.2　複素数

2.2.2　整式について

(1) 整式

数，文字またはそれらの積で表された式を**単項式**といい，いくつかの単項式の和で表された式を**多項式**という。また，多項式を構成している各々の単項

式を多項式の項という．さらには，単項式と多項式とを合わせて**整式**という．

単項式において，掛けられている文字の個数をその単項式の**次数**といい，文字以外の部分を**係数**という．また，1つの整式で，各項の次数のうちで最高のものをその**整式の次数**という．

いま，1つの整式においてある特定の文字に着目するとき，着目した文字の部分が同じである項を**同類項**といい，着目した文字を含まない項を**定数項**という．

(2) 整式の加法・減法・乗法

整式の加法・減法は数の場合と同様に，交換法則・結合法則を利用し同類項をまとめることにより計算する．

例えば，$A = 2x^2 - 3x + 1$, $B = -x^2 + 2x - 5$ のとき，

$$A + B = (2x^2 - 3x + 1) + (-x^2 + 2x - 5) = x^2 - x - 4$$

$$A - B = (2x^2 - 3x + 1) - (-x^2 + 2x - 5) = 3x^2 - 5x + 6$$

整式の乗法についても，交換法則・結合法則および分配法則を利用して計算する．

$$\begin{aligned}(3x-4)(2x^2-x+1) &= 3x(2x^2-x+1) - 4(2x^2-x+1) \\ &= 6x^3 - 3x^2 + 3x - 8x^2 + 4x - 4 \\ &= 6x^3 - 11x^2 + 7x - 4\end{aligned}$$

(3) 乗法公式

整式の積を計算することにより単項式の和の形に直すことを，**展開する**という．展開を行う際には，記憶しておくと有用となる展開式がいくつか存在する．このような展開式を**乗法公式**という．

主な乗法公式を記しておく．

① $(a+b)^2 = a^2 + 2ab + b^2$
　　$(a-b)^2 = a^2 - 2ab + b^2$
② $(a+b)(a-b) = a^2 - b^2$

③ $(x+a)(x+b) = x^2 + (a+b)x + ab$
④ $(ax+b)(cx+d) = acx^2 + (ad+bc)x + bd$
⑤ $(a+b)^3 = a^3 + 3a^2b + 3ab^2 + b^3$
　　$(a-b)^3 = a^3 - 3a^2b + 3ab^2 - b^3$
⑥ $(a+b)(a^2-ab+b^2) = a^3 + b^3$
　　$(a-b)(a^2+ab+b^2) = a^3 - b^3$
⑦ $(a+b+c)^2 = a^2 + b^2 + c^2 + 2ab + 2bc + 2ca$

(4) 因数分解

　上述してきたように，整式においても，整式の加法・減法・乗法が成り立つことが明らかとなったが，除法はつねに成り立つとは限らない。このことは，整数の場合と同様である。

　1つの多項式を2つ以上の多項式の積で表すことができるとき，掛けられている個々の多項式をもとの多項式の**因数**と呼び，因数の積の形に表すことを，整式を**因数分解**するという。また，それ以上次数の低い因数の積に分解できない1次以上の多項式を**既約多項式**といい，分解できる多項式を**可約多項式**という。この概念は，素数・合成数の概念と相等している。

　主な因数分解の公式を記しておく。

① $a^2 + 2ab + b^2 = (a+b)^2$
　　$a^2 - 2ab + b^2 = (a-b)^2$
② $a^2 - b^2 = (a+b)(a-b)$
③ $x^2 + (a+b)x + ab = (x+a)(x+b)$
④ $acx^2 + (ad+bc)x + bd = (ax+b)(cx+d)$
⑤ $a^3 + b^3 = (a+b)(a^2-ab+b^2)$
　　$a^3 - b^3 = (a-b)(a^2+ab+b^2)$

(5) 整式の除法

　先述したように，整式において除法が必ず可能とは限らない。しかし，商と剰余を考えることとすれば，除法についても閉じている。これも整数の場

合と同様である．例えば，2つの整式 $A = 3x^3 - 5x^2 + 1$，$B = x^2 - 3x + 2$ において，A を B で割ると，商は $3x + 4$，剰余は $6x - 7$ となる．

整数の場合と同様に，いくつかの整式に共通な約数（因数）を各々の整式の**公約数**と呼び，公約数の中で最も次数の高いものを**最大公約数**という．また，いくつかの整式に共通な倍数を公倍数と呼び，公倍数の中で最も次数の低いものを**最小公倍数**という．

例えば，2つの整式 $x^2(x+1)$ と $x(x+1)(x+2)$ において，最大公約数は $x(x+1)$ 最小公倍数は $x^2(x+1)(x+2)$ となる．

また，2つの整式が1次以上の公約数をもたないとき，**互いに素**であるという．

(6) 分数式

定数でない整式での除法を含む式を**分数式**といい，整式と分数式を合わせて**有理式**という．また，分数式の分子と分母をその公約数で割って簡単にすることを約分するといい，分母と分子が互いに素である分数式を既約分数式という．

例えば

① $\dfrac{xz}{x^2yz^2} = \dfrac{1}{xyz}$

② $\dfrac{a^2 - b^2}{a^3 + b^3} = \dfrac{(a+b)(a-b)}{(a+b)(a^2 - ab + b^2)} = \dfrac{a-b}{a^2 - ab + b^2}$

と約分して，既約分数に直すことができる．

さらに，2つ以上の分数式の分母が等しくなるように変形することを通分するという．通分する際には，最小公分母を共通の分母とする．

有理式では，有理数の場合と同様に，加法・減法・乗法・除法がつねに成り立つ．

例えば，

$$\dfrac{x+1}{x^2+2x} + \dfrac{2}{x^2-4} = \dfrac{x+1}{x(x+2)} + \dfrac{2}{(x+2)(x-2)}$$
$$= \dfrac{(x+1)(x-2) + 2x}{x(x+2)(x-2)}$$

$$= \frac{x^2 + x - 2}{x(x+2)(x-2)}$$
$$= \frac{(x+2)(x-1)}{x(x+2)(x-2)}$$
$$= \frac{x-1}{x(x-2)}$$

2.2.3 文字・文字式について

数学を学問として深化させていく上で，文字は重要な役割を果たし価値のある存在である。文字は，次に示す意味を持つとされる。

①定数（任意数）としての文字

ある一定の大きさの数を表す場合に用いられる。

②未知数としての文字

初めの段階ではその文字が持つ数の大きさが未知であり，等式変形を行うことで明らかとなる場合に用いられる。

③変数としての文字

定められた範囲の数全体を表す場合に用いられる。

このように，文字は文字式，方程式，関数によって意味合いを変化させる側面を兼ね備える。

(1) 恒等式

等式 $(a+b)(a-b) = a^2 - b^2$ は，それに含まれる文字にどのような値を代入しても，つねに成り立つ等式である。このような等式を**恒等式**という。

上の例のように，有理式において一辺を式の演算法則により変形し他方と等しくなるときは恒等式である。また，等式の両辺を式変形して同一の式となるときも恒等式となる。

例えば，等式 $(ac+bd)^2 + (ad-bc)^2 = (a^2+b^2)(c^2+d^2)$ は，恒等式となる。

証明は次の通りである。

$$(左辺) = a^2c^2 + 2abcd + b^2d^2 + a^2d^2 - 2abcd + b^2c^2$$

$$= a^2c^2 + b^2d^2 + a^2d^2 + b^2c^2$$
$$（右辺）= a^2c^2 + b^2d^2 + a^2d^2 + b^2c^2$$

となり，（左辺）=（右辺）.

ゆえに，等式 $(ac+bd)^2 + (ad-bc)^2 = (a^2+b^2)(c^2+d^2)$ は，恒等式となる。

(2) 方程式

初めに，相等に関する公理を示しておく。

【相等の公理（同値律）】

① $a = a$ （反射律）
② $a = b$ ならば $b = a$ （対称律）
③ $a = b$, $b = c$ ならば $a = c$ （推移律）

続いて，方程式の同値関係について示す。

① $A = B \Leftrightarrow A - B = 0$
② $A = B \Leftrightarrow A \pm C = B \pm C$ （複号同順）
   $A = B \Leftrightarrow AC = BC$, $A = B \Leftrightarrow \frac{A}{C} = \frac{B}{C}$, ただし, $C \neq 0$
③ $AB = 0 \Leftrightarrow A = 0$ または $B = 0$

式の中に含まれる文字に，特定の数値を代入した場合のみ等式が成立するとき，この等式をそれらの文字に関する**方程式**といい，これらの文字を未知数，方程式を成立させる未知数の値を方程式の解という。方程式は同値関係の法則を用いて，同値変形しながら解いていくとよい。

初めに，1次方程式の解法について示す。

例えば，1次方程式 $3x - 10 = 2x + 5$ を解く。

（解）両辺に 10 を加えて，

$$3x - 10 + 10 = 2x + 5 + 10$$
$$3x = 2x + 15$$

両辺から $2x$ を引いて，

$$3x - 2x = 2x - 2x + 15$$

$$x = 15$$

次に，2次方程式の解法について示す。

例えば，2次方程式 $2x^2 - 5x - 3 = 0$ を解く。

（解）左辺を因数分解すると，

$$(x-3)(2x+1) = 0$$

よって，方程式の同値関係より $x - 3 = 0$ または $2x + 1 = 0$
ゆえに，$x = 3, -\dfrac{1}{2}$

2次方程式 $x^2 - 5x + 3 = 0$ を解く。

この方程式の解法には，解の公式を利用する。

【解の公式】

2次方程式 $ax^2 + bx + c = 0$ …① の解は

$$x = \frac{-b \pm \sqrt{b^2 - 4ac}}{2a}$$

では，解の公式を導くこととする。

①の左辺は，

$$ax^2 + bx + c = a\left(x + \frac{b}{2a}\right)^2 - \frac{b^2 - 4ac}{4a}$$

と平方完成できる。

よって，もとの方程式①は，

$$a\left(x + \frac{b}{2a}\right)^2 = \frac{b^2 - 4ac}{4a}$$

と変形できる。

両辺を a で割ると，

$$\left(x + \frac{b}{2a}\right)^2 = \frac{b^2 - 4ac}{4a^2}$$

両辺の平方根をとって，

$$x + \frac{b}{2a} = \pm \frac{\sqrt{b^2 - 4ac}}{2a}$$

ゆえに，
$$x = \frac{-b \pm \sqrt{b^2 - 4ac}}{2a}$$
したがって，解の公式を用いて $x^2 - 5x + 3 = 0$ を解くと，
$$\begin{aligned}x &= \frac{5 \pm \sqrt{25 - 12}}{2} \\ &= \frac{5 \pm \sqrt{13}}{2}\end{aligned}$$
となる。

これまでは，実数の範囲で解いてきたが，さらに複素数の範囲まで拡張して2次方程式を解くことができる。

例えば，2次方程式 $2x^2 - x + 1 = 0$ を解く。
（解）解の公式より，
$$\begin{aligned}x &= \frac{1 \pm \sqrt{1 - 8}}{4} \\ &= \frac{1 \pm \sqrt{7}i}{4}\end{aligned}$$
このような解を虚数解と呼ぶ。

一般に，2次方程式の解は，①異なる2つの実数解，②重解，③異なる2つの虚数解，の3通りに分類できる。

解の種類を調べることを解を判別するといい，$b^2 - 4ac$ を2次方程式 $ax^2 + bx + c = 0$ の判別式という。判別式は記号 D で表される。

2次方程式の解の判別は以下のようにまとめられる。

(i) $D > 0 \Leftrightarrow$ 異なる2つの実数解をもつ。

(ii) $D = 0 \Leftrightarrow$ 重解をもつ。

(iii) $D < 0 \Leftrightarrow$ 異なる2つの虚数解をもつ。

最後に，3次方程式の解法について示す。

例えば，3次方程式 $x^3 - x + 6 = 0$ を解く。

まず，解法していく過程において，剰余の定理および因数定理が必要となる。

《剰余の定理》
　整式 $P(x)$ を 1 次式 $(x-\alpha)$ で割ったときの剰余は $P(\alpha)$ となる。

《因数定理》
　整式 $P(x)$ が 1 次式 $(x-\alpha)$ を因数にもつ $\Leftrightarrow P(\alpha)=0$

（解）$P(x) = x^3 - x + 6$ とおく。
　ここで，$P(-2) = 0$ となるので $P(x)$ は $x+2$ を因数にもつ。
　よって，$P(x) = (x+2)(x^2 - 2x + 3)$
　ゆえに，$(x+2)(x^2 - 2x + 3) = 0$
　これを解いて，$x = -2,\ 1 \pm \sqrt{2}i$

2.2.4　代数的構造

　本節では，数や整式に関して多角的に考察を加えてきたが，それらを代数的構造の視点から分析することも重要となる。そこで，群・環・体の公理について述べることとする。

《群の公理》
　集合 G を空集合でない集合とする。
　集合 G とそこで定義される 2 項演算 $x \triangle y$ をあわせた代数系 $(G, \triangle)$ は，次の 3 つの条件をみたすとき，群と呼ばれる。
　(i) 結合法則
　　　すべての $x,\ y,\ z$ について，
$$x \triangle (y \triangle z) = (x \triangle y) \triangle z$$
　(ii) 単位元の存在
　　　ある特別の要素 e があって，すべての x に対して
$$x \triangle e = e \triangle x = x$$
　　この要素 e を演算 $\triangle$ についての単位元という。

(iii) 逆元の存在

どんな要素 x に対しても，$x \triangle y = y \triangle x = e$（単位元）となるある要素 y が存在する．

このような y を，x の $\triangle$ についての逆元という．

この3つの条件を群の公理という．

さらに，

(iv) 交換法則：すべての x, y について，$x \triangle y = y \triangle x$

をみたす群は，可換群（アーベル群）と呼ばれている．

例えば，代数系 $(\mathbb{Z}, +)$ は可換群となる．

ここで，代数系とは，土台となる集合と，そこで定義される演算の組のことを意味する．

《環の公理》

環とは，ある集合 A で定義されている2つの演算 $+$, $\times$ について，次の性質をみたす代数系 $(A, +, \times)$ のことである．

(i) $(A, +)$ は可換群，すなわち次の条件をみたす．

① 結合法則が成り立つ．
$$x + (y + z) = (x + y) + z$$

② 交換法則が成り立つ．
$$x + y = y + x$$

③ 加法 $+$ についての単位元 0 がある．
$$0 + x = x + 0 = x$$

④ 任意の x について，加法の逆元 $(-x)$ がある．
$$x + (-x) = (-x) + x = 0$$

(ii) 乗法については，次の性質が成り立つ．

① 結合法則が成り立つ．
$$x \times (y \times z) = (x \times y) \times z$$

② すべての $x, y, z \in A$ に対して分配法則が成り立つ．

$$x \times (y + z) = (x \times y) + (x \times z)$$

$$(x + y) \times z = (x \times z) + (y \times z)$$

③ 乗法 $\times$ についての，単位元 1 がある．

すなわち，$1 \times x = x \times 1 = x$ がすべての $x \in A$ に対して成り立つ．

この (i)，(ii) を環の公理という．

例えば，$(\mathbb{Z}, +, \times)$ や $(\mathbb{R}, +, \times)$ は環となる．

また，x, y が環 A の元で $xy = yx$ ならば，x, y は可換であるという．

A の任意の元が可換ならば，A を可換環という．

《体の公理》

ある集合 K で定義されている 2 つの演算 $+$, $\times$ について，次の性質をみたす代数系 $(K, +, \times)$ を可除環という．

(i) $(K, +, \times)$ は環である．

(ii) 任意の $K \ni x \neq 0$ が乗法に関して可逆元である．

K が可除環であり，環として可換であれば，体である．簡略化していえば，加減乗除が 0 による除法を除き，自由にできる代数系のことである．

例えば，$(\mathbb{Q}, +, \times)$，$(\mathbb{R}, +, \times)$，$(\mathbb{C}, +, \times)$ は体となる．

2.3 代数教育の実践

2.3.1 中学校第 1 学年での実践

(1)「方程式」の教育実践について

「方程式」は，中学校・高等学校の数学の授業において重要な概念の 1 つである．また，中学校段階では，1 次方程式，2 次方程式，連立方程式，高等学校段階では，高次方程式や三角方程式，対数方程式など，その教育内容も多岐に渡る．

中学校に入学した生徒たちが，まず初めに出会うのが1次方程式である。中学生になったばかりの子どもたちが，スタートからつまずくと大変である。

このような問題点を払拭するためにはどのような授業内容を構築し，かつ，展開していけばよいのであろうか。

中学1年生の授業において，生徒たちが戸惑う1つに「文字」の概念がある。小学校の授業では，算数の文章題を解くために線分図や面積図がよく用いられ，子どもたちはその解法のテクニックをマスターしていく。実はこのことが，中学に入学したばかりの生徒をつまずかせる原因になりかねないのである。実際，中学1年生の1次方程式の授業において，「なぜ，文字を使わなければいけないのですか。小学校のときのように，図を使えばすぐに解けます。」という質問を受けた経験をもつ。生徒にとっては，方程式を立式してわざわざ文字を用いて解法するよりも，図さえ示せば簡単な四則計算で済むというのである。

この点を踏まえ，中学1年生の1次方程式の授業においては，数学という学問は，ただ単に答えを求めればよいのではなく，抽象的な考え方が重要視されることを生徒たちに深く伝えていかなければならない。

さらに，「文字」の概念で留意しなければならないのは，変数と未知数の違いや代表記号であるか空席記号であるかといった文字自体のもつ性質を明確に認識させることである。

この点が疎かになれば，生徒たちは文字に振り回され，頭の中に混乱を招くだけである。

本実践では，上記の問題点を鑑みながら，生徒たちが数学に興味・関心を示す授業内容を提案していく。

(2) 1次方程式の導入と展開

1次方程式の解法を生徒たちに理解させる上で，まず教えなければならない大切な概念が等式変形の考え方である。最初に具体例を挙げ，等式の両辺に同じ数もしくは文字を加減乗除させることで，両辺の等しい関係が常に保たれることを理解させる。続いて，等式について主格変換を行い，様々なパターンの文字変形に慣れさせるようにする。この際，代表記号・空席記号と

いった文字の概念を定着させるよう心掛ける．当然ながら，数多くの演習問題をこなし生徒たちの習熟を図る．

次に，恒等式と方程式をテーマに，その違いを理解させる．恒等式ではどのような値を代入しても等式が成立するのに対し，方程式では解が決定することに着目させ，変数と未知数との相違を捉えさせる．

このような手順を経て，いよいよ1次方程式の解法へと進む．ここで留意しなければならないのは，等式変形と主格変換の考え方を強調することにより，論理的な方法で解法させることである．また，方程式の解法は同値変形の考え方が土台にあることもしっかりと押さえておきたい．あくまでも，数学的なプロセスに重点をおいた授業を展開しなければならない．計算のテクニックの指導に偏重した授業は回避することを念頭におく．

応用問題においては，代数的概念を要求される内容や現実事象と関連の深い内容を題材とし，数学のもつ論理性や実用性にも触れる．非現実的なテーマでただ単に複雑な教育内容を導入するだけでは，生徒の数学的思考の発達を妨げることになりかねないからである．

また，本実践全体を通して，教師が一方的に教授する授業形態ではなく，生徒が主体的に活動するよう試みる．

(3) 中学1年生への試み

教室では生徒の目はいつも好奇心に溢れ，いきいきと輝いていなければならない．教師が教え込むばかりの授業形態ではなく，生徒の思考活動が活性化され，彼らのやる気と知的好奇心がみなぎるような授業の展開が必要となる．生徒たちと教師とのコミュニケーションが最大限に要求される．

まず，授業を通して，新しい知識を獲得することの素晴らしさ，学習することの楽しさを伝えるとともに，真摯な学習への取り組みの中で，彼らが自己を研磨することにより，学習に対する達成感や充実感を実感させる必要がある．

さらに，生徒たちに正確な計算力を習得することが重要視される．学習活動を通して，自分の解いた答えが正解であることは誰にとっても気分のよいものである．生徒たちに地道な努力を積み重ねさせ，自信を与えることで，数

学に関する苦手意識が払拭できるように導きたい。

　しかしながら，計算力の向上だけでは学力を完全に保障できたとはいえない。数学の本質的な部分へのアプローチが要求される。それは，数学が携えている論理的な思考展開の享受である。数学の得手，不得手に関係なく，「数学ってすごい」という感動を子どもたちに与え，彼らの知的好奇心を目覚めさせる必要がある。この観点からも，解答までのプロセスを重んじた授業形態を強調したい。

【授業の展開】
　第1時限：主格変換と等式変形

到達目標	等式変形について理解させる。	
学習内容	指導展開	生徒の学習活動
主格変換を通して，等式変形の概念を理解する。	・等式 $3x - 4y = 2$ を x について主格変換する。 ・等式 $3x - 4y = 2$ を y について主格変換する。 ・等式 $c = \frac{3a+b}{4}$ を a について主格変換する。	・等式 $3x - 4y = 2$ の両辺に $4y$ を加えることで $3x = 2+4y$ と変形されることに気付く。 両辺を3で割ることで $x = \frac{2+4y}{3}$ と変形されることを理解する。 ・等式 $c = \frac{3a+b}{4}$ の両辺に4を掛けることで $4c = 3a+b$ と変形できることに気付く。 $3a+b = 4c$ であるから，両辺から b を引いて $3a = 4c-b$ となり，両辺を3でわると $a = \frac{4c-b}{3}$ となることを理解する。
	・$l = 2(a+b)$　$[b]$ ・$S = \frac{1}{2}ah$　$[h]$ ・$V = \pi r^2 h$　$[h]$ について，主格変換を練習させる。 ・等式の性質についてまとめる。	・練習問題を行う。 ・等式の性質について理解する。

第2時限：恒等式と方程式

到達目標	恒等式・方程式の違いについて理解させる。	
学習内容	指導展開	生徒の学習活動
恒等式と方程式の違いについて認識する。	・等式 $3x+4x=7x$ について，x にどのような値を代入しても等号が成立することを理解させる。 ・このような等式を恒等式と呼ぶことを説明する。 ・等式 $3x-2=2x$ について，x にいろんな値を代入すると，成立したりしなかったりすることを認識させる。 ・このような等式を方程式と呼ぶことを説明する。 ・本時のまとめを行う。	・$x=-2,-1,0,1,2$ などいろいろな値を順に代入し，常に等号が成立することを確認する。 ・$x=-2,-1,0,1,2$ などいろいろな値を順に代入し，$x=2$ のときだけ等式が成立することを確認する。

第3時限：1次方程式の解法 (1)

到達目標	1次方程式の解法について理解させる。	
学習内容	指導展開	生徒の学習活動
等式変形を用い，一次方程式を解法する。	・方程式 $9x+2=4x+17$ について，等式変形を用いた方程式の解法について理解させる。 ・方程式の解法は同値変形が土台となっていることを認識させる。 ・方程式 $3(x-2)=x+4$ を解く。 ・問題演習を行う。 【問題】次の方程式を解きなさい。 (1) $7x-2=4x+1$ (2) $-3x+2=x+4$ (3) $2(3-2x)=3(2-3x)$ (4) $3(x+1)-(4x-2)=0$	・適当に値を代入して解を求めるのではなく，系統化された方法について考える。 ・等式変形の考え方を用いればよいことを知る。 ・$x=\alpha$ の形に等式変形を行い，解 $x=3$ を得る。 途中式のいずれに $x=3$ を代入しても，等号が成立することを確認する。 ・分配法則で左辺を展開し，等式変形を行えば，前例と同様に解答できることを理解する。 ・演習問題を解く。

2.3. 代数教育の実践

	・机間巡視を行い，生徒の質問に答える。	
	・解答を行い，本時の内容についてまとめる。	・答案を見直し，疑問点を解決する。

第4時限：1次方程式の解法(2)

到達目標	様々な1次方程式の解法について理解させる。	
学習内容	指導展開	生徒の学習活動
・等式変形を用い，複雑な一次方程式の解法を行う。	・方程式 $\frac{2}{3}x = \frac{1}{6}x + 2$ の解法について理解させる。 ・等式変形の概念を用いて，両辺を6倍すれば，分母を払うことができることに注目させる。 ・方程式 $0.3x - 1.8 = 0.2x + 0.5$ の解法について理解させる。 ・等式変形の概念を用いて，両辺を10倍すれば，係数が整数になることに気付かせる。 ・問題演習を行う。 【問題】次の1次方程式を解きなさい。 (1) $\frac{x+2}{3} = \frac{x-6}{2}$ (2) $0.05x - 0.2 = 0.12x + 0.08$ ・机間巡視を行い，生徒の質問に答える。 ・解答を行い，本時の内容についてまとめる。	・等式の性質から両辺を6倍すれば，簡単な形になることに気付く。 ・等式の性質から両辺を10倍すれば，簡単な形になることを知る。 ・演習問題を解く。 ・答案を見直し，疑問点を解決する。

第5時限：1次方程式の解法(3)

到達目標	移項の考えによる計算方法について習熟させる。	
学習内容	指導展開	生徒の学習活動
・等式変形の概念を一般化することにより，移項の概念が導かれることを理解させる。	・1次方程式 $3x - 10 = 5$ について等式変形の概念を用いて解法する。 $3x - 10 = 5$ …① 両辺に10を加えて $3x = 5 + 10$ …②	・等式変形の考え方をまとめたものが移項であることを理解する。

学習内容	指導展開	生徒の学習活動
・問題演習を行うことにより，移項の考え方を定着させる。	②の式は①の左辺の -10 を符号を変えて右辺に移していることを理解させる。次に，一般に，等式において，一方の辺の項を符号を変えて他方の辺に移すことを移項ということを知らせる。方程式を解いて $x=5$ ・問題演習を行う。【問題】(1) $5x = 40 - 3x$ (2) $7x - 2 = 4x + 19$ (3) $9 - x = 2 + 6x$ (4) $2(x+4) = -3(x-6)$ (5) $\frac{3x+1}{2} = \frac{5x-13}{6}$ (6) $2.1x - 0.5 = 1.7x + 2.3$ ・机間巡視を行い，生徒の質問に答える。・解答を行い，本時の内容についてまとめる。	・移項の考えをノートに整理する。・演習問題を解く。・答案を見直すことにより，移項の考え方を理解する。

第6時限：1次方程式の応用 (1)

到達目標	空席記号・代表記号の概念を理解させる。	
学習内容	指導展開	生徒の学習活動
・等式の文字に具体的な数値を代入することにより，空席記号の概念について理解させる。	【例題】x についての1次方程式 $2x+a=9$ の解が $x=2$ のとき，a の値を求めなさい。・1次方程式 $2x+a=9$ に関して，未知数 x に方程式の解を代入しても等式が成り立つことに気付かせる。・$x=2$ を代入することにより，もとの方程式が a の1次方程式になることを理解させる。・a の値を求める。	・方程式の解の意味について再度理解する。・空席記号である x に2を代入してもよいことを知る。・$2 \cdot 2 + a = 9$ より $a = 5$ を求める。

2.3. 代数教育の実践

学習内容	指導展開	生徒の学習活動
・様々な問題を演習することにより，文字の概念について認識を深めさせる。	【類題】x についての 1 次方程式 $5x+2a = 2x-a$ の解が $x=-4$ のとき，a の値を求めなさい。 ・例題と同じ考え方で解法できることを生徒とともに確認する。 ・生徒に解を求めさせる。 ・問題演習を行う。 【問題】 (1) x についての 1 次方程式 $2ax - 10 = 9x - a$ の解が $x=-2$ のとき，a の値を求めなさい。 (2) x についての 1 次方程式 $x - \frac{2x-a}{3} = 2$ の解が $x=5$ のとき，a の値を求めなさい。 ・机間巡視を行い，適宜生徒の質問に答える。 ・解答を行い，本時の内容についてまとめる。	・もとの方程式に $x=-4$ を代入し，a についての 1 次方程式をつくる。 ・方程式を解き，$a=4$ を得る。 ・演習問題を解く。 ・答案を見直し，疑問点を解決する。

第 7 時限：1 次方程式の応用 (2)

到達目標	代数能力の育成を図る。	
学習内容	指導展開	生徒の学習活動
・応用問題に関して，1 次方程式の立式が行えることを目標とする。	【例題】 連続する 3 つの整数があり，その和は 102 である。この 3 つの整数を求めなさい。 ・未知数 x をどのようにおけば，方程式が作りやすいかについて考えさせる。 ・どのようにして方程式を立てればよいかを考えさせる。 ・方程式を解く。	・等しい関係を見つければ方程式を立てることができることに気付く。 ・解を得る。

学習内容	指導展開	生徒の学習活動
	【例題】 2 けたの整数があり，その十の位の数字は 8 である．この数の十の位と一の位を入れかえると，もとの数より 45 小さくなる．もとの整数を求めなさい． ・未知数 x をどのようにおけば，方程式が作りやすいかについて考えさせる． ・1 次方程式を立式させる． ・方程式を解く．	・位取りの考え方について理解する． ・2 けたの整数は $10x+y$ の形で表されることを知る． ・等しい関係を探す． ・解を得る．
・立式した 1 次方程式を速やかに解法できるように練習する．	・問題演習を行う． 【問題】 (1) 連続する 3 つの整数があり，その和は 153 である．最大の整数を求めよ． (2) 連続している 3 つの奇数があり，その和は 261 である．最小の奇数を求めよ． (3) 十の位が 4 の 2 けたの整数がある．この整数の十の位の数字と一の位の数字を入れかえた数はもとの数より 18 大きい．もとの整数を求めよ． ・机間巡視を行い，適宜生徒の質問に答える． ・解答を行い，本時の内容についてまとめる．	・演習問題を解く． ・答案を見直し，疑問点を解決する．

第 8 時限：1 次方程式の応用 (3)

到達目標	現実に即した内容を取り上げることにより，方程式の有用性を認識させるとともに，問題解決を図る．	
学習内容	指導展開	生徒の学習活動
・現実に即した内容に関して，1 次方程式を立て，解法できるようにす	【例題】 10% の食塩水 500 g に水を加えて，8% の食塩水をつくりたい．何 g の水を加えればよいか．	

る。	・食塩水の公式について理解させる。 ・未知数を x とおいて，方程式を立式させる。 【例題】 6%の食塩水と3%の食塩水を混ぜて，5%の食塩水を300g作りたい。6%の食塩水を何g混ぜればよいか。 ・未知数を x とおいて，方程式を立式させる。 ・問題演習を行う。 【問題】 (1) 5%の食塩水が120gある。この食塩水に水を何g加えると，3%の食塩水になるか。 (2) 18%の食塩水が120gある。これに食塩を何gか加えて，20%の食塩水にしたい。食塩を何g加えればよいか。 (3) 4%の食塩水が120gある。これに水を加えて3%の食塩水にするつもりが，誤って水を100g加えたので3%よりもうすくなってしまった。これから水を蒸発させて3%の食塩水にするためには，何gの水を蒸発させればよいか。 ・机間巡視を行い，適宜生徒の質問に答える。 ・解答を行い，本時の内容についてまとめる。	・食塩水の公式を復習する。 ・（濃度）（食塩水の量）（食塩の量）の間の関係について整理する。 ・6%の食塩水の量を x とおくことに気付く。 ・食塩の量に注目すればよいことを知る。 ・方程式を立式する。$0.06x + 0.03(300 - x) = 300 \times 0.06$ ・方程式を解き，解を得る。 ・演習問題を解く。 ・答案を見直し，疑問点を解決する。

(4) 教育実践を通して

今回の教育実践の結果，文字式の概念は中学1年生の生徒たちには取り組みにくいものであり，さらに主格変換は，多くの文字を操作することにより，難しいという印象を持つことが明らかとなった。このような生徒の苦手意識を払拭するためには，様々なパターンの例題を用いて等式変形の概念を丁寧に解説し，数多くの問題をこなすことにより，彼らに理解させていく必要がある。さらに，文字の導入の段階から現実事象の内容を題材とし，代表記号・空席記号の概念を定着させる指導が有意義である。

本実践では，教師側が根気よく丁寧に指導を繰り返す中で，徐々に理解できるようになってきた。主格変換が定着した生徒たちにとっては，1次方程式の計算は容易であるように見受けられた。

また，文字を空席記号として扱い，いろいろな値を代入してもよいことがスムーズに理解しづらいことも明らかとなった。そこで，様々な等式を事例に，表などを用いて空席記号としての変数の概念を捉え，1次方程式の解法につなげたい。

1次方程式の解法では，等式変形の概念を前面に押し出した指導方法を採用したが，主格変換を理解できた生徒にとっては，抵抗なく乗り切ることができていた。したがって，移項の考えを暗記させることは極力さけたい。生徒たちには，等式変形の概念のもとに移項の発想があることを理解させることが重要である。

最後に，数学の授業では生徒の身近にある現実空間を題材としながら，生徒と一体化した授業を展開することが重要であることが，明らかとなった。

2.3.2 中学校第2学年での実践

(1) 情報ツールなどを利用した教育実践について

1980年代より，PC（パーソナルコンピュータ）が学校現場でも普及し，試行錯誤を経ながら徐々に教育への活用が行われるようになった。その後，PCやプログラム電卓の数学教育への活用に関する研究が盛んに行われた。横地 (1982) は，プログラムを組む活動を前提とした，PCやプログラム電卓の数

学教育における意義を教育実験から得られた知見をもとに次のように述べている。

A. 数学が実際的なものとなる

数学は，理論体系とそれに必要な証明が中心であったので，かなりの学生が論理から論理への思弁的追求に耐えられず落第した。しかし，実際の数値まで計算することができるようになり，理論の実際的意味を知るようになった。

B. 数学の応用を容易にする

数学の学習過程で，それまでの内容を使って課題解決ができる。

C. 数学を創るようになる

既成の数学ではなく，課題に合わせて数学を創り直すことが起こる。

D. 代数的思考の訓練となる

実地の問題の数学的解法手順をプログラムに組む過程で，各種の変数の代数的仕組みをわからなければならないので，文字式の意味や公式の計算手順が理解できる。

また，横地 (2005) は代数の認識について，「小学校4年後期に代数的思考が進行し始め，小学校5年ではさらにその思考が進む。さらに，中学校1年では，すでに小学校4年後期から始まる「数学を論理的・体系的に学習しよう」とする態度が実り，それが確立されるようになる…」と述べている。先行研究で明らかにされてきた以上のような諸点を踏まえると，中学校における代数教育の改革は，生徒が文字概念を確かなものとし，文字式を柔軟に捉えるように彼らの認識を高める教育が必要となる（竹歳・鈴木，2011）。また，竹歳・鈴木（2011）は，文字，文字式に係る生徒の認識をフレキシブルなものにすべく，スタック構造を有するHP電卓を用いたプログラミングを前面に据え教育実験を行い次の3点を明らかにした。

A. 基本的な算術式については，3時間程度の指導で，ほとんどの生徒がプログラムを組むことができる。

B. プログラムを組む過程で，文字のもつ特性である空席記号と代表記号の両面の意味を理解させることができる。

C. 文字の種類を変えた式を同じ式としてみなすようになる。このことは，式

自体の抽象化が一歩高められたことになる。

(2) プログラム電卓について

HP35s の演算方法には RPN モードと ALG モード（一般的な電卓と同じ入力方法）の 2 種類がある（写真 2.1）。RPN モードは，普通の電卓とは全く違う入力方法であり，例えば 2 + 5 は，

2　|ENTER|　5　|+|

と入力する。これは，「2 に 5 をたすと 7 になる」と表現でき，2 たす 5 は 7 になる（一般的な電卓）よ

写真 2.1　HP35s[1)]

り思考方法と言語の関連性から考えて自然な方式である（横地，1983）。このように，最後に演算子が来るこの方式を逆ポーランド記法（Reverse Polish Notation, RPN 記法）という。このプログラム電卓の RPN モードは，HP（Hewlett-Packard）社が当時，プログラム電卓を開発する過程で，メモリを節約するための苦肉の策として採用されたといわれている。これが，現代のプログラム電卓よりかえって合理的で，括弧を全く使わずどんな計算もできるという特徴を持っている。そして，このプログラム電卓は「スタック」と呼ばれるデータ構造を持っている。このスタックは 4 つの保存場所 (X, Y, Z, T) から構成されている（図 2.3）。また，スタックは電卓の作業領域ともいえる。

例をあげる。$a + b + c$ の代数式のプログラムを組むときには，図 2.4 のようなスタック内の文字・文字式の動きを考え，X スタックには c，Y スタックには b，Z スタックには a が入っているものだと仮定するところから始めな

T	
Z	
Y		ディスプレイに表示
X		ディスプレイに表示

図 2.3　スタックについて

[1)] Hewlett-Packard 社のプログラム電卓である。

2.3. 代数教育の実践　　　　　　　　　73

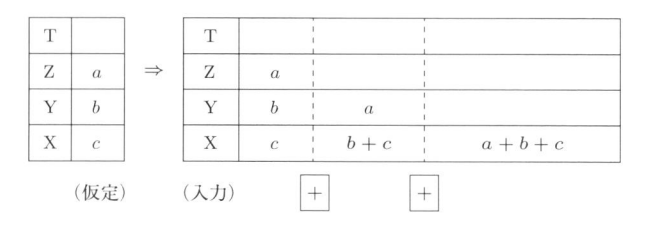

T	
Z	a
Y	b
X	c

$\Rightarrow$

T			
Z	a		
Y	b	a	
X	c	$b+c$	$a+b+c$

（仮定）　　（入力）　　　$+$　　　　$+$

図 2.4 プログラムを組むためのスタックの仕組み

ければならない．そこで，生徒はプログラムを組んでいく過程において，スタックの操作を考えることで，それが変数として働いていることが実感できる．以下，紹介する教育実践においては，RPN モードを利用した．生徒が使用する主なキーは図 2.5 の通りである．

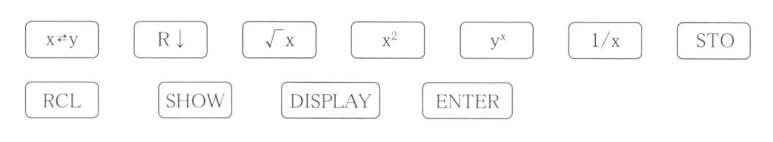

| $x{\leftrightarrow}y$ | R↓ | $\sqrt{x}$ | x^2 | y^x | $1/x$ | STO |

| RCL | SHOW | DISPLAY | ENTER |

図 2.5 使用する主なキー

(3) プログラム電卓を利用した実践例

　数学学習の基礎・基本である文字・文字式の学習に関する実践を紹介する．実践はプログラミング活動を取り入れたプログラム電卓を利用したものである．中学校第 2 学年を対象にしたものであるが，アレンジして高校数学でも扱える内容である．

A. 学年：中学校第 2 学年
B. 主題：文字・文字式
C. 設定理由：中学校における代数の教育は問題の多い領域である．ともすれば，機械的な計算練習に終始する現状にあって，文字・文字式の理解に苦しむ生徒も少なからず見受けられる．また，文字・文字式の学習は数学学習の基礎・基本であり，生徒が文字概念を確かなものとし，文字式を柔軟に捉えるように彼らの認識を高める教育が必要である．以上のことを踏まえ，本授業では，生徒にプログラムを組ま

せる活動を通して，文字や文字式に対する柔軟な見方ができるようになることをねらいとする。題材として円錐の体積公式を扱う。なぜ，円錐の体積は円柱の体積の $\frac{1}{3}$ になるのかをプログラム電卓を活用して考察する。

D. 学習目標
 a. プログラムを組ませる活動を通じて，文字式を自由に扱えるようにする。
 b. 円錐の体積が円柱の体積の $\frac{1}{3}$ になることをプログラム電卓を活用して考察させる。

E. 学習計画：全7時間の課題学習として位置づける。

区　分	学　習　内　容		配当時数
第1次	プログラム電卓の基礎	キー操作方法	1時間
		プログラムの組み方	1時間
		プログラムを組む練習	1時間
第2次	円錐の体積公式	区分求積について	1時間
		区分求積による立式	1時間
		体積のプログラム作成，考察	1時間
第3次	ま　と　め		1時間

【学習の流れ】

　　　プログラム電卓の基礎（プログラミング）
　　　　　　　↓
　　　実測による円錐8等分求積（模型を利用）
　　　計算による円錐8等分求積（代数処理）
　　　円錐 n 等分求積（区分求積）
　　　円錐と円柱の体積比（プログラム電卓）

a. 第1次 プログラム電卓の基礎
　第1時：プログラム電卓の基礎を学習する。この電卓の特徴であるRPN記法もよる計算方法を具体的な数式を利用して学習する。
　第2時：プログラムの組み方を学習する。$S = \pi r^2$ の公式を例題として扱い，そのプログラム例を生徒に与えてキー入力させる。その際，プログラムを組むとは，「計算の手順を考え，それを電卓に記憶させる」ことを

理解させる。

<u>第3時</u>：プログラムを組む練習をする。生徒に自力で次の式のプログラムを組ませる。

$$a+b-c, \quad \frac{1}{6}n(n+1)(2n+1), \quad a^2+b^2+2ab$$

b. 第2次 円錐の体積公式

<u>第4時</u>：区分求積について学習する。生徒は，区分求積の考え方について，円錐模型を切断した円錐台を利用して手作業で体積を求めることで学習する（図 2.6）。

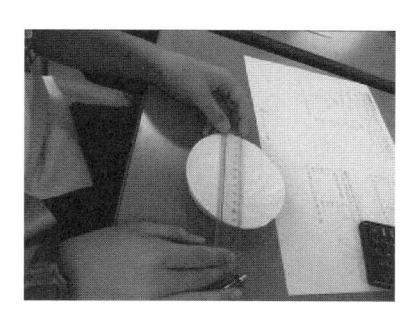

図 2.6 円錐台の底面の半径を測定する生徒

<u>第5時</u>：区分求積による立式を行う。底面の半径を r，高さ h の円錐を，底面に平行に n 等分し，それらを，それぞれ円柱と考えて，体積の和 V を求める。

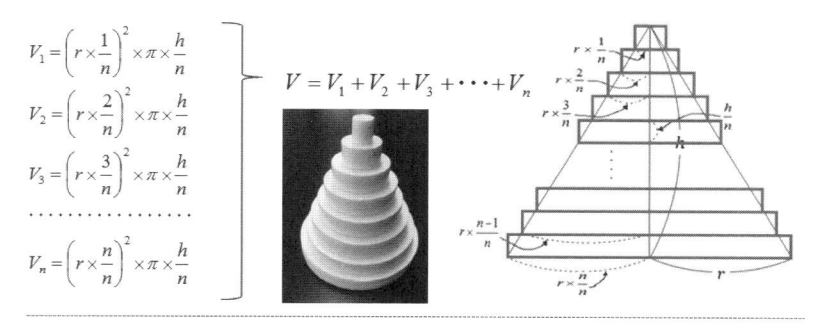

$$V_1 = \left(r \times \frac{1}{n}\right)^2 \times \pi \times \frac{h}{n}$$
$$V_2 = \left(r \times \frac{2}{n}\right)^2 \times \pi \times \frac{h}{n}$$
$$V_3 = \left(r \times \frac{3}{n}\right)^2 \times \pi \times \frac{h}{n}$$
$$\cdots\cdots\cdots\cdots$$
$$V_n = \left(r \times \frac{n}{n}\right)^2 \times \pi \times \frac{h}{n}$$

$$V = V_1 + V_2 + V_3 + \cdots + V_n$$

$$V = \left(r \times \frac{1}{n}\right)^2 \times \pi \times \frac{h}{n} + \left(r \times \frac{2}{n}\right)^2 \times \pi \times \frac{h}{n} + \left(r \times \frac{3}{n}\right)^2 \times \pi \times \frac{h}{n}$$
$$+ \cdots + \left(r \times \frac{n}{n}\right)^2 \times \pi \times \frac{h}{n}$$
$$= \pi r^2 \times \frac{h}{n} \times \left\{\frac{1}{n^2} \times (1^2 + 2^2 + 3^2 + \cdots + n^2)\right\}$$
$$= \pi r^2 \times \frac{h}{n} \times \left\{\frac{1}{n^2} \times \frac{1}{6}n(n+1)(2n+1)\right\}$$

<u>第6時</u>：体積のプログラムを作成し円錐の体積公式の考察をする。(円錐の体積 V_1)：(円柱の体積 V_2) を求める。$r = 10$，$h = 30$ として，n を変数とすると次の式で表される。

$$V_1 = 500\pi \times \frac{1}{n^2} \times (n+1)(2n+1)$$
$$V_2 = 3000\pi$$

n の値を大きくしていくと，

$$V_1 : V_2 = 0.33333333333\cdots$$

に近づいていくことに気付かせる。

その際，極限についてのイメージを持たせる。

円錐と円柱の体積比の計算結果 ($r = 10$，$h = 30$)。

n	円錐	円錐：円柱
3	4886.9219	0.518519
5	4146.9023	0.440000
10	3628.5395	0.385000
100	3188.8736	0.338350
500	3151.0237	0.334334
1000	3146.3066	0.333834
5000	3142.5352	0.333433
10000	3142.0639	0.333383
50000	3141.6869	0.333343
100000	3141.6398	0.333338
500000	3141.6021	0.333334
1000000	3141.5974	0.333334
5000000	3141.5936	0.333333

第7時：学習内容のまとめを行う。
F. 円錐体積公式を導くために必要な数学
a. 数列（文字式の発展）

検定教科書で扱われている内容の発展として，

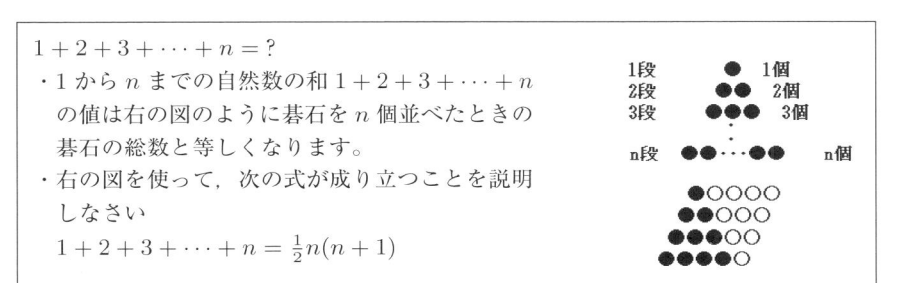

$1 + 2 + 3 + \cdots + n = ?$
・1 から n までの自然数の和 $1 + 2 + 3 + \cdots + n$ の値は右の図のように碁石を n 個並べたときの碁石の総数と等しくなります。
・右の図を使って，次の式が成り立つことを説明しなさい
$1 + 2 + 3 + \cdots + n = \frac{1}{2}n(n+1)$

図 **2.7** 教科書での扱い

$1^2 + 2^2 + 3^2 + \cdots + n^2 = \frac{1}{6}n(n+1)(2n+1)$ を導く

※ $1 + 2 + 3 + \cdots + n = \frac{1}{2}n(n+1)$ を利用する

例　$n = 4$ のとき $1^2 + 2^2 + 3^2 + 4^2$

$\therefore \quad 1^2 + 2^2 + 3^2 + 4^2 = 9 \times \left\{\frac{1}{2} \times 4 \times (4+1)\right\} \times \frac{1}{3}$

一般化 $1^2 + 2^2 + 3^2 + \cdots + n^2$

$\therefore \quad 1^2 + 2^2 + 3^2 + \cdots + n^2 = (2n+1) \times \left\{\frac{1}{2}n(n+1)\right\} \times \frac{1}{3} = \frac{1}{6}n(n+1)(2n+1)$

b. 極限

インフォーマルではあるが，中学校検定教科書では極限の考えを導入している。例えば，おうぎ形の面積を求める指導において，半径 r，弧の長さ l のおうぎ形の面積 S において，$S = \frac{1}{2}lr$ と表せることを示す内容である。この

場合，おうぎ形を中心から弧に向かって切れ目を入れ，それを2つに分けたものを組み合わせ，平行四辺形に近似しようとするものである。

円錐体積の公式を区分求積の考えを用いて導くために，円錐をn等分したとき，nを限りなく大きくすればどうなるかを考えさせる。

G. 第2次（第6時）の学習指導案

主な学習活動	指導上の留意点	評価の観点
○前時の復習をする。 ・プログラムを組む活動の復習を行う。	・プログラムを組む活動が，文字・文字式の見方を柔軟にしていることに気付かせる。	・プログラムが組めて，式を自由に操作できているか。
・円錐の体積を求めるための式を確認する。	・円錐の体積が円柱の体積の和（n個）で近似できることを確認させる。 $V = \pi r^2 \times \frac{h}{n} \times \frac{1}{n^2} \times \frac{1}{6}n(n+1)(2n+1)$	・式の意味がわかっているのか。
○円錐の体積を求めるプログラムを考える。	・$r=10, h=30$として，プログラムを考えさせる。 $V = 500\pi \times \frac{1}{n^2} \times (n+1)(2n+1)$	・プログラムを考えることができたか。
○プログラム電卓の利用 ・プログラムを実行し，nの値を増加させ体積を求める。	・プログラムを実行し，円錐をできるだけ薄い円柱の総和に近似させる。	・プログラムを実行し計算結果が理解できたか。
○円錐と円柱の体積比を求める。 ・円錐と円柱の体積比を求めるプログラムを考える。	・円錐の体積を求めるプログラムを利用して，円錐と円柱の体積比を求めるプログラムを考えさせる。 （円柱の体積）$= 3000\pi$　（$r=10, h=30$） （体積比）$= \{500\pi \times \frac{1}{n^2} \times (n+1)(2n+1)\} \div 3000\pi$	・プログラムを考えることができたか。
○結果の考察 ・プログラム電卓の計算結果からわかることをまとめる。	・円錐の体積は，同じ底面，高さを持つ円柱の$\frac{1}{3}$になることを確認させる。 ・nを増加させることは，$n \to \infty$を考えたことを知らせる。 $V = \pi r^2 h \times \frac{1}{6} \times (1+\frac{1}{n})(2+\frac{1}{n})$	・計算結果を考察できたか。 ・極限のイメージを利用し公式が導き出せたか。
○本時の学習をまとめる。	・円錐の体積公式が$V = \frac{1}{3}\pi r^2 h$であることを確認させる。	

(4) プログラムについて

$V = 500\pi \times \frac{1}{n^2} \times (n+1)(2n+1)$ のプログラム例

Xスタックに n を仮定する。

T									
Z			n		500π				
Y		n	500	n	500π	n	500π	500π	$500\pi \times \frac{1}{n^2}$
X	n	500	π	500π	n	2	n^2	$\frac{1}{n^2}$	$500\pi \times \frac{1}{n^2}$	n
入力キー	STO 1	500	π	×	$x \Longleftrightarrow y$	2	y^x	1/x	×	RCL 1

T				$500\pi \times \frac{1}{n^2}$		$500\pi \times \frac{1}{n^2}$		
Z	$500\pi \times \frac{1}{n^2}$		$500\pi \times \frac{1}{n^2}$	n+1	$500\pi \times \frac{1}{n^2}$	n+1	$500\pi \times \frac{1}{n^2}$	
Y	n	$500\pi \times \frac{1}{n^2}$	n+1	n	n+1	2n	n+1	$500\pi \times \frac{1}{n^2}$	
X	1	n+1	n	2	2n	1	2n+1	$(n+1)(2n+1)$	$500\pi \times \frac{1}{n^2} \times (n+1)(2n+1)$
入力キー	1	+	RCL 1	2	×	1	+	×	×

円錐の体積を表す式を，実際にプログラム電卓にプログラムを組むために入力するキーは図 2.8 のとおりである。このプログラムは 20 ステップである。

一般的には，プログラムを組むときにはステップ数が少ない方がよいとされている。同一の式であっても複数のプログラムが考えられることによって，生徒とは，文字式を自由に計算命令として扱っている事が具体的に実感できる。

(5) 教育実践を通して

中学校第 2 学年において教育実践を行った結果，明らかになった点を述べる。教育実践において，次のような観点から生徒の認識調査を行った。
① 内容の理解度
② 課題の追求意欲
③ 教育実践への感想

```
STO 1
500
π
×
←
→
2
y^x
1/x
×
RCL 1
1
+
RCL 1
2
×
1
+
×
×
```

図 **2.8** キー入力

これらと併せて，教育実践中の課題問題における生徒の正答・誤答について，さらに行動観察を総合して結果を考察した（図 2.9）。

図 2.9 授業の様子

① 内容の理解度
 a) 次のプログラムを組みなさい。

   ア）$pq - 3r$

組めた	73%
組めなかった	27%

   イ）$bc - ab$

組めた	55%
組めなかった	45%

 b) 底面の半径を r，高さ h の円錐を，底面に平行に n 等分し，それらを円柱と考えて，体積の和 V を求めなさい
   正解：62%

 c) 円錐の体積を求めるプログラムを組み，体積について考察しなさい。
   正解：53%

 d) 同じ底面，高さを持つ円錐と円柱の体積比を求めるプログラムを組み，体積比について考察しなさい。ただし，$r = 10$，$h = 30$ とする。
   正解：57%

e) 円錐の体積を区分求積の考え方で求める方法を理解できましたか？

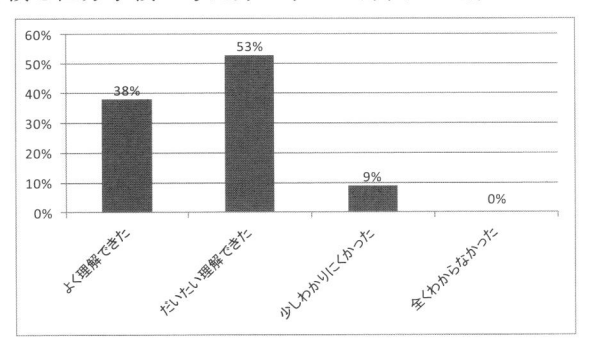

```
よく理解できた         38%
だいたい理解できた     53%
少しわかりにくかった    9%
全くわからなかった      0%
```

f) 「円錐の体積と円柱の体積の比を，電卓を利用してシミュレーションすることができましたか？」

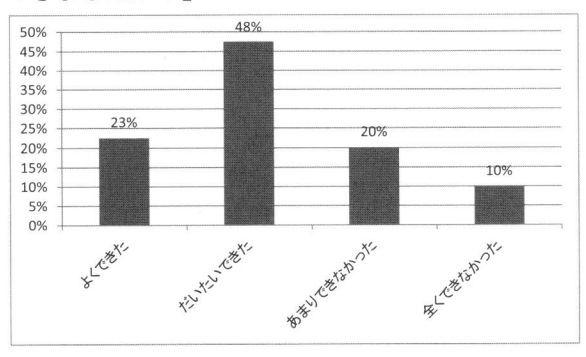

```
よくできた           23%
だいたいできた       48%
あまりできなかった   20%
全くできなかった     10%
```

g) 「円錐と円柱の体積の比について，n の値を限りなく大きくしたときの結果を考察した極限の考え方は理解できましたか？」

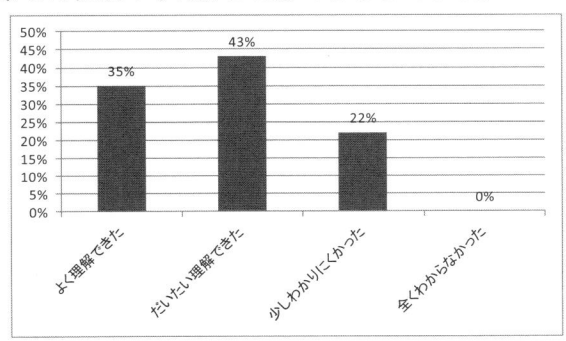

```
よく理解できた         35%
だいたい理解できた     43%
少しわかりにくかった   22%
全くわからなかった      0%
```

② 課題の追求意欲
　　a)「プログラム電卓を利用して行う学習について，どう思います？」

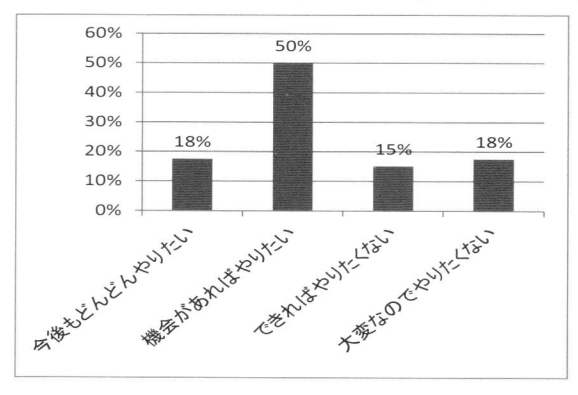

グラフ：今後もどんどんやりたい 18%／機会があればやりたい 50%／できればやりたくない 15%／大変なのでやりたくない 18%

③ 教育実践への感想
「プログラム電卓を利用すると数学の世界が広がった気がする」
「極限や無限の考え方が難しかった」
「実際にシリコンの模型を使って体積を測定したことでわかりやすかった」
「区分求積は思ったより利用できそうだと感じた」
73％が肯定的な感想だった。

　生徒のワークシートの書き込み，行動観察より，プログラムは何通りも考えることができ，式は自由に扱うことができるものであることが実感できていた。この教育実践で設定した学習目標はおおむね，達成できたと思われる。
　さらに，教育実践における教材の教育効果として次のことがいえよう。
① プログラム電卓を利用することで，より高い数学を獲得することができる。
② 円錐体積の実測定から始め，代数処理へ移行していくことで，よりリアルに公式の内容理解が可能である。
③ このような教育実践を行うことによって，さらに関連した問題へ取り組もうと追求意欲がわく。

(6) iPadを利用した学習展開

　プログラム電卓を利用する代わりにiPadを利用する学習も考えられる。

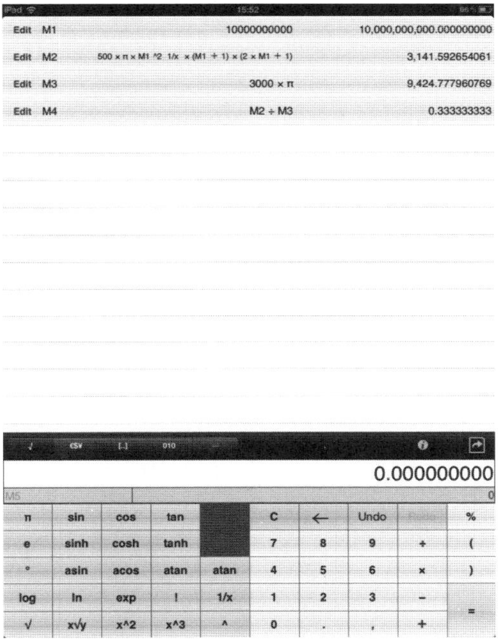

図 2.10 iPad の利用（アプリケーション neu.Calc）

iPad には，多数のアプリケーションが開発されている。iPad の教育利用を考えると，手軽さとコストをできるだけ抑えることを観点とした場合，無料のアプリケーションを利用するとよい。文字式が入力でき，その式に数値入力が可能であり，学校数学で学習効果が期待できるであろうアプリケーションには neu.Calc (2011)[2]) がある（図 2.10，2.11，2.12，2.13，2.14）。

ここで紹介したプログラム電卓を利用する場面を，iPad 利用に置き換えて指導可能である。アプリケーション neu.Calc は文字式として入力可能で，数値を変えることによって，計算結果について何度も繰り返しシミュレーションすることができる。入力する数式，値，結果の全をディスプレイ上に表示することができ，文字式，変数，文字の働きと関係を考察しやすいといえる。プログラムを組む活動に時間を十分に取れないときは，このアプリケーショ

[2)] 開発者：中島聡．iPad，iPhone 用に開発されたアプリケーションである。

| Edit | M1 | 10000000000 | 10,000,000,000.000000000 |

図 **2.11** n の値の入力（円錐を n 等分）

| Edit | M2 | 500 × π × M1 ^2 1/x × (M1 + 1) × (2 × M1 + 1) |

図 **2.12** 入力した数式（円錐の体積）。$V = \pi r^2 h \times \frac{1}{6} \times \left(1 + \frac{1}{n}\right)\left(2 + \frac{1}{n}\right)$ （$r = 10, h = 30$）

| Edit | M3 | 3000 × π |

図 **2.13** 入力した数式（円柱の体積）。（円柱の体積）$= 3000\pi$ （$r = 10, h = 30$）

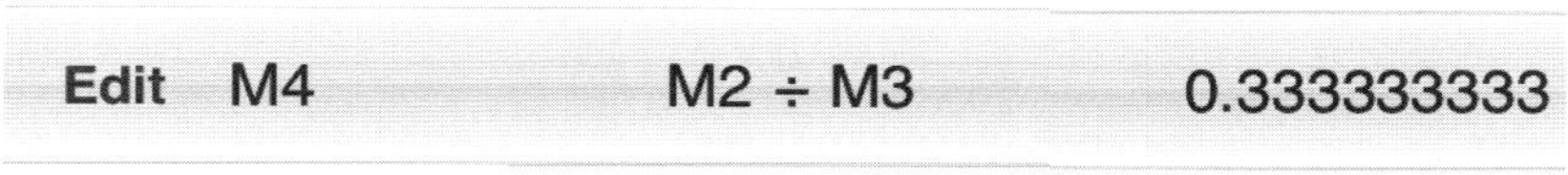

| Edit | M4 | M2 ÷ M3 | 0.333333333 |

図 **2.14** 体積比。（体積比）$= \left\{500\pi \times \frac{1}{n^2} \times (n+1)(2n+1)\right\} \div 3000\pi$

ンは有効であると考えられる．このアプリケーションの簡単な入力操作をマスターするだけで，簡単にプログラム電卓と同じように値のシミュレーションが可能である．

　iPad を利用した学習の流れは次のようになる．第 1，2 時の学習の流れは，先に示したプログラム電卓利用の学習の流れと同じである．

【学習の流れ】（全 3 時間）
　〈第 1 時〉　実測による円錐 8 等分求積（模型を利用）
　　　　　　計算による円錐 8 等分求積（代数処理）
　　　　　　　　　　↓
　〈第 2 時〉　円錐 n 等分求積（区分求積）
　　　　　　　　　　↓
　〈第 3 時〉　円錐と円柱の体積比の考察（iPad の利用，図 2.10）

引用文献・参考文献

文部科学省（2008）『中学校学習指導要領』東山書房，京都

文部科学省（2009）『高等学校学習指導要領』東山書房，京都

文部科学省（2008）『中学校学習指導要領解説 数学編』教育出版，東京

文部科学省（2009）『高等学校学習指導要領解説 数学編』実教出版，東京

黒田恭史（2011）『数学教育の基礎』ミネルヴァ書房，京都：30–38

野崎昭弘（2011）『なっとくする群・環・体』講談社，東京：16–24，70–73，94–96

松坂和夫（1989）『数学読本(1)』岩波書店，東京：57–83

井上雅喜(2005)「「1次方程式」と絶対評価 − 1次方程式と等式変形の関連性」，横地清 監修 菊池乙夫 編，『数学科の到達目標と学力保障 第1巻 第1学年編』，明治図書，東京：64–83

横地清(1982)『コンピュータと電卓の活用』，ぎょうせい，東京

竹歳賢一，鈴木正彦（2011）「中学校における代数教育の改革に向けて─プログラム電卓HP35sを用いた教育実験から得られた知見─」，大阪教育大学『数学教育研究』第40号：21–32

竹歳賢一（2012）「中学校におけるプログラム電卓を利用した円錐体積の実践研究」，『数学教育学会 数学教育学会誌 臨時増刊』：60–62

横地清（1978）『算数・数学科教育』，誠文堂新光社，東京：77–86

黒田恭史 編著（2008）『数学科教育法入門』，共立出版，東京：67–69

横地清 監修(1969)『＜中学校＞新しい数学の授業計画』，国土社，東京：68–121

研究課題

1. 数について，その特徴についてまとめるとともに，指導における留意点を論じなさい．
2. 整式について，その特徴についてまとめるとともに，指導における留意点を論じなさい．
3. 方程式について，その特徴についてまとめるとともに，指導における留意点を論じなさい．

第3章

幾何教育における実践

3.1 幾何教育の目標と構成

3.1.1 幾何教育の目標

(1) 図形教育から幾何教育へ

　学習指導要領では，幾何教育に該当する内容を，小学校・中学校では「図形」とし，高等学校での内容を「図形と計量」,「図形の性質」,「図形と方程式」,「平面上の曲線と複素数平面」としている。「幾何教育」における実践と名付けたのは，大学で扱う幾何学への接続を意識したことと，「図形」という用語が，個々の図形の特徴分析や計量に特化して捉えられないようにとの願いからである。

　幾何学は，英語では Geometry と記すが，Geo は土地，地球といった意味を持ち，metry は測定法という意味を持つことから，土地の計測に起源を持つ学問であるといえる（ちなみに，Geology は地質学，galvanometry は電流測定法の意味）。古代オリエントにおけるナイル川の氾濫に関わる土地測量から始まったともいわれているが，古代ギリシャのタレス，ピタゴラスらによって，抽象的・理論的な発展を遂げ，それを紀元前3世紀頃に集大成したのがユークリッドの記した『原論』とされている。以来，約2000年間にわたり，『原論』は幾何学のスタンダードとして数多くの数学者のテキストとされてきた。そして「幾何」という用語は，Geo の中国語読みの漢字が当てられ

たとされる。

　19世紀に入り，非ユークリッド幾何学の登場により，その立場は絶対的なものではなくなるものの，人類の数学の発展に果たしてきた役割は多大なものがある。とりわけ，少数の原理（公理）から，厳密に演繹を積み重ねて新たな法則を発見する「証明」という全く新しい方法を発見したことは，他の数学の手本となったといっても過言ではない。

　現在では，ユークリッド幾何学（古典幾何学）の他にも，代数幾何学，位相幾何学，微分幾何学，解析幾何学など，他の領域と融合する形で幾何学の内容は発展を続けている。

(2) 幾何教育の目標

　広範な幾何学の発展につながる基礎としての中学校，高等学校段階の幾何教育の目標は，どのように設定すべきであろうか。

　『中学校学習指導要領』（2008）には，各学年の図形に関する目標が以下のように記されている。

第1学年

　平面図形や空間図形についての観察，操作や実験などの活動を通して，図形に対する直観的な見方や考え方を深めるとともに，論理的に考察し表現する能力を培う。(p.47)

第2学年

　基本的な平面図形の性質について観察，操作や実験などの活動を通して理解を深めるとともに，図形の性質の考察における数学的な推論の必要性と意味及びその方法を理解し，論理的に考察し表現する能力を養う。(p.50)

第3学年

　図形の相似，円周角と中心角の関係や三平方の定理について，観察，操作や実験などの活動を通して理解し，それらを図形の性質の考察や計量に用いる能力を伸ばすとともに，図形について見通しをもって論理的に考察し表現する能力を伸ばす。(p.52)

　具体的な内容としては，平面図形と空間図形を対象に，基本的な作図方法の理解と技能の修得，図形の移動に関する内容，空間内での平面や直線の構

成，平行線に関する各種の性質，合同や相似の意味とその証明，円周角や中心角について取り扱う（『中学校学習指導要領解説数学編』，2008）。

一方，『高等学校学習指導要領』（2009）には，図形に関する目標が以下のように記されている。

数学 I

三角比の意味やその基本的な性質について理解し，三角比を用いた計量の考えの有用性を認識するとともに，それらを事象の考察に活用できるようにする。(p.53)

数学 II

座標や式を用いて，直線や円などの基本的な平面図形の性質や関係を数学的に表現し，その有用性を認識するとともに，事象の考察に活用できるようにする。(p.55)

数学 III

平面上の曲線がいろいろな式で表されること及び複素数平面について理解し，それらを事象の考察に活用できるようにする。(p.57)

数学 A

平面図形や空間図形の性質についての理解を深め，それらを事象の考察に活用できるようにする。(p.59)

具体的な内容としては，平面図形と空間図形を対象に，点と直線の関係，三角形や円の方程式や軌跡，三角比・正弦定理・余弦定理やそれらを用いた計量，さらには直交座標，極座標，媒介変数などの座標系に関する内容と，複素数平面などについて取り扱う（『高等学校学習指導要領解説数学編 理数編』，2009）。

実際の指導に際しては，こうした学習指導要領の内容を十分に理解しながらも，より高度な幾何学からの学問的視点と，生徒の図形に対する認識の発達とを鑑み，教育内容，教育方法を自ら考案し，実践につなげていくことのできる力が求められている。そこで，以下では，幾何教育の内容構成や系統性について，領域ごとに解説することにする。

3.1.2 幾何教育の構成

(1) 幾何教育の領域

幾何教育の内容構成を考えるにあたっては，以下の a.～e. の 5 領域を鑑み，それらをバランスよく，相互に関連させながら構成していくことが重要となる（鈴木 2010）。

　a. 図形の種別，構成要素，性質
　b. 図形が位置する平面，空間自体の内容
　c. 図形の移動（運動），変換の内容
　d. 図形の証明，推論，
　e. 図形の計量の内容

以下，それぞれの 5 領域について，具体的な教育内容を解説する。

a. 図形の種類，構成要素，性質

図形の定義，名称や，点，線，面などの図形の構成要素について考察することである。各種平面図形，立体図形の定義と性質，数学記号・用語，図形の作図などがこれに該当する。幾何教育の中で最も頻繁に，また基本的な事柄として扱われる。

b. 図形が位置する平面，空間自体の内容

幾何教育では，考察対象とする図形に着目する場合が多いが，それらの図形が存在する空間や平面自体について考察することである。空間における直線や平面の位置関係，直交座標や極座標などの座標系の設定，さらには複素数平面など複素数の幾何学的分析などがこれに該当する。球面上における非ユークリッド幾何学の展開など，高度な幾何学への入口へと誘うものとして扱われる。

c. 図形の移動（運動），変換の内容

図形を移動，変換する方法の種別や，複数の図形の関係性などについて，図形を移動，変換して考察することである。平行移動，対称移動，回転移動，相似変換，アフィン変換，射影変換など，個々の図形自体の考察ではなく，移動，変換そのものが対象として扱われる。

d. 図形の証明，推論

新たな定理や結論を導くためには，論理的に矛盾なく数学を展開する必要がある。この展開様式のことを証明，また命題から新しい命題を導き出すことを推論と呼び，これらについて考察することである。ユークリッド原論で用いられた，仮定と結論が先に述べられ，その後に証明を記述するという方式は，今日，多くの数学の領域で用いられており，数学的な記述様式自体が対象として扱われる。

e. 図形の計量の内容

各種の定理を用いて，平面図形の面積，辺の長さ，角度や，立体図形の体積，表面積などの計量を行うことである。相似図形の面積比や体積比，ピタゴラスの定理，正弦定理，余弦定理を用いた計量などが扱われる。

(2) 縦の系統性と横の関連性

実際に幾何教育の内容をカリキュラム化していく上では，生徒の図形認識の発達を踏まえ，上述のa.～e.のそれぞれの5領域内での内容の配列を，縦の系統性として構築していく必要がある。また，中学校，高等学校の各学年で扱う，代数（数の拡張，文字，方程式・不等式など），幾何（各種図形，証明など），解析（各種関数など），確率（順列，組合せ，確率分布など），統計（代表値，分散，推測統計など）との横の関連性を踏まえて，適切に設定する必要がある。

なお，これからの幾何教育の構築にあたっては，図形に関する知識の理解，問題の解決だけにとどまらず，数学の体系的な考え方や扱いに重点を置いたカリキュラム設定が重要である（横地 2006）。「受験数学」は公式と解法の暗記科目と呼ばれるようになって久しいが，最小限の法則・原理から，論理的矛盾がなく体系的な定理が発見され発展するものであるという，本来の数学の姿を生徒に示す必要がある。幾何教育は，それらを可能とする代表的な領域であるといえる。

3.2 幾何教育の内容

折り紙は，日本の伝統的な遊びの1つであるが，現在では，折り紙の持つ幾何学的な性質より，数学の一分野として「オリガミクス：Origamics（造語）」と呼ばれたりしている。また，折り紙の国際会議として，OSME (The International meeting of Origami Science, Mathematics, and Education) が定期的に開催されており，科学，数学，そして教育分野などでの折り紙の応用が研究されている。

以下では，この「オリガミクス」をテーマに，平面幾何の基本的な性質から，発展までを扱うこととする。通常，平面幾何の指導を行う場合，あらかじめ教科書に示された図形の証明などを，理解・記憶することに重点が置かれた授業になりがちである。しかし，折り紙を用いることにより，生徒が実際に様々な折り方を試して実験・検証することが可能となり，定理につながる法則を自ら発見することなどにつながると考えられる。数学は，暗記する教科というイメージを払拭し，自らが発見したり，いくつかのことを組み合わせてさらに新しいことを発見することのできる教科というイメージを植え付けさせることが重要である。

なお，本内容は，佛教大学教育学部の「中等教科教育法（数学）」の講義と，大阪教育大学数学教育専攻の「数学の文化史」の講義において，数年にわたり取り上げてきており，講義内で学生諸君が新たに発見した斬新な折り方も紹介する[1]。

3.2.1　平面幾何の基本定義・公理

(1) 命題・定義・公理

ここでは，命題，定義，公理とは何かということについて解説する。

命題とは，真か偽のいずれであるかを判断することのできる文のことを意味する。たとえば，「2つの異なる自然数がいずれも4で割り切ることができるならば，2つの数は2で割り切ることができる。」は，命題である。そして，

---

[1] 本章で扱った数学の内容の多くは，横地清，菊池乙夫，中込雄治「体系的な幾何学の実現－中学校の平面幾何・立体幾何－」（非売品）を参考にしている。

前半の「2つの異なる自然数がいずれも4で割り切ることができるならば」を仮定と呼び，後半の「2つの数は2で割り切ることができる」を結論と呼ぶ。

定義とは，数学において用いる言葉の決まりであり，たとえば，「同一平面上の2つの直線が共有点をもたないとき，2直線は平行である。」といったものが挙げられる。定義を明確にし，正確な使用を共有しておかなければ，真偽を判断する際に間違った結論を導き出すことにもつながりかねない。また，定義も命題になっており，先の例を参考にすれば，仮定が「同一平面上の2つの直線が共有点をもたないとき」となり「2直線は平行である」が結論となる。ただし，定義は唯一というわけではなく，「同一平面上にある2つの直線の間隔が常に一定であるとき，2直線は平行である」と定義づけることも可能である。

公理とは，証明することができないが，明らかに真と判断される命題のことである。後に説明する定理は，定義や公理を組み合わせて，新しい特徴を発見するものであるが，この定理を遡っていくと，どうしてもそれ以上は戻ることのできない出発点に辿りつく。こうした出発点の命題のことを公理と呼び，それらの公理を集めたものを公理系と呼ぶ。

定理とは，上記の定義や公理を組み合わせて，新しく導き出した命題である。したがって，定理は公理や定義を用いて証明することができる。

(2) 結合の公理

まず，結合の公理について取り上げる。結合の公理という用語は，点と直線，直線と平面との関係を結ぶという意味を有したものである。

なお，本来であれば3次元空間を前提として，点，直線，平面を取り上げるべきであるが，オリガミクスでは，主に2次元平面を対象とするため，3次元についての扱いは最小限とする。

A．平面図形と点集合

平面の中に形作られる様々な図形は，点集合でできている。これは，夜空を平面と捉えたときの星の位置であったり，星同士を結んだ星座を考えること，さらには，電光掲示板に示される文字や図柄も，1つ1つの電球を点と

して捉えてみれば容易に想像がつくことである。このことは，平面は位置だけを持つ点によって，隙間なく埋め尽くされているということもできる。

B. 直線

公理1（2点を通る直線）

　平面に異なる2点 A，B をとるとき，その2点を通る最短距離で，双方に限りなくのばした図形を，直線 AB と呼ぶ。直線 AB を直線 ℓ とするとき，点 A，B は直線 ℓ の上にある，または，直線 ℓ は点 A，B を通る（含む）という（図3.1）。異なる2点 A，B を通る直線はただ1つ存在する。

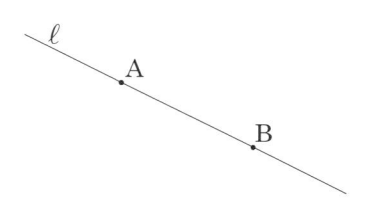

図 3.1　点 A，B と直線 ℓ

　折り紙では，折り紙上に異なる2点 A，B をとるとき，折り紙を折るという行為によって直線 ℓ を作製したり，直線 ℓ がただ1つになることを確認したりすることができる（図3.2，図3.3）。なお，折り紙の場合は有限サイズの正方形のため，直線であっても途中で途切れるという制約があるが，実際に操作して確認ができるという利点がある。

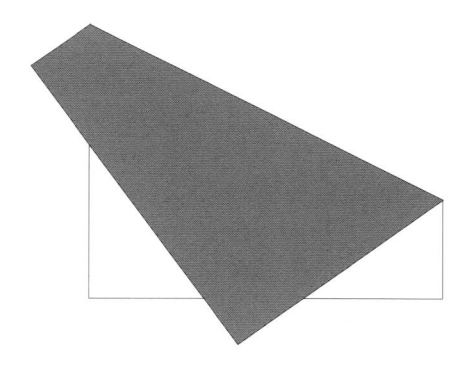

図 3.2　折り線を入れた状態　　図 3.3　点 A，B と直線 ℓ

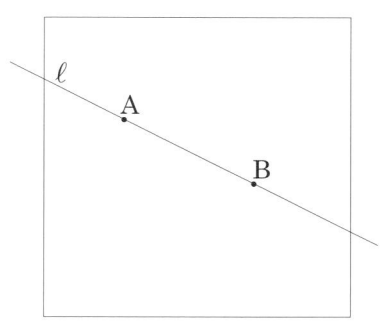

C. 平面

公理 2（3 点を含む平面）

 同一直線に含まれていない任意の 3 点 (A, B, C) を含む平面がただ 1 つ存在する（図 3.4）。

 公理 1，公理 2 とも自明のことを論じているようであるが，これらの公理によって平面が明確に規定される。反例として，曲面ではこうした公理が成り立たない。

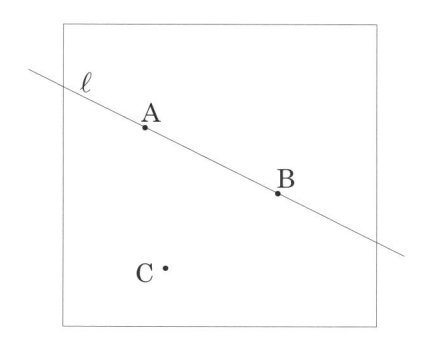

図 3.4 点 A，B と点 C

(3) 順序の公理

 次に，直線と平面の場合の，順序の公理について取り上げる。順序の公理という用語は，それぞれの点や直線において，ある規則に基づく順序が存在するという意味を有したものである。

A. 直線の場合

公理 3（直線の分割）

 直線 ℓ を引き，直線 ℓ 上に点 A をとると，直線 ℓ は点 A とその両側の領域 P，Q の 3 つに分割される。また，領域 P と領域 Q 内にそれぞれ点 B，点 C をとると，点 A は点 B，C の間に存在する（図 3.5）。

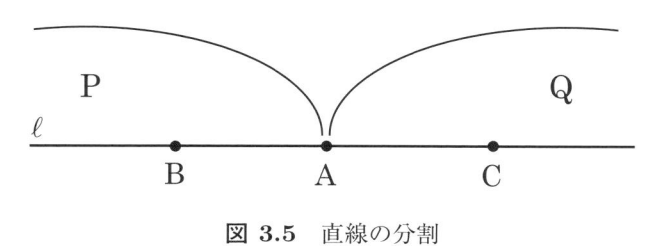

図 3.5 直線の分割

B. 平面の場合

公理 4（平面の分割）

平面 α 上に直線 ℓ を引くと，平面 α は直線 ℓ とその両側の領域 P, Q の 3 つに分割される。また，領域 P と領域 Q 内にそれぞれ点 A, 点 B をとると，直線 AB は，必ず直線 ℓ と交わる（図 3.6）。

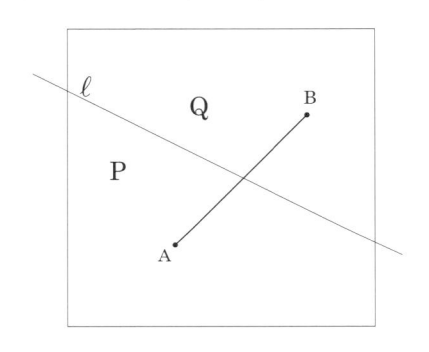

図 3.6　平面の分割

(4) 合同の公理

平面図形における合同の公理について取り上げる。合同の公理という用語は，線分や図形が同じ形であるという意味を有したものである。

A. 線分の場合

公理 5（線分の合同）

平面 α 上に 4 点 A, B, C, D があり，線分 AB の長さと線分 CD の長さが等しいとき，線分 AB と線分 CD は合同であるといい，$AB \equiv CD$ とかく。

また，線分の合同では，$AB \equiv BA$（反射律），$AB \equiv CD$ ならば $CD \equiv AB$（対称律），$AB \equiv CD$ かつ $CD \equiv EF$ ならば $AB \equiv EF$（推移律）の同値関係が成り立つ。

なお，直線は全ての直線と合同であり，半直線もまた全ての半直線と合同である。

B. 角の場合

公理 6（角の合同）

　平面 α 上に $\angle ABC$ と $\angle DEF$ があり，$\angle ABC$ と $\angle DEF$ の大きさが等しいとき，$\angle ABC$ と $\angle DEF$ は合同であるといい，$\angle ABC \equiv \angle DEF$ とかく。

　また，角の合同においても，線分の場合と同様，$\angle ABC \equiv \angle CBA$（反射律），$\angle ABC \equiv \angle DEF$ ならば $\angle DEF \equiv \angle ABC$（対称律），$\angle ABC \equiv \angle DEF$ かつ $\angle DEF \equiv \angle GHI$ ならば $\angle ABC \equiv \angle GHI$（推移律）の同値関係が成り立つ。

　折り紙では，各頂点における角において，合同な角を折ることで作ることができる。すなわち，$\angle ABC$ を 2 等分するためには，図 3.7 のように線分 AB と線分 CB をぴったりと重ねるようにして折り，図 3.8 のように開くと $\angle ABD \equiv \angle CBD$ となる。折り方を工夫することで，45°以下の大きさにおいて任意に合同な角を作ることができる

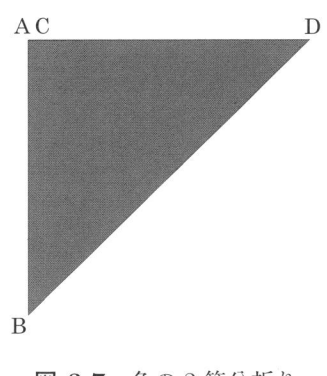

図 3.7　角の 2 等分折り　　　図 3.8　角の 2 等分線

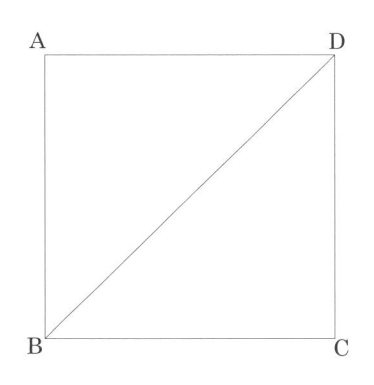

C. 多角形の合同と相似

定義 1（多角形の合同）

　対応する内角の大きさと辺の長さがそれぞれ等しい多角形を合同であるという。四辺形 ABCD と四辺形 EFGH が合同であるとき，四辺形 ABCD ≡ 四辺形 EFGH と表す。

定義2（多角形の相似）

対応する内角の大きさがそれぞれ等しく，対応する辺の長さの比がそれぞれ等しい多角形を相似であるという．四辺形 ABCD と四辺形 EFGH が相似であるとき，四辺形 ABCD ∽ 四辺形 EFGH と表す．

D. 三角形の合同

△ABC と △DEF が合同であるということを正確に記すと，各頂点 A と D, B と E, C と F の間に 1 対 1 対応がつけられ，対応する辺において AB ≡ DE, AC ≡ DF, BC ≡ EF の関係が成り立ち，対応する角において ∠BAC ≡ ∠EDF, ∠ABC ≡ ∠DEF, ∠ACB ≡ ∠DFE が成り立つこととなる．以下では，最低限の対応関係の合同によって三角形の合同が成り立つことを公理として記す．

公理7（三角形の合同：二辺夾角）

平面 α 上に △ABC と △DEF があり，AB ≡ DE, AC ≡ DF, ∠BAC ≡ ∠EDF のとき，△ABC と △DEF は合同であるといい，△ABC ≡ △DEF と表す（図 3.9）．

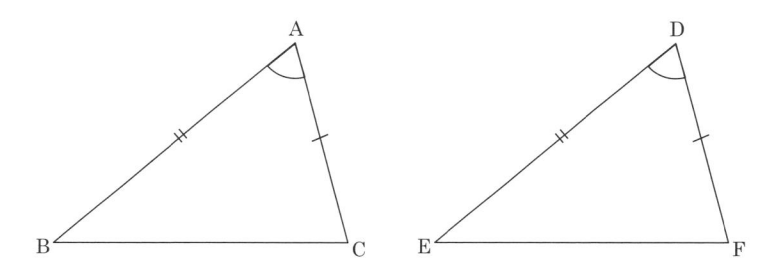

図 3.9 三角形の合同（二辺夾角）

この他にも，三角形の合同条件には，対応する三辺がそれぞれ合同である場合や，対応する一辺とその両端の角がそれぞれ合同である場合の 2 つがある．3 つのうちのいずれを公理とした場合でも，その他の 2 つの合同条件は，定理として導くことができる．

E. 三角形の相似

△ABC と △DEF が相似であることを正確に記すと，各頂点 A と D，B と E，C と F の間に 1 対 1 対応がつけられ，対応する辺の比において

$$\frac{\mathrm{AB}}{\mathrm{DE}} = \frac{\mathrm{BC}}{\mathrm{EF}} = \frac{\mathrm{CA}}{\mathrm{FD}}$$

の関係が成り立ち，対応する角において ∠BAC ≡ ∠EDF, ∠ABC ≡ ∠DEF, ∠ACB ≡ ∠DFE が成り立つこととなる。以下では，最低限の対応関係によって三角形の相似が成り立つことを公理として記す。

公理 8（三角形の相似：二辺の比と夾角）

平面 α 上に △ABC と △DEF があり，∠BAC ≡ ∠EDF,

$$\frac{\mathrm{AB}}{\mathrm{DE}} = \frac{\mathrm{AC}}{\mathrm{DF}}$$

のとき，△ABC と △DEF は相似であるといい，△ABC ∽ △DEF と表す（図 3.10）。

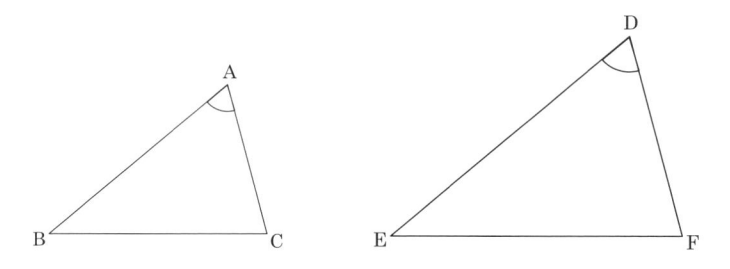

図 3.10 三角形の相似（二辺の比と夾角）

(5) 四角形

定義 3（長方形）

4 つの角が全て 90° である四角形を，長方形という。

公理 9（長方形の辺）

長方形の 2 組の向かい合う辺の長さは，それぞれ等しい（図 3.11）。

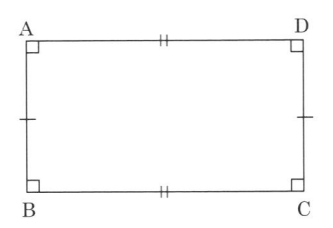

図 3.11　長方形の向かい合う辺

(6) 平行線

A. 対頂角・同位角・錯角・同側内角

定義 4（対頂角・同位角・錯角・同側内角）

2 つの直線 ℓ, m に，1 つの直線 n が交わってできる角を，図 3.12 のように $\angle a \sim \angle h$ とする。

このとき，$\angle a$ と $\angle c$ のような位置関係にある角を**対頂角**，$\angle a$ と $\angle e$ のような位置関係にある角を**同位角**，$\angle c$ と $\angle e$ のような位置関係にある角を**錯角**，$\angle c$ と $\angle f$ のような位置関係にある角を**同側内角**という。

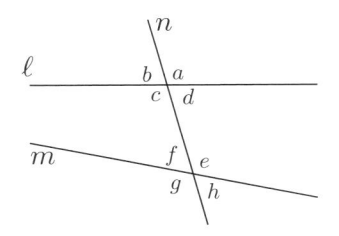

図 3.12　3 直線 ℓ, m, n

B. 平行

定義 5（平行線）

同一平面上にある 2 つの直線が共有点を持たないとき，2 直線は平行であるという（図 3.13）。直線 ℓ, m が平行であるとき，$\ell \mathbin{/\mkern-2mu/} m$ と表す。

図 3.13　2 直線 ℓ, m が平行

C. 同位角

公理 10（平行線の同位角）

2 本の平行線に 1 直線が交わってつくられる同位角は等しい（図 3.14）。

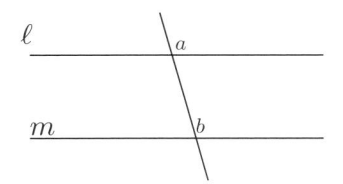

図 3.14 平行線の同位角

3.2.2 平面幾何の基本定理

3.2.1 項において，平面幾何の基本的な定義や公理について取り上げた。ここでは，それらの定義，公理を用いて基本的な定理を導き出す。

(1) 異なる 2 直線の交点

A. 交点の個数

平面内の異なる 2 直線 ℓ, m が 1 点 A を含むとき，点 A を直線 ℓ, m の交点という。

定理 1（2 直線の交点）

平面内の異なる 2 直線 ℓ, m が交点を持つとき，その交点はただ 1 つである（図 3.15）。

〔証明〕

異なる 2 直線 ℓ, m が異なる 2 点以上で交わると仮定すると，公理 1 により異なる 2 点を通る直線はただ 1 本しか存在しないので，2 直線 ℓ, m は一致することになり矛盾する（背理法）。

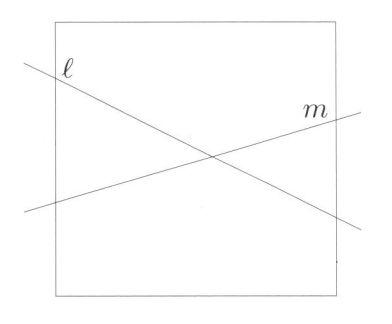

図 3.15 2 直線 ℓ, m と交点

折り紙では，図 3.16 のように 1 回折りをして直線 ℓ を作成し，折り紙を開いて，改めて異なる折りによって直線 m を作成すると，交点が 1 つだけできることを確認することができる。

図 3.16　1回折りをし（左図），改めて1回折りをする（右図）

B. 対頂角
定理2（対頂角）

対頂角は，相等しい。すなわち，図3.17 の $\angle a = \angle b$ である。

〔証明〕

$\angle a + \angle c = 180°$，$\angle b + \angle c = 180°$ より，$\angle a = \angle c - 180° = \angle b$ となり，$\angle a = \angle b$ となる。

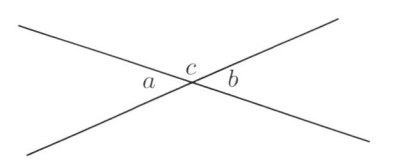

図 3.17　対頂角

(2) 二等辺三角形
定理3（二等辺三角形の底角）

$\triangle ABC$ が $AB = AC$ となる二等辺三角形のとき，$\angle ABC \equiv \angle ACB$ である（図3.18）。

〔証明〕

$\angle BAC$ の二等分線を引き，線分 BC との交点を D とする。$\triangle ABD$ と $\triangle ACD$ において仮定より $AB = AC$。$\angle BAD = \angle CAD$（角の二等分線より），$AD = AD$。よって公理7（三角形の合同）より，$ABD \equiv \triangle ACD$ となり，$\angle ABC \equiv \angle ACB$。

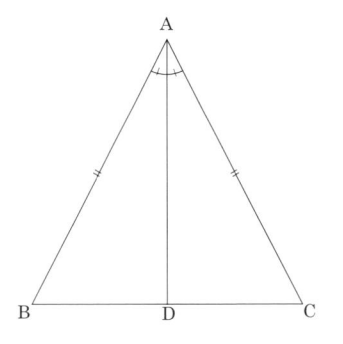

図 3.18　二等辺三角形の底辺

(3) 三角形の合同

定理 4（三角形の合同：三辺相等）

平面 α 上に $\triangle ABC$ と $\triangle DEF$ があり，AB = DE，BC = EF，CA = FD ならば，$\triangle ABC \equiv \triangle DEF$ である。

〔証明〕

$\triangle ABC$ と $\triangle DEF$ を図 3.19 のように，線分 BC と線分 EF が重なるように置く。次に，$\triangle ABD$ を考えると，AB = ED より二等辺三角形となる。したがって，定理 3 より，$\angle BAD \equiv \angle EDA$ となる。同様に，$\triangle ACD$ も AC = DC より二等辺三角形となり，$\angle CAD \equiv \angle FDA$ となる。$\angle BAC = (\angle BAD + \angle CAD) = (\angle EDA + \angle FDA) = \angle EDF$，AB = DE，CA = FD となるので，公理 7（三角形の合同）より，$\triangle ABC \equiv \triangle DEF$ となる。

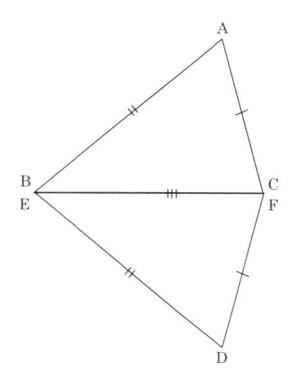

図 3.19　三辺相等

定理 5（三角形の合同：二角夾辺）

平面 α 上に $\triangle ABC$ と $\triangle DEF$ があり，BC = EF，$\angle ABC = \angle DEF$，$\angle ACB = \angle DFE$ ならば，$\triangle ABC \equiv \triangle DEF$ である（図 3.20）。

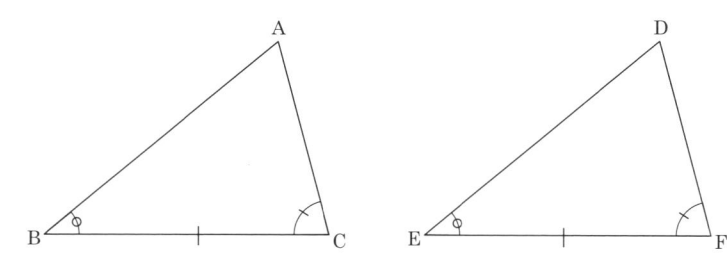

図 3.20　三角形の合同（二角夾辺）

〔証明〕

図 3.20 の $\triangle ABC$ の CA を延長し半直線とし，半直線 CA 上に $CD' = FD$ となる点 D をとる（図 3.21）。このとき，$\triangle D'BC$ と $\triangle DEF$ は，BC = EF，$\angle BCD' = \angle EFD$ より，公理 7（三角形の合同）を用いて $\triangle D'BC \equiv \triangle DEF$

となる。

よって，∠CBD′ = ∠FED となる。仮定より，∠CBA = ∠FED なので，∠CBD = ∠CBA となり，3 点 B, A, D′ は同一直線上にある。点 D′ は直線 CD′ 上と直線 BA 上にあるため，点 D′ は点 A と一致する。したがって，△ABC ≡ △DEF。

(4) 三角形の相似

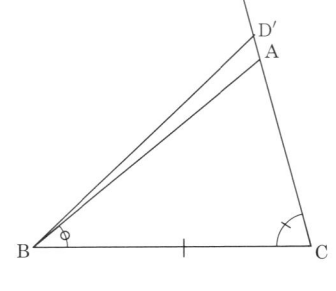

図 3.21　点 D′ をおく

定理 6（三角形の相似：2 角相等）

平面 α 上に △ABC と △DEF があり，∠ABC = ∠DEF，∠ACB = ∠DFE ならば，△ABC ∽ △DEF である（図 3.22）。

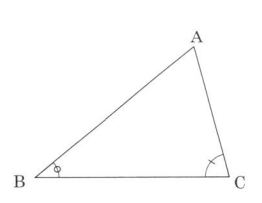

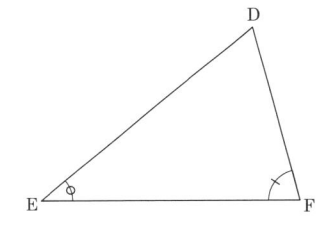

図 3.22　三角形の相似（二角合同）

〔証明〕

△ABC と △DEF を図 3.23 のように重ねる。半直線 BA 上に点 G をとり，

$$\frac{EG}{BA} = \frac{EF}{BC}$$

となるようにする。このとき公理 8 より，△ABC と △GEF は相似となる。よって，∠ACB = ∠GFE となり，仮定である ∠ACB = ∠DFE を考えあわせ

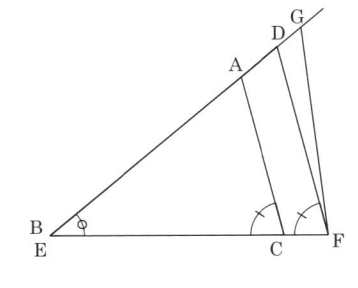

図 3.23　点 G をおく

ると，∠GFE = ∠DFE となるため，点 G と点 D は一致する。よって，△DEF ≡ △GEF となり，△ABC ∽ △DEF となる。

定理 7（三角形の相似：3 組の辺の比）

平面 α 上に $\triangle ABC$ と $\triangle DEF$ があり，

$$\frac{DE}{AB} = \frac{EF}{BC} = \frac{FD}{CA}$$

ならば，$\triangle ABC \backsim \triangle DEF$ となる（図 3.24）。

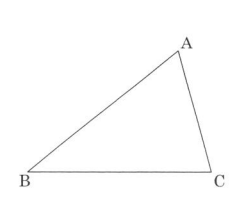

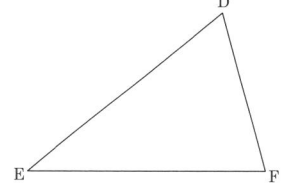

図 3.24 三角形の相似（3 組の辺の比）

〔証明〕

図 3.25 のように，半直線 AB，AC 上に，AG = DE，AH = DF となる点 G, H をとり，線分 GH を結ぶ。仮定より，

$$\frac{DE}{AB} = \frac{FD}{CA}$$

なので，

$$\frac{AG}{AB} = \frac{HA}{CA}$$

となり，$\angle BAC = \angle GAH$ であることより，公理 8 を用いて $\triangle ABC \backsim \triangle AGH$ となる。相似と仮定より，

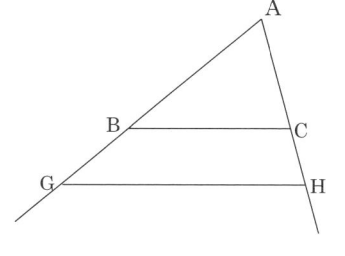

$$\frac{GH}{BC} = \frac{AG}{AB} = \frac{EF}{BC}$$

図 3.25 点 G, H とおく

となり，GH = EF。よって，定理 6（2 角相等）より，$\triangle ABC \backsim \triangle DEF$ となる。

(5) 三角形の内角の和

定理 8（直角三角形の内角の和）

$\triangle ABC$ は $\angle BCA = 90°$ の直角三角形のとき，$\angle ABC + \angle BCA + \angle CAB = 180°$ である（図 3.26）。

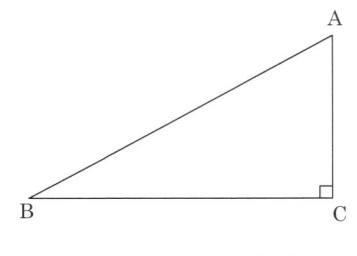

図 3.26 直角三角形

〔証明〕

△ABC に対して，図 3.27 のように BC = EF，AC = GF となる長方形を作成し，対角線 EG を引く。

このとき定義 3 より，∠EFG = 90° となり，仮定と公理 7（三角形の合同）より，△ABC ≡ △GEF となる。

また，△GEF と △EGD において，公理 7（三角形の合同）より，△GEF ≡ △EGD となる。

ここで，長方形 DEFG の内角の和は，△GEF と △EGD の内角の和と一致することから，長方形の内角の和である 360° の半分の 180° が △GEF の内角の和となる。すなわち，△ABC の内角の和は 180° となる。

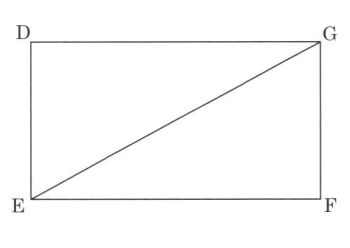

図 3.27 長方形と対角線

定理 9（三角形の内角の和）

△ABC において，∠ABC + ∠BCA + ∠CAB = 180° である。

〔証明〕

3 辺の中で一番長い辺を BC となるように △ABC の記号を付す。点 A から線分 BC に垂線を引き，その交点を D とする（図 3.28）。

△ABD と △ACD はともに直角三角形であるので，定理 8（直角三角形の内角の和）より，それぞれの内角の和は 180° となり，合わせると 360° となる。また，∠ADB = ∠ADC = 90° より，三角形 ABC の内角の和は

3.2. 幾何教育の内容

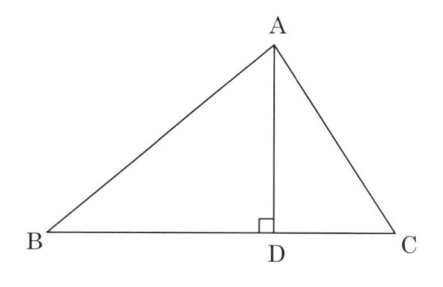

図 3.28 三角形と垂線

$360° - (90° + 90°) = 180°$ となる。

(6) 平行線

定理 10（平行線の錯角）

2 本の平行線に 1 直線が交わって作られる錯角（$\angle a$ と $\angle b$）は等しい。

〔証明〕

平行線 ℓ, m と 1 直線が交わって作られる角のうち，図 3.29 のように $\angle a, \angle b, \angle c$

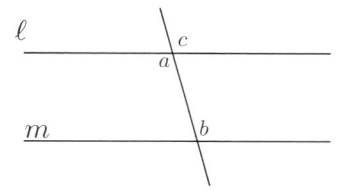

図 3.29 平行線の錯角

とする。公理 10（平行線の同位角）より $\angle b = \angle c$，また，定理 2（対頂角）より $\angle a = \angle c$ となるため，$\angle a = \angle b$ となり錯角は等しい。

定理 11（平行線の同側内角）

2 本の平行線に 1 直線が交わって作られる同側内角（$\angle a$ と $\angle b$）の和は，180° である。

〔証明〕

平行線 ℓ, m と 1 直線が交わって作られる角のうち，図 3.30 のように $\angle a, \angle b, \angle c$ と

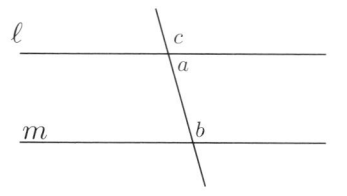

図 3.30 平行線の同側内角

する。公理 10（平行線の同位角）より $\angle b = \angle c$，$\angle a + \angle c = 180°$ となることから，$\angle a + \angle b = 180°$ となる。

3.2.3 平面幾何の基本作図

以下では，平面幾何の基本作図における，線分の等分や角の等分について取り上げる。また，折り紙で行う場合の等分についても記す。なお，ここでは，線分の3等分という場合，線分の $\frac{1}{3}$ となる点を見つけだすことを意味することにする。

(1) 線分の2等分
A. 線分の場合

定規とコンパスを用いた線分 AB の2等分は，点 A，点 B を中心としてそれぞれコンパスを用いて交点が2つできるように円弧をかき，その交点を結ぶことでできる（図 3.31）。そして，線分 AB の中点を C と置くと，線分 AC において線分 AB の場合と同様にコンパスを用いて作図すれば線分 AB の4等分ができる。したがって，全ての2の累乗等分は，同じ作業を繰り返すことで可能となる。

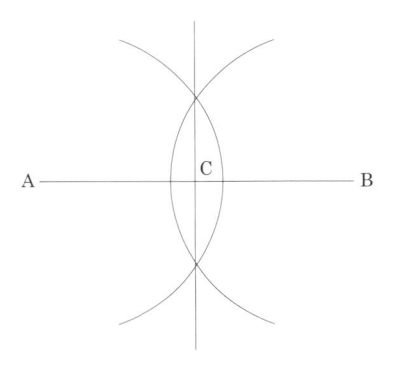

図 3.31　2等分の作図

B. 折り紙の場合

折り紙では，図 3.32 のように，正方形の一辺を AD として，これを2等分する場合，点 A と点 D が重なるように折ることで，2等分の点 E ができる。次に2等分された点 E と点 A が重なるように折ることで4等分の点ができる（図 3.33）。これを繰り返すと，全ての2の累乗の等分が可能となる。

(2) 線分の3等分
A. 線分の場合

線分 AB の3等分は，図 3.34 のように，線分 AB を一辺とする正方形を3つかき，それぞれ点 C と点 D を置き，それらを結んだ線分 CD と，線分 AB

3.2. 幾何教育の内容

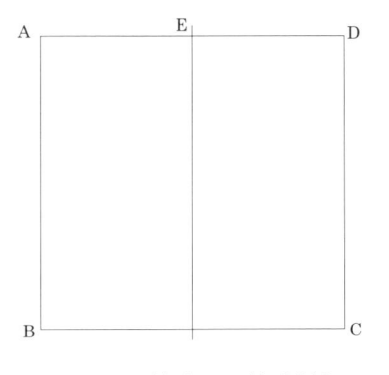

図 3.32 線分の 2 等分折り

図 3.33 線分の 4 等分折り

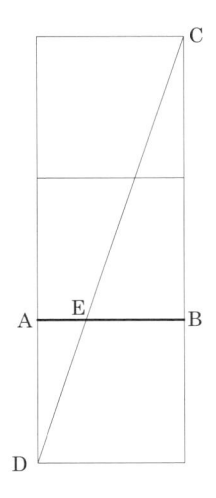

図 3.34 3 等分の作図

との交点を点 E とするとき，点 E は線分 AB を 3 等分する点となる。
〔証明〕
　△ADE と △BCE において，∠DAE ＝ ∠CBE ＝ 90°，∠AED ＝ ∠BEC
（対頂角）であることから，△ADE ∽ △BCE となる。その比は，AD : BC ＝
AE : BE ＝ 1 : 2 となり，点 E は線分 AB を 3 等分する点である。
別解：線分 AB の 3 等分は，図 3.35 のようにして作図することができる。点

Aを通り，線分ABと同方向でない直線を引き，その一点をCとする。この直線上にAD = CDとなる点Dをとる。線分BDを引き，その中点を点Eとし，直線CEを引き，線分ABとの交点をFとするとき，点Fは線分ABを3等分する点となる。

〔証明〕

メネラウスの定理を用いて，
$$\frac{AC}{CD} \cdot \frac{DE}{EB} \cdot \frac{FB}{AF} = 1$$
が成り立ち，AC = 2CD，DE = EBより 2FB = AFとなり，点Fは線分ABを3等分した点となる。

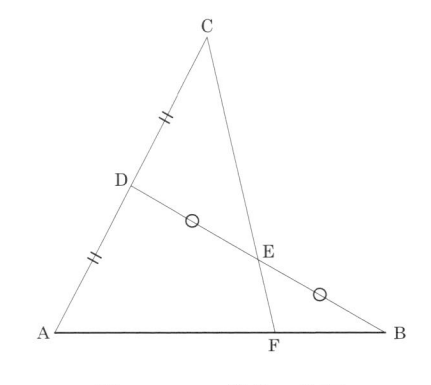

図 3.35　3等分の作図

B. 折り紙の場合

折り紙では，図3.36のような折り線を入れることで，一辺を3等分することができる。まず，図3.32のようにして線分AD, BCを2等分する点E, Fをとる。続いて図3.33のようにして線分AD, BCを4等分する点G, Hをとる。点Hと点Dを通るように折り線を引き，線分EFとの交点を点Iとする。このとき，点Iは線分EFを3等分する点となる。すなわち，点Iを通るBCに平行な折り線を引くと，EF = ABより一辺AB上に3等分された点を導くことができる。

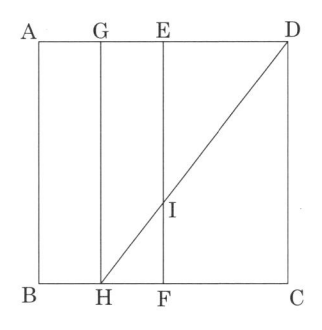

図 3.36　3等分の折り線

〔証明〕

△IEDと△IFHにおいて，∠IED = ∠IFH = 90°，∠EID = ∠FIH（対頂角）であり，定理6（2角相等）より，△IED∽△IFHとなる。また，ED : FH = 2 : 1より，EI : FI = 2 : 1となり，点Iは線分EFを3等分する点となる。

別解1：図3.37のような折り線を入れることで，一辺を3等分することができる。まず，線分DBに折り線を引く。線分CDの二等分点を点E，線分CB

の二等分点を点Fとする。そして，線分BE，線分DFとなる折り線を引き，その交点をGとする。直線CDに平行で点Gを通る折り線を引き，それぞれの交点を点H，点Iとするとき，点Iは線分BCを3等分する点となる。

〔証明〕

△BCDにおいて，BF = CF, CE = DEより，辺の2等分線を結ぶ線分BEと線分DFの交点Gは，△BCDの重心となる。したがっ

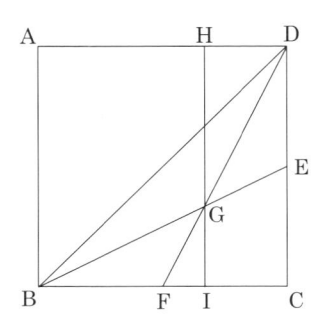

図 3.37 3等分折り線

て，BG : GE = 2 : 1 となる。ここで，△EBCと△GBIを考えると，∠EBC = ∠GBI, ∠ECB = ∠GIB = 90°であり，定理6（2角相等）より，△EBC ∽ △GBIとなる。BG : BE = 2 : 3よりBI : BC = 2 : 3となって，点Iは線分BCを3等分する点となる。

別解2（芳賀の第1定理）： 図3.38のような折り線を入れることで，一辺を3等分することができる。まず，線分ADを2等分する点C'をとる。点Cを点C'に重なるように折り線を入れる。点E, 点Fをそれぞれ図3.38のように置くと，点Fは線分ABを3等分する点となる。この折り方は，芳賀和夫（はが かずお）氏が発見したことから，芳賀の第1定理と呼ばれる。

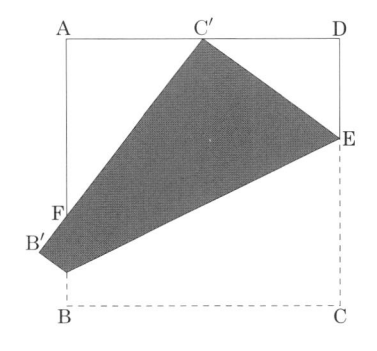

図 3.38 芳賀の第1定理

〔証明〕

AD = 1, DE = x とする。△DC'Eにおいて，DC' = $\frac{1}{2}$, DE = x, C'E = $1-x$ となり，△DC'Eは直角三角形なので，ピタゴラスの定理を用いて，$x^2 + \left(\frac{1}{2}\right)^2 = (1-x)^2$ が成り立ち，これを解くと，DE = $x = \frac{3}{8}$, C'E = $1-x = \frac{5}{8}$ となる。

次に，△DC'Eと△AFC'について，∠EDC' = ∠C'AF = 90°である。また，∠DC'E + ∠AC'F = 90°（∵ ∠EC'F = 90°），定理8（直角三角形の内角

の和）より，$\angle \mathrm{AFC}' + \angle \mathrm{AC}'\mathrm{F} = 90°$（$\because \angle \mathrm{FAC}' = 90°$）となり，$\angle \mathrm{DC}'\mathrm{E} = \angle \mathrm{AFC}' = 90° - \angle \mathrm{AC}'\mathrm{F}$ となる．定理 6（2 角相等）より，$\triangle \mathrm{DC}'\mathrm{E} \backsim \triangle \mathrm{AFC}'$ となる．対応する辺の長さの比が等しいことより，$\mathrm{AC}' : \mathrm{DE} = \mathrm{AF} : \mathrm{DC}'$ が成り立ち，$\frac{1}{2} : \frac{3}{8} = \mathrm{AF} : \frac{1}{2}$ より，$\mathrm{AF} = \frac{2}{3}$ となる．よって，点 F は線分 AB を 3 等分する点となる．

また，$\triangle \mathrm{DC}'\mathrm{E}$ と $\triangle \mathrm{AFC}'$ の 3 辺の比は，いずれも $3 : 4 : 5$ となり，最小の整数比で表現できる直角三角形である．

(3) 線分の n 等分
A. 線分の場合

図 3.31 と図 3.34 において，線分の 2 の累乗等分と 3 等分について触れた．図 3.34 の正方形の個数を増やせば，線分の n 等分が作図できるが，ここでは一般的な方法によって n 等分する方法を示す．

図 3.39 は，定規とコンパスを用いて線分 AB を 4 等分する作図法である．

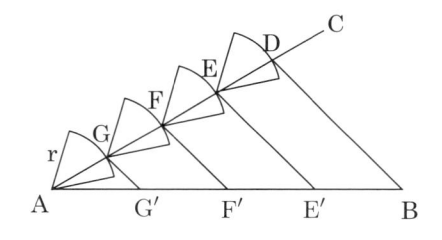

図 3.39 線分の n 等分作図

まず点 A から，線分 AC を適当に引く．続いて線分 AC の長さよりも十分に短い半径 r の円弧を順に 4 つかき，線分 AC との交点をそれぞれ点 G，F，E，D とする．線分 DB を引き，続いて線分 DB に平行に点 E から線分 AB 方向に半直線を引きその交点を点 E' とする．点 F，点 G においても同様の方法で線分 FF'，線分 GG' を引く．このとき，点 G'，F'，E' は線分 AB を 4 等分する点となる．したがって，円弧の個数を調整することで，n 等分の点を作図することができる．

〔証明〕

$\triangle \mathrm{AG}'\mathrm{G}$，$\triangle \mathrm{AF}'\mathrm{F}$，$\triangle \mathrm{AE}'\mathrm{E}$，$\triangle \mathrm{ABD}$ において，$\mathrm{G}'\mathrm{G} /\!/ \mathrm{F}'\mathrm{F} /\!/ \mathrm{E}'\mathrm{E} /\!/ \mathrm{BD}$ となり，公理 10（平行線の同位角）より，$\angle \mathrm{AGG}' = \angle \mathrm{AFF}' = \angle \mathrm{AEE}' = \angle \mathrm{ADB}$ となる．また，$\angle \mathrm{GAG}' = \angle \mathrm{FAF}' = \angle \mathrm{EAE}' = \angle \mathrm{DAB}$ であり，定理 6（2 角相等）より，$\triangle \mathrm{AG}'\mathrm{G} \backsim \triangle \mathrm{AF}'\mathrm{F} \backsim \triangle \mathrm{AE}'\mathrm{E} \backsim \triangle \mathrm{ABD}$ となる．AG : AF : AE :

$AD = AG' : AF' : AE' : AB = 1 : 2 : 3 : 4$ であるので，点 G', F', E' は線分 AB を 4 等分する点となる．

B. 折り紙の場合

折り紙での辺の n 等分は，図 3.39 のような一般的な作図方法で求めることができない．そのため，辺の 2 等分，3 等分，5 等分，7 等分などを個別に求め，それらを組み合わせて n 等分を作成するという方法を用いる．

図 3.40 は，図 3.38 の芳賀の第 1 定理を一般化したものである（芳賀 1999）．点 B を線分 AD 上の点 E に移動させて折ると，折り線 FG ができる．線分 AE を x，線分 AF を y_1，線分 DH を y_2，線分 EH を y_3，線分 GI（= 線分 GC）を y_4 とする．ここで，y_1 から y_4 を x によってあらわす．

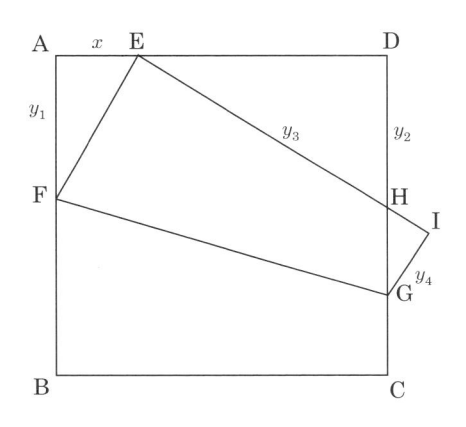

図 3.40 線分の n 等分作図

まず y_1 を求める．△AFE において，ピタゴラスの定理より $x^2 + y_1^2 = (1-y_1)^2$ が成り立ち，計算すると $y_1 = \frac{(1+x)(1-x)}{2}$ となる．

y_2 を求める．△AFE と △DEH において，∠EAF = ∠HDE = 90°，∠AFE = ∠DEH（∵ ∠HEF = 90°）が成り立ち，定理 6（2 角相等）より，△AFE ∽ △DEH となる．よって，$y_1 : x = (1-x) : y_2$ の関係が成り立ち，$y_2 = \frac{2x}{1+x}$ となる．

y_3 を求める．△AFE ∽ △DEH より，$(1-y_1) : x = y_3 : y_2$ の関係が成り立ち，あらかじめ求めた y_1, y_2 を入れて計算すると，$y_3 = \frac{(1+x^2)}{(1+x)}$ となる．

y_4 を求める．△DEH と △IGH において，∠EDH = ∠GIH = 90°，∠DHE = ∠IHG（対頂角）が成り立ち，定理 6（2 角相等）より，△DEH ∽ △IGH となる．よって，$y_2 : (1-x) = (1-y_3) : y_4$ の関係が成り立ち，あらかじめ求めた y_2, y_3 を入れて計算すると，$y_4 = \frac{(x-1)^2}{2}$ となる．

y_1 から y_4 を x によってあらわすことができたため，x をある数値に設定し

た際の y_1 から y_4 の値を求めてみる．線分 AD を 1 とするとき，$x = \frac{1}{2}$, $\frac{1}{4}$, $\frac{3}{4}$ は，半分に折り，さらに半分に折ることで容易に作成することができる．

$x = \frac{1}{2}$ のとき，$y_1 = \frac{3}{8}$, $y_2 = \frac{2}{3}$, $y_3 = \frac{5}{6}$, $y_4 = \frac{1}{8}$ となる．

$x = \frac{1}{4}$ のとき，$y_1 = \frac{15}{32}$, $y_2 = \frac{2}{5}$, $y_3 = \frac{17}{20}$, $y_4 = \frac{9}{32}$ となる．

$x = \frac{3}{4}$ のとき，$y_1 = \frac{7}{32}$, $y_2 = \frac{6}{7}$, $y_3 = \frac{25}{28}$, $y_4 = \frac{1}{32}$ となる．

上記の結果より，既に作製可能であった $\frac{1}{2}$, $\frac{1}{3}$, $\frac{1}{4}$, $\frac{1}{8}$ に加えて，$\frac{2}{5}$ より $\frac{1}{5}$ を，$\frac{1}{3}$ と $\frac{1}{2}$ より $\frac{1}{6}$ を，$\frac{6}{7}$ より $\frac{1}{7}$ を，$\frac{1}{3}$ と $\frac{1}{3}$ より $\frac{1}{9}$ を，$\frac{1}{5}$ と $\frac{1}{2}$ より $\frac{1}{10}$ を作製することが可能となる．このように折り紙では，既知の等分折りを組み合わせることで，n 等分の折りを見つけだしていく．

(4) 角の 2 等分

線分の等分と併せて，角の等分は，幾何教育における基本的かつ重要な作図といえる．

A．一般角の場合

定規とコンパスを用いて角の 2 等分を行う（図 3.41）．∠ABC において，点 B を中心に適当な半径の円弧をかき，線分 AB，BC との交点をそれぞれ点 D，点 E とする．続いて，点 D と点 E を中心に，同じ半径の円弧をかきその交点を点 F とする．半直線 BF を引くとき，半直線 BF は ∠ABC の二等分線となる．

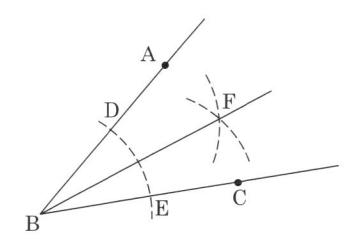

図 3.41 角の 2 等分作図

〔証明〕

△BDF と △BEF において，BF = BF，BD = BE，DF = EF となり，定理 4（三辺相等）より，△BDF ≡ △BEF となる．よって，∠DBF = ∠EBF となる．

B. 折り紙の場合

図 3.42 のように，線分 AB を内側に折ることにより，折り線 BE ができ，任意の角 ∠EBC を ∠θ（< 90°）とおく。このとき，線分 BC を線分 BE に重なるように折ると，線分 BF ができる。このとき，線分 BF は ∠EBC の二等分線となる。

(5) 角の 3 等分
A. 一般角の場合

任意の角の 3 等分は，ギリシャの三大作図問題と呼ばれ，2000 年以上にもわたって定規とコンパスで作図することの可否が議論されてきた。そして，この問題は，1837 年にピエール・ローラン・ヴァンツェルによって作図不可能であることが証明された。

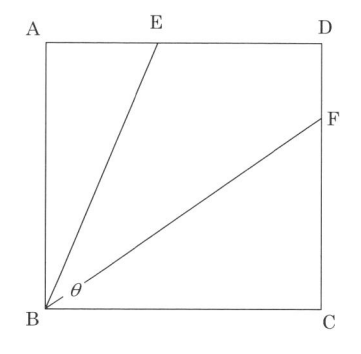

図 3.42 角の 2 等分

B. 折り紙の場合

折り紙を用いた任意の角（90° 未満）の 3 等分は，阿部恒によって，1980 年に可能であることが発表された（阿部 2003）。まず，図 3.43 のように，線分 AB を内側に折ることにより，折り線 BE ができ，任意の角 ∠EBC を ∠θ（< 90°）とおく。AD // FG となるように適当な位置で折り線を入れる。続いて，FG に平行となり，FH = BH となる折り線 HI を入れる。次に，点 B を HI 上に，同時に点 F が BE 上にのるように折り，できた折り線と HI との交点を点 J とする（図 3.44）。折った状態での点 B，点 F，点 H の位置を，点 B′，点 F′，点 K とし，直線 B′F′ を引く。さらに，折った状態で点 J と点 K を結ぶ線分を折り，線分 AD との交点を点 L とする。

紙をひらいて，BJ，BB′ を結ぶ線を折る（図 3.45）。点 B′ から線分 BC への垂線を折り，その交点を M とする。このとき，△BF′K ≡ △BB′K ≡ △BB′M となり，角 θ が 3 等分される。

図 3.43 折り線を入れた状態

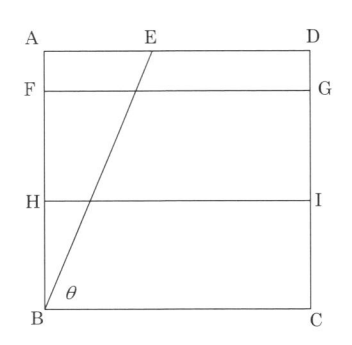

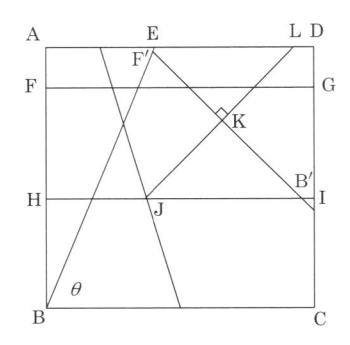

図 3.44 点 A, B と直線 ℓ

〔証明〕

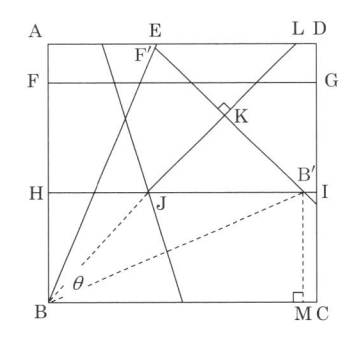

△BF′K と △BB′K において，F′K = B′K (FH = BH)，BK = BK，∠BKF′ = ∠BKB′ = 90° となり，公理 7（三角形の合同：二辺夾角）より △BF′K ≡ △BB′K となる．また，△BB′K と △BB′M において，B′K = B′M，BB′ = BB′，∠BKB′ = ∠BMB′ となり，直角三角形の合同条件より △BB′K ≡ △BB′M となる．

図 3.45 角の 3 等分

3.3 幾何教育の実践

3.3.1 幾何のカリキュラムとオリガミクス

現行の中学校（中 1 から中 3 と表記）と高等学校（高 1 から高 3 と表記）の幾何の教育内容に対して，オリガミクスの内容を対応させると，表 3.1 のようになる．オリガミクスの場合，折るという作業が中心であるため，コンパスに対応する，曲線や円に関する内容が十分ではない．その意味で，オリガミクスと定規，コンパスによる伝統的な方法をどのように補完しあいながら系統性のある教育内容にしていくのかという視点が重要である．

また，オリガミクスによる辺の 3 等分問題などは，相似による証明，面積

表 3.1 幾何の教育内容とオリガミクスの関係

学年	教育内容	オリガミクス
中1	*基本図形・構成要素 *角の2等分 *線分の垂直2等分 *平行移動, 対称移動, 回転移動 *空間における基本図形（直線, 平面） *扇形, 錐体, 球	*折り線 *角の2等分折り *線分の垂直2等分折り *折ることによる対称関係
中2	*平行線の性質（同位角, 錯角, 対頂角） *平面図形の合同 *証明 *多角形	*折り線による確認 *折ることによる合同関係 *折り線と証明
中3	*平面図形の相似 *立体図形の相似 *ピタゴラスの定理 *円の半径と接線 *円周角, 中心角	*長方形用紙による変形折鶴 *辺の3等分問題 *折り紙の一辺の比率と立体作品 *証明による活用
高1	*三角比 *正弦定理, 余弦定理 *重心, 内心, 外心 *チェバの定理, メネラウスの定理 *円に内接する四角形 *方べきの定理	*辺の3等分問題 *折鶴の折り線
高2	*座標上の図形 *点, 直線の座標表現 *円の方程式 *平面ベクトルの意味 *ベクトルの演算と内積 *空間座標とベクトル	*辺の n 等分問題
高3	*平面上の曲線（直交座標, 媒介変数表示, 極座標） *複素平面 *ド・モアブルの定理	

による証明，重心による証明，ピタゴラスの定理による証明など，学習内容に応じて新しい証明方法を学習することができるため，繰り返し活用することのできる内容となっている。表 3.1 に沿いながら，中学校第 1 学年から高等学校第 2 学年までの教育実践計画について記す。なお，高等学校段階でのオリガミクスの内容開発が十分ではないため，重点は中学校段階の教育実践となる。また，以下で記す各学年での実践内容は，全ての単元内容を網羅するのではなく，いくつかの単元にしぼり，オリガミクスを積極的に活用した具体的実践例である。

3.3.2　中学校第 1 学年での実践

中学校第 1 学年では，図形の基本的な構成要素について学習する。小学校段階では，漠然と捉えていた図形に関する用語や意味についても，中学校では厳密に扱うようにする。

その際，オリガミクスを併用しながら，生徒の実作業による検証を取り入れるようにし，理解の促進につなげていく。

(1) 直線と角

直線という用語は，小学校段階ではまっすぐな線の総称として用いてきたが，両端のあるものを **線分**，片方だけ端のあるものを **半直線**，両方とも限りなくのびているものを **直線** というように区分する。また，「まっすぐな」という考え方も，最短の距離という考え方に転換させることが重要となる。

次に，2 点を通る直線はただ 1 つであることを扱う。こうした場合，実際に折り紙を用いることで理解が促進される。折り紙の平面上に点 A と点 B を任意に取り，その 2 つを通るように折り線 ℓ をつけるという作業により，それはただ 1 つであることを確認することができる。

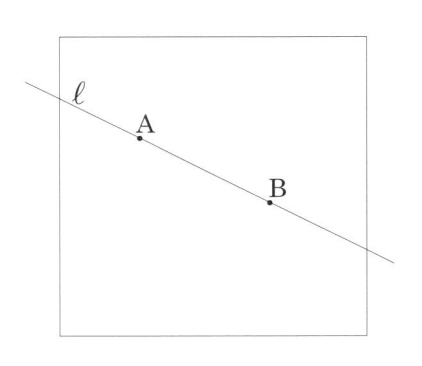

図 3.46　二点を通る直線

3.3. 幾何教育の実践

続いて，角について取り上げる。角は，小学校段階では三角形などの図形の一要素としての意味合いが強かった。中学校では，こうした図形と切り離して角を捉えさせることが重要である。

角とは，ある一点から伸びる異なる半直線によって作られる図形というように改めて定義づける必要がある。そして，2つの領域に対応して2つの角が生じることになることを確認する。角の開き具合を角度とするとき，角度が大きい方を**優角**，小さい方を**劣角**と呼ぶ（図 3.47）。このように，小学校段階では，どちらかというと劣角に特化した扱いであったが，中学校段階以降では双方の見方ができるようになることが重要である。

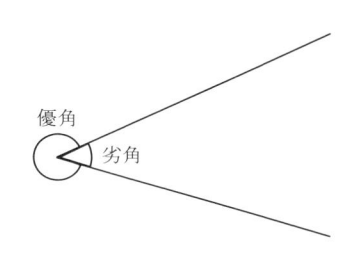

図 3.47 角の定義

(2) 垂直と平行

直線と角が改めて定義された後，垂直，平行について扱うようにする。

垂直とは，2直線が交わってできる角が直角のときのことをいう。線分 AB，線分 CD が垂直なとき，線分 AB は線分 CD の垂線という。垂直な2直線は，定規とコンパスによって作図可能であるが，折り紙を用いても可能である（図3.48）。まず，任意に折り紙を1回折り，線分 AB のような折り線をつける。次に，線分 AB 同士

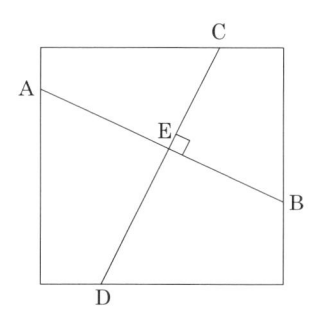

図 3.48 折紙で垂直

が重なるように線分 CD を折る。その交点を点 E とする。このとき，線分 CD は線分 AB の垂線となる。点 A と点 B が重なるように折ると，線分 CD は線分 AB の**垂直二等分線**となる。また，2直線 AB，CD が垂直であるとき，その一方を他方の**垂線**と呼ぶ。線分 CE の長さを，点 C と直線 AB の**距離**と呼ぶ。

平行とは，定義5にあるように，2直線が互いに交わらない関係にあることと定義づけられる。しかし，2直線が互いに交わらないということの検証が

できないため，学習者の理解は曖昧になりがちである．そこで，横地（1983）は，2直線 ℓ, m について，直線 ℓ 上の任意の点 P から直線 m 上に垂線を下ろした点を点 Q とするとき，線分 PQ の長さが常に等しいとき，直線 ℓ は，直線 m に平行であると定義づけて展開する方が，教育的には望ましいと指摘している（図3.49）．

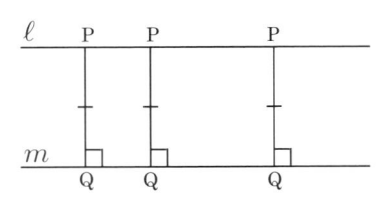

図 3.49 平行の定義

この定義をもとに，平行線は交わらないという最初の定義についても，もし交わることになれば線分 PQ の長さが 0 になるので矛盾することから導き出されるようになる．

ここで重要なことは，数学の厳密性については十分に保証しつつも，生徒の理解の特性に応じて，学校数学を新たに創りながら教えていくという視点である．

また，この定義を活用すると，折り紙でも任意の直線に対して平行な線を容易に折ることが

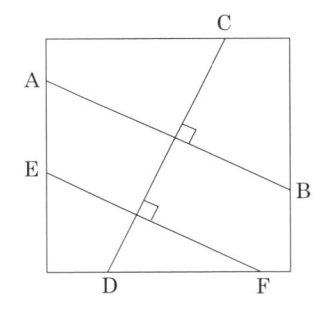

図 3.50 折り紙で平行

できる（図3.50）．まず，図3.48のように垂直な線分 AB と線分 CD を折る．次に，線分 CD 同士が重なるように線分 EF を折る．このとき，線分 EF は線分 AB に平行となる．

(3) 対頂角・同位角・錯角

通常，対頂角，同位角，錯角は，中学校第2学年で学習するが，垂直と平行の内容に続いて発展的に扱うことも可能である．

2つの直線 ℓ, m に，1つの直線 n が交わってできる角を，図3.51のように $\angle a \sim \angle h$ とする．

対頂角とは，2直線が交わってできる4つの

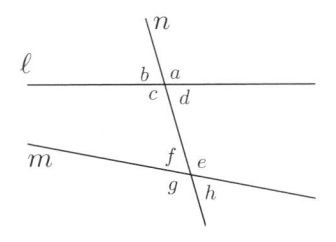

図 3.51 3直線 ℓ, m, n

角のうち，向かい合った位置にある2つの角のことをいう（例：∠a と ∠c）。
定理2より，対頂角の大きさは等しい．

同位角とは，2つの直線 ℓ, m と直線 n との交点の，同じ側にできる角のことをいう（例：∠a と ∠e）．

錯角とは，2つの直線 ℓ, m と直線 n との交点の，内側の向かい合う側にできる角のことをいう（例：∠c と ∠e）．

併せて，同側内角も扱うようにしたい．**同側内角**とは，2つの直線 ℓ, m と直線 n との交点の，内側の同じ側にできる角のことをいう（例：∠c と ∠f）．

(4) 角の2等分・3等分

角の2等分については，図3.41に見られる定規とコンパスによる作図や，図3.42に見られる折り紙を用いた方法などで確認させながらするとよい．

さらに，角の3等分は，定規とコンパスでは作図不可能であることが証明されているが，こうした問題にもチャレンジさせることが重要である．なぜなら，数学の学習とは，既に解答が存在するものを，素早く正確に記憶し，再現することができる力だけを問うのではなく，解答の存在が明らかでない問題に対して，方略の策定と試行錯誤を通して解答に接近していく力をも問うものであるからである．また，折り紙による角の3等分（図3.45）については，1980年になってようやく発見されていることなどに触れながら，自分たちで数学を創り上げることが可能であるという実感を持たせるようにしたい．

(5) 図形の移動（運動）

図形の移動（**運動**という場合もある）とは，図形の形を変えずに，図形を別の場所に移すことをいう．平面上での図形の移動には，平行移動，回転移動，対称移動の3種類がある．

平行移動とは，図形を一定の方向に一定の長さ分，ずらすことをいう．**回転移動**とは，図形を1つの点を中心として，一定の角度分回転させて図形を移すことをいう．この点を**回転の中心**という．**対称移動**とは，図形を1つの直線を折り目（軸）として，折り返して図形を移すことをいう．この直線を**対称の軸**という．

これらの学習は，作図による学習と並行して，折り紙を積極的に活用するとよい。対称移動は，折り紙を折って対称の軸を作成し，その後，はさみで形を切り取るなどすると，様々な形の対称図形ができる。対応する点同士の対称の軸からの距離が等しいことなども，作業を通して実感させることができる。また，回転移動も，折り方を工夫することで様々な形を作製することができる。

3.3.3　中学校第 2 学年での実践

　中学校第 2 学年の幾何の内容の中心は証明であるが，ここでは，証明で取り上げる記号・用語，証明の形式だけでなく，「証明とは何であるのか」，また「これまでの算数・数学と何が異なるのか」ということについて詳しく扱うようにする。

(1) 証明

　証明とは，ある命題の真偽を定める根拠を，前提となる命題群の中から必要なものを選択し，論理的手続きによって示すことである。**命題**とは，真偽のいずれかを判定することのできる文章のことである。

　具体的な例を出していえば，まず「二等辺三角形の両底角が等しい」という真偽を定めるべき命題が存在する。その命題の真偽を検証するために，「二等辺三角形とは 2 つの辺の長さが等しい三角形である」や，「2 組の辺とその間の角が等しいとき，三角形は合同である」という命題を用い，論理的手続きによって，本命題が真であることを示す。

　証明で用いられる手法を整理すると，まず明らかにしたい**結論**が示され，その後，対象となる図形の特徴として**仮定**を整理し，定理などによって根拠を示し，結論の真偽を明らかにすることになる。

　こうした証明で用いられる論理的な展開が，生徒の理解を妨げる要因になっている場合がある。というのも，多くの算数・数学の中で扱われてきた問題は，結論（解答）が最初に示されずに，その結論を導き出すことが目的であったからである。しかし，証明では，あらかじめ結論（解答）が示された中で，

その結論の妥当性を示すことが目的となるため，求められていることが不明確になってしまう。

その意味において，証明で用いる記号・用語や，証明の論理的構成の形式を指導したりする以上に，証明とはこれまでの算数・数学での解答スタイルと全く異なる点を問われているということの指導が重要となる。

一般に，証明指導における導入では，簡単な図形を用いて指導する場合が多いが，この点も検討が必要である。というのも，生徒が一見しただけで自明な図形の関係などを，わざわざ証明の形式に沿って記述することを教えたとしても，証明の意義が見出せない場合があるからである。むしろ，一見しただけでは確証できない内容を取り上げ，証明によってその真偽を決定することができるような場面を，証明指導の早い段階に位置づけていくことが，証明の意義を生徒に実感させることにつながる。

(2) 線分の 3 等分

実測すると確かにそのような関係になるが，その根拠が明確でないという場合，証明は非常に重要な役割を担う。オリガミクスにおける線分を 3 等分する芳賀の第 1 定理（図 3.38）などは，その好例の 1 つである。ただし，証明過程において中学校第 3 学年で学習するピタゴラスの定理を用いるため，ここではピタゴラスの定理を用いない**芳賀の第 2 定理**を取り上げる。

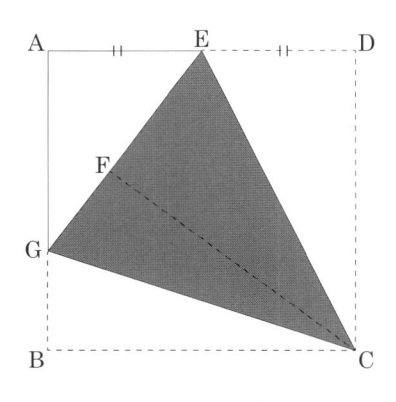

図 3.52 芳賀の第 2 定理

$AE = DE$ となるように点 E を置く。EC が折り線となるように点 D を内側に向けて折る。点 D の折った先を点 F とし，続いて点 B を点 F に重なるように折る（図 3.52）。

このとき，点 G は，線分 AB を 3 等分する点となる。

〔証明〕

正方形 ABCD の一辺を 1 とおく。面積は 1 となる。△EDC と △EFC，

△GBC と △GFC は，それぞれ重なるため合同である．△EDC の面積は，$\frac{1}{2} \times 1 \times \frac{1}{2} = \frac{1}{4}$ となる．同様に △EFC の面積も $\frac{1}{4}$ となる．BG $= x$ と置くと，△BGC の面積は，$\frac{1}{2} \times 1 \times x = \frac{x}{2}$ となる．同様に △GFC の面積も $\frac{x}{2}$ となる．AG $= 1 - x$ より，△AGE の面積は，$\frac{1}{2} \times (1-x) \times \frac{1}{2} = \frac{(1-x)}{4}$ となる．正方形 ABCD の面積は，△EDC，△EFC，△GBC，△GFC，△AGE の面積を加えたものと等しいため，$1 = \frac{1}{4} + \frac{1}{4} + \frac{x}{2} + \frac{x}{2} + \frac{(1-x)}{4}$ となり，計算すると $1 = \frac{3}{4} + \frac{3x}{4}$，$x = \frac{1}{3}$ となる．

中学校第 2 学年の発展内容として，ピタゴラスの定理を学習（通常，第 3 学年）していれば，下記の別証明も可能となる．

別証明：芳賀の第 2 定理の別証明を行う．BG $= x$ とおく．BG $=$ FG $= x$，DE $=$ FE $= \frac{1}{2}$ より，EG $= x + \frac{1}{2}$ となる．△AGE は直角三角形で，AE $= \frac{1}{2}$，AG $= 1 - x$ であることからピタゴラスの定理を用いて，$\left(\frac{1}{2}\right)^2 + (1-x)^2 = \left(x + \frac{1}{2}\right)^2$ となる．この式を展開すると，$x = \frac{1}{3}$ が求まる．

3.3.4 中学校第 3 学年での実践

中学校第 3 学年では，図形の相似，平行線と線分の比，円の性質などが主たる学習内容となる．また図形を考察する上で必須のピタゴラスの定理なども扱う．ここでは，主にオリガミクスを取り入れた，図形の相似とピタゴラスの定理について紹介する．

最初に相似を定義する．2 つの図形が**相似**であるとは，一方の図形を拡大または縮小し，他方と合同になることをいう．相似の 2 つの図形において，対応する線分の長さの比を，**相似比**という．

(1) 相似を用いた 3 等分

オリガミクスにおける辺の 3 等分問題は，相似の学習において格好の教材といえる．というのも，相似の考えを用いて何通りもの折り方とその証明が可能であるからである[2]．

---

[2] オリガミクスにおける辺の 3 等分問題の解法の多くは，佛教大学教育学部学生と大阪教育大学教育学部学生が，筆者の講義において新たに発見したものである．

A．相似解法 1

図 3.53 のように折り線を入れることで，一辺を 3 等分することができる．まず，線分 AD，BC を 2 等分する点 E, F をとる．続いて BD を結ぶ折り線と，CE を結ぶ折り線を引き，その交点を点 G とする．点 G を通り，線分 AD に平行な折り線を引き，線分 AB との交点を点 H とする．

このとき，点 H は，線分 AB を 3 等分する点となる．

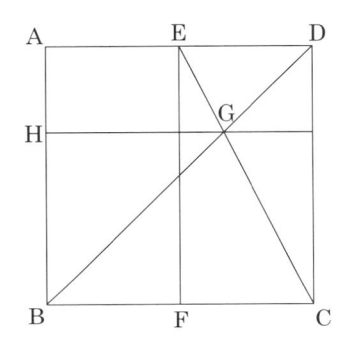

図 3.53 3 等分折り

〔証明〕

△GDE と △GBC において，定理 2（対頂角）より ∠EGD = ∠CGB，AD // BC で定理 10（平行線の錯角）より ∠GED = ∠GCB となることから，定理 6（2 角相等）より，△GDE ∽ △GBC となる．また，ED : CB = GE : GC = 1 : 2 より，AH : BH = 1 : 2 となり，点 H は線分 AB を 3 等分する点となる．

B．相似解法 2

図 3.54 のように折り線を入れることで，一辺を 3 等分することができる．まず，線分 AD，BC を 2 等分する点 E, F をとる．続いて BD を結ぶ折り線と，CE を結ぶ折り線を引き，その交点を点 G とする．EF と BD の交点を点 I とする．点 G を通り，線分 AB に平行な折り線を引き，線分 AD との交点を点 H とする．

このとき，点 H は，線分 AD を 3 等分する点となる．

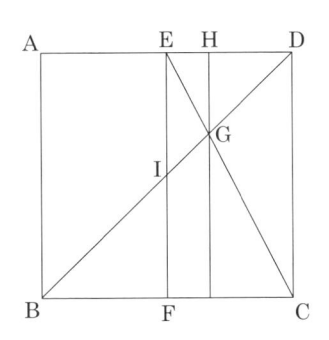

図 3.54 3 等分折り

〔証明〕

△GEI と △GCD において，定理 2（対頂角）より ∠EGI = ∠CGD，EI // DC で定理 10（平行線の錯角）より ∠GEI = ∠GCD となることから，定理 6（2 角相等）より，△GEI ∽ △GCD となる．また，EI : CD = GI : GD = 1 : 2

より，EH : DH = 1 : 2 となり，AD : ED = 2 : 1，ED : HD = 3 : 2 から AD : HD = 6 : 2 = 3 : 1 となって，点 H は線分 AB を 3 等分する点となる。この折り線は，図 3.53 と同一であるが，対象とする図形が異なるため別の証明となる。

C. 相似解法 3

図 3.55 のように折り線を入れることで，一辺を 3 等分することができる。まず，線分 AC, BD の折り線を引く。次に点 D を正方形の中心に重ねて折り線 EF を作成する。点 C と点 H を通るように，折り線を引き，線分 AD との交点を点 G とする。

このとき，点 G は，線分 AD を 3 等分する点となる。

〔証明〕

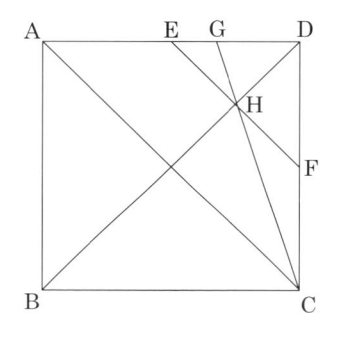

図 3.55　3 等分折り

△HBC と △HDG において，定理 2（対頂角）より ∠BHC = ∠DHG，AD // BC で定理 10（平行線の錯角）より ∠HBC = ∠HDG となることから，定理 6（2 角相等）より，△HBC ∽ △HDG となる。また，BH : DH = BC(AD) : DG = 3 : 1 より，点 G は線分 AD を 3 等分する点となる。

D. 相似解法 4

他にも，図 3.56 のように折り線を引くことで，相似を用いた 3 等分が可能となる。左図の場合，△KEI ∽ △KCB, EI : BC = 1 : 2 より，点 L が線分 AB を 3 等分する点となる。真ん中図の場合，△AIG ∽ △CIF, AG : CF = 1 : 2 より，点 J が線分 AB を 3 等分する点となる。右図の場合，△AIE ∽ △JIG, AE : JG = 2 : 1 より，点 K が線分 AB を 3 等分する点となる。

実際には，これ以外にも新しい折り線の入れ方や，証明方法が存在することから，オリガミクスによる辺の 3 等分問題は，生徒自らが新しい解法にチャレンジしたり，発見したりする意欲を大いに高めることにつながるといえる。

3.3. 幾何教育の実践

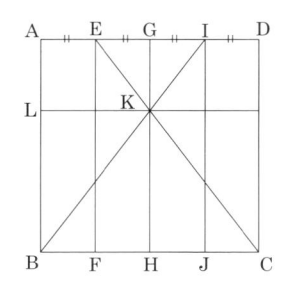

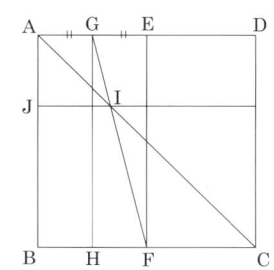

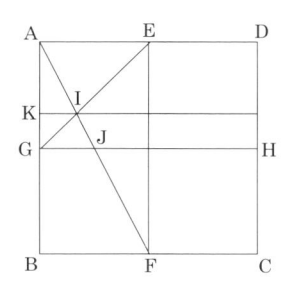

図 3.56 3等分折り事例

(2) ピタゴラスの定理を用いた 3 等分

証明では，新たな命題の真偽を決定するため，これまでに明らかにされてきた定理などをもとに，論理的手順に沿って命題の真偽を決定する．その中で，最も基本的・重要な定理の1つとしてピタゴラスの定理がある．

ピタゴラスの定理とは，直角三角形において，直角をはさむ 2 辺の長さをそれぞれ 2 乗し，足したものと，斜辺の長さの 2 乗とが等しい関係にあるというものである．

ここでは，相似とピタゴラスの定理の双方を用いる，**芳賀の第3定理**について紹介する．こうした証明を通して，ピタゴラスの定理が図形の証明に大きく貢献していることを実感させるようにしたい．

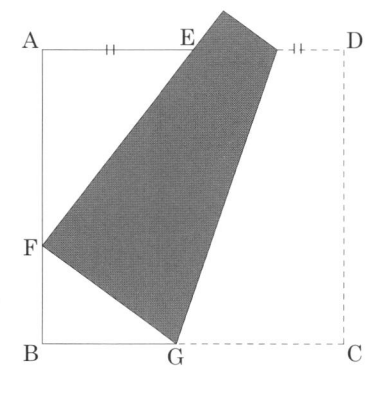

図 3.57 芳賀の第 3 定理

AE = DE となるように点 E を置く．点 C を線分 AB 上に重なり，かつ線分 CD が点 E と交差するように折る（図3.57）．

このとき，点 F は，線分 AB を 3 等分する点となる．

〔証明〕

正方形 ABCD の一辺を 1 と置き，BF $=x$，BG $=y$ とする．△FBG において，ピタゴラスの定理より $x^2+y^2 = (1-y)^2$ となり，展開すると $y = \frac{(1-x^2)}{2}$

となる。

続いて，△FBG と △EAF が相似であることを証明する。点 F において，∠BFG + ∠AFE + ∠EFG = 180°，∠EFG = 90° より，∠BFG + ∠AFE = 90° となる。△AFE において，∠AEF + ∠AFE + ∠EAF = 180°，∠EAF = 90° より，∠AEF + ∠AFE = 90° となることから，∠BFG = ∠AEF となる。∠FBG = ∠EAF = 90° であることから，定理 6（2 角相等）を用いて，△FBG ∽ △EAF となる。AE = $\frac{1}{2}$，AF = $1-x$ であり，相似であることから AE : AF = BF : BG となって，$\frac{1}{2} : 1-x = x : \frac{(1-x^2)}{2}$ が成り立つ。式を展開すると，$3x^2 - 4x + 1 = 0$ となり，因数分解をすると $(3x-1)(x-1) = 0$，$x \neq 1$ より $x = \frac{1}{3}$ となる。

また，△FBG と △EAF のそれぞれの 3 辺の長さの比は，FB : BG : GF = EA : AF : FE = 3 : 4 : 5 となっており，整数値で表すことのできる直角三角形の辺の長さの比の中で，最も小さい数となっている。

3.3.5 高等学校での実践

高等学校では，三角比，正弦定理・余弦定理，三角形の外心・内心・重心，円と四角形，直線・円と方程式などが内容となる。高等学校段階になると，各学校において独自のカリキュラムを編成している場合も少なくない。したがって，以下の実践内容は，各学校のカリキュラムに応じて，柔軟な扱いをするとよい。

(1) 三角形の内心・内接円と折鶴

任意の三角形において，3 辺全てに接する円が存在し，この円を**内接円**，内接円の中心を**内心**という。内心は，三角形の 3 つの内角の 2 等分線の交点であり，1 点で交わる。

折り紙の中で代表的な作品の 1 つである折鶴は，内接円や内心など数学の内容を多分に含んでいる。図 3.58 はその折り線である。折り線の特徴として，斜め線を対称の軸とするとき，左右対称になり，180° 回転した場合も重なる関係になっている。また，頂点 B，D は角の大きさを 4 等分，頂点 A，C は

3.3. 幾何教育の実践

角の大きさを8等分する折り線となっている。

図 3.58 の折り線から主要な折り線だけを残したものが，図 3.59 である。図 3.59 では，折り線が頂点の角の大きさを等分していることから，△OAB において，点 P は内心となっている。これらは他の △OBC，△OCD，△ODA にも当てはまる。図 3.60 は，4 つの三角形の内接円をかいたものであり，半径は全て同一である。各内心を結んでできる四角形は正方形となっており，各辺を折り線として，折鶴の首，尾，両翼が構成されるようになっている。

図 3.58 折鶴の折り線

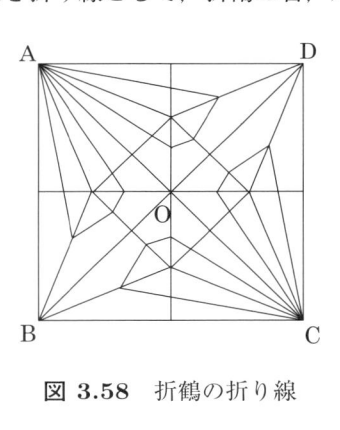

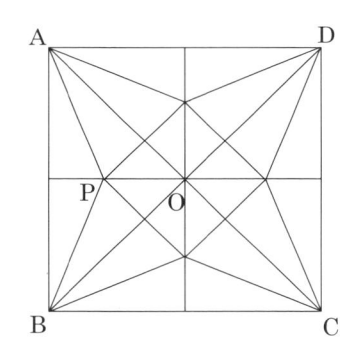

図 3.59 主要な折り線

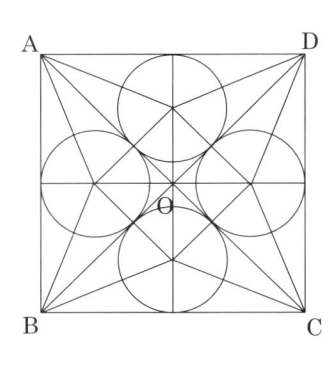

図 3.60 4 つの内接円

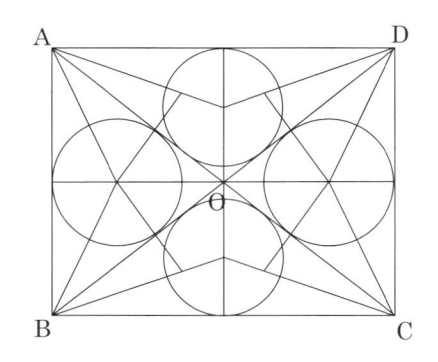

図 3.61 長方形折り線

一方，長方形の用紙を用いた折鶴作製も可能である。図 3.61 は，長方形の用紙を用いた折鶴の折り線と内接円である。上下方向はそのままで，左右方

向だけ拡大した折り線となっている。各内心を結ぶ線は，離れており，内接円の半径も異なる。この折鶴は，従来の折り紙で折鶴を折るように折り方の手順に沿って作製することは難しいため，最初に必要な折り線を全て折った状態から，一気に畳み込むようにして折るとよい。

図 3.62 は，長方形の用紙で作製した折鶴である。両翼は大きく左右に張り出さず控えめで，左右非対称であるなど，通常の折鶴と比較するとかなり形状が異なるが，数学的には様々な発展課題を考えることができる。たとえば，「長方形の用紙の縦横比率を変化させていくとき，翼が出ない状態になる限界の比率を求める」ことや，「縦横比率と左右非対称の比率の関係を求める」ことなどがある。

図 3.62 長方形折鶴

(2) 折鶴の数学
A. 両翼の長さ

ここでは，折鶴の数学の実例として，折り紙の 1 辺の長さと，折鶴の両翼を最大に広げた際の両翼の長さの関係を求めることにする。

図 3.63 は，図 3.58 の折鶴の折り線から証明に必要なものを残したものである。折り紙の一辺の長さ AC に対して，両翼の長さは，EG の部分が胴体内に隠れるため，$(BE + GC) \times 2$ となる。

〔証明〕

正方形の一辺 $AC = 1$ とする。△ABC は直角二等辺三角形なので，$AB = BC = \frac{\sqrt{2}}{2}$ となる。△ABD も同様に，$AB = \frac{\sqrt{2}}{2}$，$AD = BD = \frac{1}{2}$ となる。AJ は ∠BAD の二等分線なので，$BJ : JD = AB : AD = \sqrt{2} : 1$ となる。よって，$BJ = \frac{\sqrt{2}}{\sqrt{2}+1} \times BD = \frac{2-\sqrt{2}}{2}$，また $JD = \frac{\sqrt{2}-1}{2}$ となる。△BFJ も直角二等辺三角形なので，$BF : BJ = 1 : \sqrt{2}$，$BF = \frac{1}{\sqrt{2}} \times BJ = \frac{\sqrt{2}-1}{2}$ となる。次に，△AJD は直角三角形なので，ピタゴラスの定理より，$AJ^2 = AD^2 + JD^2 =$

3.3. 幾何教育の実践

$\left(\frac{1}{2}\right)^2 + \left(\frac{\sqrt{2}-1}{2}\right)^2$, $AJ = \frac{\sqrt{4-2\sqrt{2}}}{2}$ となる。ここで、$\triangle ABJ$ において、AI は $\angle BAJ$ の二等分線なので、$BI : IJ = AB : AJ = \sqrt{2} : \sqrt{4-2\sqrt{2}}$ となり、$BI = \frac{\sqrt{2}}{\sqrt{2}+\sqrt{4-2\sqrt{2}}} \times BJ = \frac{\sqrt{2}-\sqrt{4-2\sqrt{2}}}{2}$ となる。$\triangle BIE$ は直角二等辺三角形なので、$BE : BI = 1 : \sqrt{2}$ となり、$BE = \frac{1}{\sqrt{2}} \times BI = \frac{1-\sqrt{2-\sqrt{2}}}{2}$ となる。

次に、胴体で隠れる EF, FG の長さを求める。$EF = FG = BF - BE$ となり、$EF = \frac{\sqrt{2}-1}{2} - \frac{1-\sqrt{2-\sqrt{2}}}{2} = \frac{\sqrt{2}-2+\sqrt{2-\sqrt{2}}}{2}$

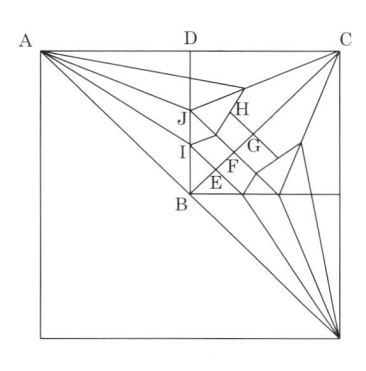

図 **3.63** 両翼間の長さ

となる。そして翼の長さ GC を求める。$GC = BC - (BE + EF \times 2) = \frac{\sqrt{2}}{2} - \left(\frac{1-\sqrt{2-\sqrt{2}}}{2} + \left(\frac{\sqrt{2}-2+\sqrt{2-\sqrt{2}}}{2}\right) \times 2\right) = \frac{3-\sqrt{2}-\sqrt{2-\sqrt{2}}}{2}$ となる。

したがって、両翼の長さは $(BE + GC) \times 2 = \left(\frac{1-\sqrt{2-\sqrt{2}}}{2} + \frac{3-\sqrt{2}-\sqrt{2-\sqrt{2}}}{2}\right) \times 2 = 4-\sqrt{2}-2\sqrt{2-\sqrt{2}}$ となる。この数値はおよそ 1.055 であることから、折鶴の両翼の長さは折り紙の一辺とほぼ同じ長さとなる。

このほかにも、折鶴の表面積を求めるなど、多彩な問題を創造することが可能である。また、生徒自身が新たな問題を創造し、実際に検証することのできる格好の教材ともいえる。

B. 最軽量折鶴

折鶴は、紙が重なる部分がいくつかある。この重なる部分を極力減らし、最低限の紙の量で折鶴を作製した場合、どれくらい紙が削減できるのかを分析する。

まず、折り紙の一辺を 1 とするとき、$AC = \frac{1}{2}$ となる。BC は、先の問題の JD と同じなので、$BC = \frac{\sqrt{2}-1}{2}$ となる。よって、$\triangle ABC$ の面積は、$\frac{1}{2} \times \frac{1}{2} \times \frac{\sqrt{2}-1}{2} = \frac{\sqrt{2}-1}{8}$ となる。

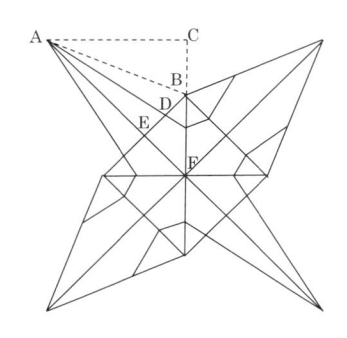

図 **3.64** 最軽量折鶴

次に，三角形 ABD の面積を求める。AB は，先の問題の AJ と同じなので，$AB = \frac{\sqrt{4-2\sqrt{2}}}{2}$ となる。AE は，$AE = AF - EF = AF - EB = AF - BC = \frac{\sqrt{2}}{2} - \frac{\sqrt{2}-1}{2} = \frac{1}{2}$ となる。AD は ∠BAE の二等分線なので，AB : AE = BD : DE が成り立ち，$BD = \frac{AB}{AB+AE} \times BE = \frac{\frac{\sqrt{4-2\sqrt{2}}}{2}}{\frac{\sqrt{4-2\sqrt{2}}}{2}+\frac{1}{2}} \times \frac{\sqrt{2}-1}{2}$ となり，計算すると $\sqrt{2} - \frac{(2+\sqrt{2})\sqrt{4-2\sqrt{2}}}{2}$ となる。よって，△ADB の面積は，$\frac{1}{2} \times AE \times BD = \frac{\sqrt{2}}{4} - \frac{(2+\sqrt{2})\sqrt{4-2\sqrt{2}}}{8}$ となる。

削除できる箇所の合計を求める。△ABC の大きさ 8 つは，$\frac{\sqrt{2}-1}{8} \times 8 = \sqrt{2}-1 \fallingdotseq 0.41$ となる。△ADB の大きさ 4 つは，$\left(\frac{\sqrt{2}}{4} - \frac{(1+\sqrt{2})\sqrt{4-2\sqrt{2}}}{8}\right) \times 4 = \sqrt{2} - \frac{(1+\sqrt{2})(4-2\sqrt{2})}{2} \fallingdotseq 0.11$ となる。これらを合わせると $0.41 + 0.11 = 0.52$ となり正方形の折り紙の約 52% を削減することができる。

(3) 三角形の重心を用いた 3 等分

三角形の**重心**とは，三角形の各頂点とその対辺の中点を結ぶ 3 つの線分の交点であり，1 点で交わる。また，それぞれの線分を**中線**といい，重心は中線を 2 : 1 の比で分割する。

オリガミクスによる線分の 3 等分問題は，中学校第 2 学年以降，幾何の学習内容の進展に伴い，様々な解法が存在してきた。ここでは，三角形の重心を用いた方法を紹介する。

A．重心解法 1

まず，図 3.65 のように，線分 AB，DC を 2 等分する点 E，F，線分 AD，BC を 2 等分する点 G，H，線分 EF と線分 GH の交点を点 I とする。続いて GE を結ぶ折り線と，GF を結ぶ折り線を引く。GF の中点を点 J として，点 E と点 J を通る折り線 EJ を引き，GH と EJ の交点を点 K とおく。点 K を通り，線分 AD に平行な折り線を引き，線分 AB との交点を点 L とする。このとき，点 L は，線分 AB を 3 等分する点となる。

〔証明〕
△GEF において，EI = FI，GJ = FJ より，GI と EJ の交点 K は，重心

3.3. 幾何教育の実践

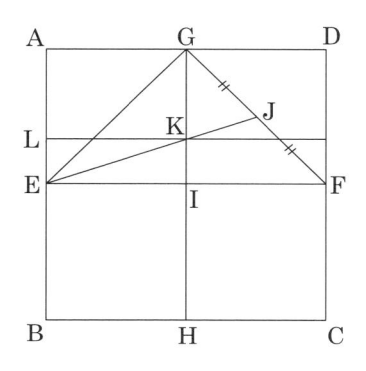

図 3.65 重心による三等分

となる．したがって，GI : GK = AE : AL = 3 : 2 となり，AB : AE = 2 : 1 となることから，AB : AL = 6 : 2 = 3 : 1 となり，点 L は線分 AB を 3 等分する点となる．

B. 重心解法 2

図 3.66 のように折り線を入れることで，三角形の重心を用いた 3 等分が可能となる．左図の場合，△ACE において，線分 EI と線分 AJ がそれぞれ対辺を二等分する直線となるので，点 K は △ACE の重心となり，点 L が線分 AB を 3 等分する点となる．真ん中図の場合，△AFE において，線分 FI と線分 AC がそれぞれ対辺を二等分する直線となるので，点 J は △ACE の重心となり，点 K が線分 AB を 3 等分する点となる．右図の場合，△IBF にお

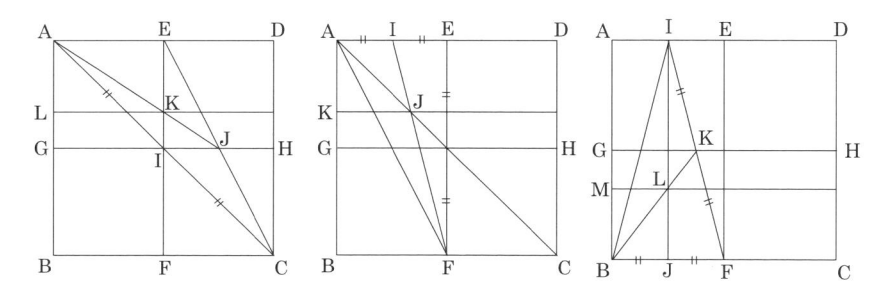

図 3.66 3 等分折り事例

いて，線分 IJ と線分 BK がそれぞれ対辺を二等分する直線となるので，点 L は △ACE の重心となり，点 M が線分 AB を 3 等分する点となる。

相似による解法の場合と同様，重心を用いた解法は，これ以外にも様々存在することから，新たな解法にチャレンジさせるとよい。

(4) 3 等分におけるエレガントな解法

辺の 3 等分におけるこれまで取り上げた解法以外にも，正三角形や直角三角形の性質を利用した解法が存在する。以下では，折り紙を用いて正三角形，直角三角形を作製する折り方を解説し，その後，辺の 3 等分の折り方について紹介する。

A．正三角形と直角三角形の折り方

図 3.67 の折り線を入れることで，正三角形と直角三角形の作製が可能となる。まず，AD を 2 等分する折り線を入れる。次に，点 C を固定した状態で，AD を 2 等分する線分上の位置に点 B を移動し，この点を点 E とする。線分 EC の折り線を入れる。同様に，点 B を固定した状態で点 C を点 E の位置に移動し，EB の折り線を入れる。

その結果，図 3.68 の折り線ができる。このとき △EBC は正三角形に，△FBC は辺の長さの比が FB : BC : CF = $1 : \sqrt{3} : 2$ となる直角三角形になる。

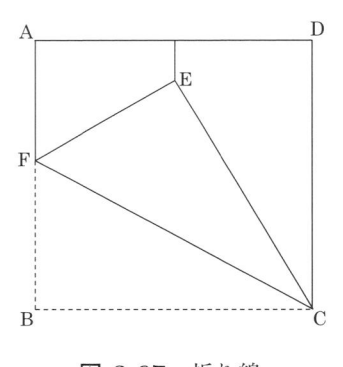

図 3.67 折り線

〔証明〕

BC = CE。点 E は，AD の垂直 2 等分線上にあるので，BC の垂直 2 等分線上にある。よって △EBC は正三角形である。

∠ECB は 60° であり，CF は ∠ECB を 2 等分する線分なので，∠FCB = 30° となる。∠FBC = 90°，∠BFC = 60° であるので，△FBC の辺の長さの比は FB : BC : CF = $1 : \sqrt{3} : 2$ となる。

3.3. 幾何教育の実践

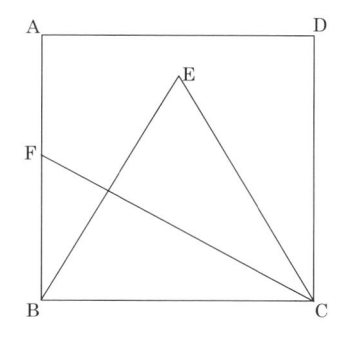

図 3.68 三角形作製

B. 直角三角形を用いた 3 等分（1）

図 3.69 の △FBC は，図 3.67 の折り線によってできる直角三角形である．これに点 B を FC 上に重なるように移動させて折り線 FG をつくる．このとき，点 G は BC を 3 等分する点となる．

〔証明〕

△FBC の辺の比は，FB : BC : CF = 1 : $\sqrt{3}$: 2 である．FG は，∠BFE を 2 等分する線分であるので，∠BFG = 30° となり，△FBC∽△GBF となる．△BFG と △EFG は重なるので，△BFG ≡ △EFG となる．△EFG と △ECG において，対応する 3 つの角の大きさが等しく，EG = EG のため，△EFG ≡ △ECG となる．よって BG : GC = 1 : 2 となり，点 G は線分 BC を 3 等分する点となる．

また，図 3.69 の点 G は，図 3.70 の点 C を点 F に重ねる折り線によっても求めることができる．

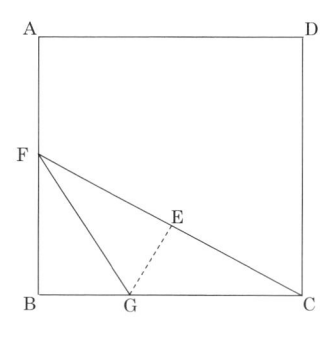

図 3.69 辺の 3 等分

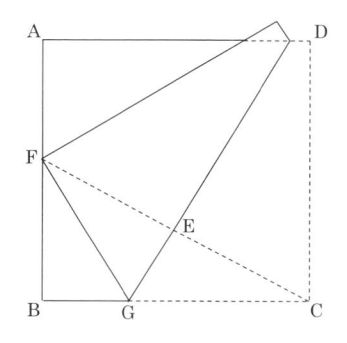

図 3.70 別の折り線

C. 直角三角形を用いた3等分（2）

直角三角形△FBC（図3.67）を折り，図3.71のように点CをBCの垂直2等分線とFCの交点Gに移動させて折り線をつくる。このとき，点IはBCを3等分する点となる。

〔証明〕

△FBCと△GECは相似であり，それぞれの辺の長さの比は$2:1$となる。また，△GECと△IJCは相似であり，$EC:JC=\sqrt{3}:1$となる。$JC:IC=\sqrt{3}:2=1:\frac{2\sqrt{3}}{3}$より，$EC:IC=\sqrt{3}:\frac{2\sqrt{3}}{3}=1:\frac{2}{3}$となって，点IはBCを3等分する点となる。

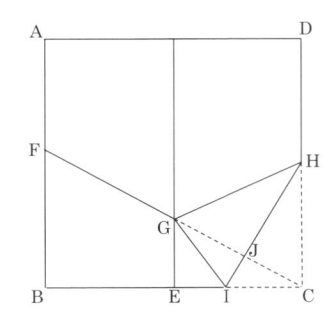

図 3.71 辺の3等分

D. 正三角形を用いた3等分

正三角形EBC（図3.67）を折り，図3.72のように点DをEC上に重なるよう移動させて折り線をつくる。点Dの移動した点を点F，AD上の折り線によってできた点をH，CD上の折り線によってできた点をGとする。このとき，点GはCDを3等分する点となる。

〔証明〕

△GFCにおいて，$\angle FCG=30°$，$\angle GFC=90°$より，$\angle FGC=60°$となる。よって，$FG:GC=1:2$となり，$FG=GD$より$DG:GC=1:2$となるため，点GはCDを3等分する点となる。

図 3.72 正三角形応用

高等学校の幾何の内容については，オリガミクスで十分にカバーできているわけではないが，本章の内容を応用して，発展的な内容を創造していくことにチャレンジしてほしい。

引用文献

文部科学省（2008）『中学校学習指導要領』東山書房，京都
文部科学省（2009）『高等学校学習指導要領』東山書房，京都

参考文献

阿部恒（2003）『すごいぞ折り紙』日本評論社，東京（初出：『数学セミナー』1980年7月号表紙）
芳賀和夫（1999）『オリガミクス I』日本評論社，東京，pp.44–48
黒木伸明（2005）「平面の幾何学」；横地清監修『新教科書を補う中学校数学発展学習教科書 第3巻／第3学年編』明治図書，東京，pp.88–108
文部科学省（2008）『中学校学習指導要領解説 数学編』教育出版，東京
文部科学省（2009）『高等学校学習指導要領解説 数学編』実教出版，東京
中込雄治（2005）「円の性質」；横地清監修『新教科書を補う中学校数学発展学習教科書 第2巻／第2学年編』明治図書，東京，pp.140–162
鈴木正彦（2010）「第6章図形」；黒田恭史編著『初等算数科教育法』ミネルヴァ書房，京都，pp.98–99
横地清編（1983）『図形・幾何の体系化と実践』ぎょうせい，東京，pp.1–32
横地清（2004）『小学生に幾何学を教えよう』明治図書，東京，pp.37–55
横地清（2006）『教師は算数授業で勝負する』明治図書，東京，pp.134–155

オリガミクス参考図書

　折紙やオリガミクスの数理に関する書物は，書店で数多く見つけることができる．以下，より深くオリガミクスを学びたい人のために，参考図書を挙げておく．
【折り紙編】
布施和子（1988）『立体からくり』誠文堂新光社，東京
笠原邦彦（2000）『最新・折り紙のすべて』日本文芸社，東京

【初級編】
阿部恒（2003）『すごいぞ折り紙』日本評論社，東京
芳賀和夫（1996）『オリガミクスによる数学授業』明治図書，東京
堀井洋子（1977）『折り紙と数学』明治図書，東京
堀井洋子（1991）『折り紙と算数』明治図書，東京
渡部勝（2000）『折る紙の数学』講談社（ブルーバックス），東京
【中級編】
伏見康治・伏見満枝（1979）「折り紙の幾何学」日本評論社，東京
芳賀和夫（1999）『オリガミクス I』日本評論社，東京
芳賀和夫（2005）『オリガミクス II』日本評論社，東京
川村みゆき（1995）『多面体の折紙』日本評論社，東京
ロベルト・ゲレトシュトレーガー『折紙の数学』森北出版，東京
トーマス・C・ハル（2005）『折り紙の数理と科学』森北出版，東京
【上級編】
ジョセフ・オルーク（2012）『折り紙のすうり』近代科学社，東京
日本応用数理学会監修（2012）『折紙の数理とその応用』共立出版，東京

研究課題

1. 中・高等学校で取り扱う幾何について，教育目標と指導の要点をまとめなさい。
2. 実際に折り紙を用いて，様々な法則を折り線で確認するとともに，数学的に証明しなさい
3. 中・高等学校の幾何の内容のうちから，オリガミクスを活用した実際の授業展開を考え，その有効性について検討しなさい。

第4章

関数・解析

4.1 中学校での関数・解析の教育内容

4.1.1 関数関係となる2変量の抽出（中1）

　最初に，関数を実在の現象との関わりから捉え，数学的にどのように表すのかを学習する．実在の現象に見られる変化に目をつけ，その質的な変化を量化して捉えられるようにすることがここでの大切な目的である．

　実在の現象からは多くの関数関係を見出すことができる．現行の教科書などにおいてもそのような例は数多く見られる．しかし，実際は関数の学習を終えた生徒にとっても，それらの現象変化を関数として見て，表やグラフに表現することは，決して容易ではない．

　例えば，以下のような問題を考えてみよう（Dyke, 1994）（図4.1）．

> 観覧車に乗った人の運動をグラフに表すと，どのようになりますか．もっとも適切なものを選びなさい．

　適切なグラフは b である．しかし，a や d のグラフを選択する生徒がいることが報告されている．

　つまり，目立つ変量と関連しあうもう1つの変量を抽出することに難しさが伴う．このような困難性を克服し，関数としてみる眼を養うためには，実際に事象からともなって変わる2つの数量を取り出すという活動を，積極的

に豊かに体験していることが重要となる。

例えば，自動車に乗って走っている状態を考えてみると，時間と走行距離，時間と速度，走行距離と目的地までの残りの距離，走行時間とガソリンの残量など，様々な「伴って変わる2つの数量」の関係を取り出すことができる。身近なまわりの事象の変化を関数として自らが取り出し表現していく学習を，生徒の主体的な活動として実現していくことが必要である。

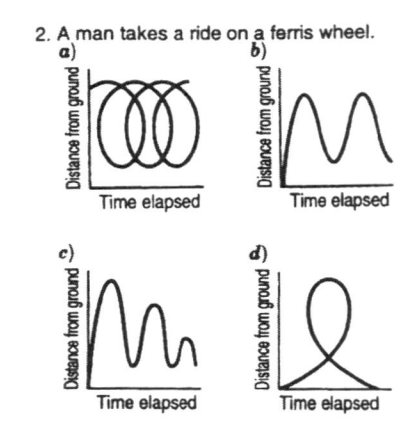

図 4.1　観覧車の問題 (Dyke, 1994)

実際に事象から関数を取り出すには実験や観察が必要になる。以前は，このような実験を適切に行うことに慣れや手間を必要とした。しかし，近年では，テクノロジーが発展し，例えばグラフ電卓とそれに接続するセンサーを用いれば，簡単にこのような実験を実現することができるようになった。センサーには，距離や温度，光量などを測定できるものがあり，グラフ電卓と接続することで時間と計測した量を表やグラフに表現することができる。身近な事象から関数を取り出す学習に効果的に活用できると考えられている。生徒の主体的な活動の実現のために，テクノロジーの活用にも積極的に取り組んでいきたい。

4.1.2　変化と対応（中1）

教科書などで用いられている関数の定義は，だいたい以下のようである。

> ともなって変わる2つの変数 x, y があって，x の値を決めると，それに対応して y の値がただ1つに決まる。このとき，y は x の関数であるという。

しかし，この定義をノートに写して覚えたところで関数について理解が深まったとはいえない。ここでは，関数の捉え方を次の3つに分けて考えることにする。

●共変的な捉え方
「x が 2 倍，3 倍になれば，y も 2 倍，3 倍になる」という変化に着目した捉え方

●対応的な捉え方
「x の 2 倍が y になる」というような要素の対応に着目した捉え方。ただし，事象に依存する対応関係のみが存在

●対象的な捉え方
事象から得られた要素の対応だけではなく，変数どうしの対応関係を理解できる。共変的な捉え方と，対応的な捉え方が統合されている。

児童は小学校第 4 学年からこれらの見方を学習していく。小学校ではまず，共変的な捉え方，つまり表を横にみる見方から導入し，しだいに対応的な捉え方を主として用いるようになっていく。第 6 学年で比例を定義するときには，対応的な捉え方で定義する。

しかし，この捉え方を児童が獲得するのには困難が伴うことが知られている。なぜなら，対応的な捉え方はいわば異種の量の比を前提としているからである。したがって中学第 1 学年生においても対応的な捉え方が十分でないことを想定して指導を行う必要がある。

具体的には，2 変量が変わっていく様子を対応づけて測定する。主たる変量の値の変化にともなって，従となる変量の値の変化がどのようになるかを調べ，現象の特徴をつかむようにする。このような活動をていねいに行う必要があるのである。

また，対象的な捉え方は主として中学校において扱われる。このことは小学校との学習の違いとして現れてくる。

例えば，小学校の教科書で使われている表は 1) であるが，中学校第 1 学年においては，表は 2) のようにかかれる。この相違は，小学校で扱う関数関係が基本的に事象から得られた要素の対応にとどまるのに対して，中学校では変数どうしの対応関係を扱うことによる。

1)

x cm	0	1	2	3	4
y cm	0	2	4	6	8

2)

x	$\cdots$	-3	-2	-1	0	1	2	3	$\cdots$
y	$\cdots$	-6	-4	-2	0	2	4	6	$\cdots$

また，反比例のグラフについては，小学校では表で示された数値の組のみ（点のみ）でかかれているが，中学校では連続した曲線でかかれている。

この違いも上述したものと同様の捉え方の相違から生じる。もちろん中学校の扱いを行うことで対象的な捉え方ができるようになるのであるが，生徒にとってこの捉え方は，容易に獲得されているものでないことを，指導者は理解し十分に配慮して指導しなければならない。

4.1.3 変化の割合（中2）

変化の割合とは，x の増加量に対する y の増加量の割合，すなわち

$$変化の割合 = \frac{y の増加量}{x の増加量}$$

をいう。

中学校第2学年で一次関数の変化の割合について学習し，第3学年では2乗に比例する関数について変化の割合を学習する。この変化の割合は，中学校の段階で完結するものではなく，いうまでもなく高等学校などでこれから学習する内容につながっていく。変化の様子を微小区間で捉えていくことになり，定められた区間における区間変化率（変化の割合）について理解していく。さらに，その区間を狭めていったときの極限値として微分係数が存在することを知り，それがグラフにおける接線の傾きを意味することを理解していくのである。

しかし，中学校の現行の学習指導要領の範囲での学習では，生徒がその見通しをもって学習することはなかなか難しい。だからこそ，教師が現在の学習がどのようにこれからの学習につながっていくか明確に意識をして指導することが求められる。

一次関数において変化の割合が一定であることは変化や対応の様子を特徴づけるものであり，グラフが直線になることの根拠としても扱われる重要な性質である．しかし，中学校ではその有用性は生徒にとって理解しづらく，何のために，何を求めているのかがわからなくなってしまう生徒も少なくない．

その原因として，一次関数 $y = ax + b$ の変化の割合は一定で a に等しいことから，変化の割合についてその有用性を感じにくいことがあげられる．さらに，どんな関数でも変化の割合は一定で a であると間違えて捉えてしまう生徒も少なくはない．

実際，その意味を理解しないで「一次関数の変化の割合は a のこと」と暗記して学習を進めていったとしても，中学校第2学年の学習を進めて行く間ではさほど困らない．それは，変化の割合が一定でないような他の関数に触れることがほとんどないからである．しかし，第3学年で変化の割合が一定でない関数 $y = ax^2$ を学習すると混乱してしまう．

この困難性を克服するためには，変化の割合が一定でない関数も取り上げることが考えられる．例えば，反比例を学習するときに変化の割合を導入しておき，一次関数の場合には変化の割合が一定であることが際立つように指導する．

変化の割合の理解を深め，一次関数ではそれが一定であることを理解するためには，一次関数だけを考察の対象にするのではなく，他の関数をも同時に扱っていくことが必要になってくる．場合によっては，2乗に比例する関数 $y = ax^2$ などを取り上げることも考えられるだろう．

4.1.4　関数の利用（中1・2・3）

現在の教科書においては，どの学年においても関数を利用する学習が重視されている．

これは，現行の学習指導要領の目標において「事象を数理的に考察すること」があげられていることとも関連している．『中学校学習指導要領解説 数学編』では，事象を数理的に考察することは，主に2つの場面で行われるとある．1つは，日常生活や社会における事象を数学的に定式化し，数学の手

法によって処理し，その結果を現実に照らして解釈する場合である。またもう1つは，数学の世界における事象を簡潔な処理しやすい形に表現し，適切な方法を選んで能率的に処理したり，その結果を発展的に考えたりすることである。

そして日常生活や社会において事象を数理的に考察する例として，実験や実測を通して得た具体的な資料を基にして予測することをあげている。例えば，水を熱し始めてからある温度になるまでの時間を知りたいとき，時間と水温の関係を調べてその結果をグラフに表し，おおむね直線上に並んでいることから一次関数とみなして予測することができるとある。

これを受けて現行の教科書では，関数を利用している例を多く取り上げている。そのこと自体は，現行の学習指導要領の観点からも望ましいものである。しかし，教科書の記述や授業実践の中には，題材は確かに日常生活や身近な事象を扱ってはいるが，必ずしも現実の課題を解決しているとはいえないものも少なくない。

関数の利用を指導するにあたって大切にしたいことは，現実の課題を解決することに関数を利用するという視点をしっかり持つことである。例えば，上記の予測の例では水を熱し始めてからある温度になるまでの時間を知るという現実の課題を解決している。

現実の事象から関数を取り出し，その取り出した関数を処理し，その結果を用いて現実の課題を解決する。関数の利用ではそのような学習が求められているのである。

単純な場面を想定する必要はあるが，人が横断歩道を渡り始めたとき，何m離れている車なら横断歩道の手前で止まることができるのかを考えるとする。

これを考えるには車の停止距離（空走距離＋制動距離）を求めなければならない。空走距離，制動距離はそれぞれ速度の関数とみなし，取り出すことができる。取り出した関数を処理することでそれぞれの時速のとき空走距離，制動距離を求めることができ，課題を解決することができる。実際の事象は複雑な場合が多く，このような活動をするためには単純化をする必要がでてくるが，現実の事象から関数を取り出し，その取り出した関数を処理し，その結果を用いて現実の課題を解決するということを経験することは大切である。

4.2 高等学校での関数・解析の教育内容

4.2.1 二次関数（高1）

ある調査では，二次関数は高校第1学年生が最も難しいと捉えている単元だということである。それは式変形やグラフの移動などの数学的な計算処理技能を多く要求される単元であるからだろうと考えられる。

そもそも歴史的に見ても，関数・解析は幾何・代数よりも後から発達した領域であり，幾何と代数が分科して別々に学ばれていたようにそれぞれ独自性があるのに比べて，関数・解析では幾何と代数の両方の要素が総合的に含まれているのである。つまり，グラフには図形の要素が含まれ，式表現には代数計算が求められる。

生徒は中学生のときから関数を学んできているが，そのときからすでに関数を苦手としている。関数で用いる文字には変数，未知数，定数という要素を使い分ける必要があることも，その難しさの要因であろう。たとえば，「放物線 $y = 2x^2 + 4ax - 3a - 1$ の頂点が第4象限にあるように，定数 a の値の範囲を求めよ」のような問題が扱われる。このとき，文字 a は定数ではあるが，変数のようにある変域をもつことになり，a についての二次不等式を解くことになる。自由自在に文字を操り，関数とはいえ，方程式や不等式の計算処理もできなければならない。

一般の二次関数のグラフを考えるときには，一般式 $y = ax^2 + bx + c$ を $y = a(x-p)^2 + q$ の形に変形し，放物線 $y = ax^2$ を x 軸方向に p, y 軸方向に q 平行移動したものとして捉える必要がある。このとき，x の二次式 $ax^2 + bx + c$ を $a(x-p)^2 + q$ の形に変形する代数計算の難しさ，および，グラフの平行移動と式の関係を捉える難しさがあり，形式的抽象的な計算処理についての理解をかなり求められることになる。

また，二次関数の最大最小においては，グラフの形状と x の変域に応じた判断が求められ，二重三重の場合分けによって答を求めるというように，思考が複雑化する中で間違うことなく解く必要がある。二次方程式，二次不等式の解の存在についても，判別式による場合分けなど，複雑な思考判断が必要となる。

このように，二次関数の単元では，高校数学の抽象的な思考の入門的な内容が詰まっており，ここで生徒たちの数学的思考の能力が試されることになる。中学数学での負の数，文字使用という壁と同じように，高校数学での二次関数は，高校数学をマスターするための大きな1つの壁になっているといえる。

したがって，数学教員はそのことに配慮して，生徒たちがこれらの困難を乗り越えやすいように，段階を踏んだ丁寧な指導を行っていけるように教材準備や指導の手立てを講じるようにしたい。

4.2.2 指数関数・対数関数（高2）

指数関数 $y = a^x$ を学ぶとき，変数 x，y は実数で連続量ということになるが，中学では 5^n のように指数 n を使うときには，n は自然数に限られている。そこで，指数 n を自然数から整数，有理数，実数へと拡張する必要がある。有理数へ拡張するときには，無限ということが問題になり，実数ということになれば，連続性が問題となって極限の概念も含まれてくる。しかし，極限や収束については数学 III の内容となるため，高校第2学年では十分な理解が難しい状況にあるといえる。

しかしながら，指数 x が有理数までについて指数法則を定義し，指数 x が無理数，実数についても同様に指数法則などが成り立つことを前提に，指数関数 $y = a^x$ を定義する。ここでは，同様に成り立つことがわかっていると，その客観的事実を知らせ，直感的に納得させるようにする。そして，指数関数のグラフ，指数関数の性質を指導する。

次に，平方根を考えたときと同じように，指数の逆として対数を指導し，対数の性質を扱う。対数では積の計算が和の計算に代わることは重要である。対数を考え出した数学者ネピアは，a, b の積 ab を求めるとき，a と b をそれぞれ $q^\square$ の形に直してから計算し，答えを $q^\square$ の形から元に戻すという方法を考えたらしい。大きな数の計算，特に乗法の計算では，対数を用いることが有用であった。実際，今のように計算機が普及する以前は，対数の原理を利用した計算尺が広く普及し，中等学校でもその使い方が指導されていた。し

たがって，対数の必要性も生徒に実感されやすいものであったといえる。計算尺を目にすることもなくなった現在では，その意味での価値は生徒に伝えにくくなったといえる。

対数の性質に続いて，対数関数 $y = \log_a x$ を扱い，そのグラフと性質を教える。ここでは，底 a が $a > 1$，$0 < a < 1$ の 2 つの場合に分けて，指数関数 $y = a^x$ のグラフと直線 $y = x$ に関して対称であることを指導する。

指数関数の利用場面については，バクテリアの増殖や放射性物質の崩壊などの自然現象や，薬を服用してからの体内残量の推移など，いくつかの具体的事例がある。対数関数の利用場面については，音の強さの単位（デシベル）や星の明るさの単位（等星），地震の規模を表す尺度（マグニチュード）など，人間の感じ方の尺度に対数が活用されている事例がある。これらの具体的利用場面をうまく提示し，生徒に指数対数関数の有用性を認識させるようにしたい。

4.2.3　三角関数（高 2）

三角関数は，高 1・数学 I の B 図形領域の三角比の学習を受けて，より一般化した関数として取り扱うことになる。角度は，正負の符号をつけて一般角として実数の範囲で扱い，弧度法によりラジアン単位を用いることになる。そして，一般角 θ の三角関数 $y = \sin\theta$，$y = \cos\theta$，$y = \tan\theta$ を扱い，それら三角関数の相互関係，三角関数の性質を教え，三角関数のグラフをかかせる。周期関数や漸近線という概念も指導されることになる。

さらに，三角関数の加法定理，2 倍角の公式，半角の公式，三角関数の合成を取り扱う。発展として，和を積に，積を和に直す公式も紹介されるかもしれない。

このように三角関数のところでは，多くのことを理解せねばならず，出てくる公式も多岐にわたり，たくさんあるため，混同することなく理解し覚えておく必要がある。したがって，三角関数については，受験問題に絡んだ複雑な問題も多く，苦手意識をもつ生徒も多いので，1 つ 1 つ丁寧に確実に理解を積み重ねていくことが重要である。急ぎすぎて，何が何か訳がわからな

くなって混乱してしまわないように注意しなければならない。

　三角関数の利用については，教科書でほとんど扱われていない。コラムで，音の波形について波の干渉が紹介されている程度である。しかし，物理における音や光の波の内容など，具体的な事象との関連で三角関数を用いて表現できるものも多いことから，その有用性を認識させるようにしたい。水槽の中で波を作りその波形を写真・ビデオなどで写し取り，それを三角関数のグラフで近似したり，グラフ電卓・音センサーを用いて直接グラフ化したものを三角関数で近似したりするなど，具体的な現象と三角関数の接点を知らせる活動を少しでも取り上げられるとよい。

4.2.4　微分・積分の考え（高2）

　数学IIの最後は，微分・積分の考えである。微分積分は運動力学に欠かせない数学概念といえる。運動体の時間と距離の関数を微分することは，その瞬間の変化率，つまり瞬間速度を表し，時間と速度の関数を積分することは，総移動距離を求めることになる。よって，微分は分析的思考，積分は総合的思考ともいわれている。微分は微小部分における変化の極限を求め，積分は区分求積法のように各値を積算した総面積を求めるというように，ものごとを考えるときの分析的総合的な思考力を身に付けることが微分積分の学習の重要なねらいといえる。

　中学校第2学年生で変化の割合を学習し，中学校第3学年生で平均の速さを学習するものの，生徒の変化の割合についての理解は不十分な状況にあることが，学力調査などから指摘されている。その原因は，事象現象のイメージを持たずに式とグラフだけから教えられた生徒が多いことにある。例えば，線香を燃やす実験を体験していれば，変化の割合は1分あたり何cm燃えるかの割合を示しているという関数のイメージができ，変化の割合を明確に実体化することができる。これは，小学校で習う速さ，密度などの複合量（内包量ともいう）を理解できていない子どもが多いということにも遡る。速さの概念が，公式の丸暗記に終始し，実態をともなった概念形成に至っていない子どもがかなりいるということである。

ここでは，斜面を転がる球の現象などから，平均の速さ，つまり平均変化率を指導し，その極限値として瞬間速度，つまり微分係数を指導し，さらに，微分係数を一般化して，導関数を定義する。そして，関数のグラフを考えたときには，微分係数は接線の傾きとなり，その符号により関数の値の増加・減少を特徴づけることを理解させ，導関数の正負の符号から，元の関数の極大・極小，最大・最小を調べることを指導する。実物による具体例としては，正方形の厚紙の 4 すみから合同な正方形を切り取ってできる箱の容積の最大値，円錐に内接する円柱の体積の最大値などがある。

積分については，微分の原始関数として不定積分を定義し，不定積分の差として定積分を定義する。そして，定積分の性質，微分と定積分の関係を指導し，最後にグラフにおける面積がこの定積分で求まることを指導する。この指導の流れは，数学的には指導しやすく能率的であるが，形式的抽象的な思考となるため，積分の概念イメージが捉えにくいものとなる欠点もある。そのため，区分求積法の考えに基づいて定積分の定義を行い，直観的に理解させる指導が行われている場合もある。

いずれにせよ，微分の概念と積分の概念，それらの関係を的確に理解させることが最も重要なことである。

4.2.5 微分法（高 3）

数学 III では，関数の和・差・積・商の導関数と，合成関数の導関数と，指数関数，対数関数，三角関数，分数関数および無理関数などの導関数を学習する。さらに，導関数つまり微分係数を用いた接線の傾きから接線の方程式，第 1 次導関数の符号によるグラフの増減と極大極小，第 2 次導関数を用いたグラフの凹凸，そしてグラフの概形などが扱われる。

また，利用としては，直線や平面上の点の運動についての速度や加速度，媒介変数で表された関数の導関数，関数の近似式などが扱われる。

例えば，関数 $f(x) = x + 2\sin x \ (0 \leqq x \leqq 2\pi)$ の極値を求めよという問題では，次のように解答する。

$f'(x) = 1 + 2\cos x, \ f''(x) = -2\sin x$ だから，$f'(x) = 0$, すなわち，

$\cos x = -\frac{1}{2}$ となる x の値は，$x = \frac{2}{3}\pi, \frac{4}{3}\pi$。このとき，$f''\left(\frac{2}{3}\pi\right) = -\sqrt{3} < 0$，$f''\left(\frac{4}{3}\pi\right) = \sqrt{3} > 0$。よって，$x = \frac{2}{3}\pi$ で，極大値 $f\left(\frac{2}{3}\pi\right) = \frac{2}{3}\pi + \sqrt{3}$，$x = \frac{4}{3}\pi$ で，極小値 $f\left(\frac{4}{3}\pi\right) = \frac{4}{3}\pi - \sqrt{3}$ をとる。

　この解答では，三角関数の導関数，導関数の符号によるグラフの増減と極大極小がわかっていれば，機械的，形式的に解けることを示しているが，実際にどのような関数のグラフになっているのかは，すぐにはわからない。

　そこで，関数グラフソフトの例えば Grapes を用いて，グラフをかいてみると，図 4.2 のようになる。関数 $y = x$，$y = 2\sin x$ の合成関数で，グラフの概形を考えることもできるが，複雑になるため，ICT 機器を用いてグラフの形状を把握できれば，指導の能率はよくなる。このように，関数のグラフを扱った問題では，必要に応じて ICT 機器を活用し，生徒の理解をより確実なものにしていくことが大切である。

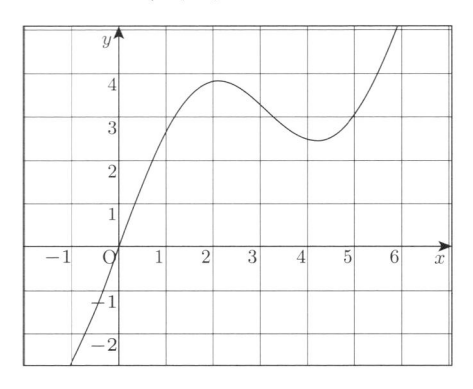

図 4.2 関数のグラフ

4.2.6　積分法（高3）

　数学 III の積分法では，不定積分，定積分，面積，体積，曲線の長さを取り扱う。不定積分では，x^a の不定積分（a は実数），不定積分の性質，指数関数の不定積分，三角関数の不定積分，三角関数の積を和に直す公式，置換積分法，部分積分法を扱い，定積分では，定積分の定義，定積分の性質，定積分の置換積分法，偶関数と奇関数の定積分の性質，定積分の部分積分法，微分と積分の関係，区分求積法と定積分の関係，定積分と不等式などが扱われる。

　面積については，曲線や直線のグラフ，x 軸などで囲まれた部分の面積，媒介変数で表示された曲線と x 軸で囲まれた部分の面積などが扱われ，体積については，回転体の体積などが扱われ，曲線の長さについては，円やサイク

4.2. 高等学校での関数・解析の教育内容

ロイドの長さ，曲線 $y = f(x)$ の長さなどが扱われる。

たとえば，半径 r の球の体積 V を求める場合，球の中心 O を原点として，x 軸をとり，$-r \leqq x \leqq r$ のとき，x 軸上の座標 x の点を通って，x 軸に垂直な平面による球の切り口は，半径 $\sqrt{r^2 - x^2}$ の円である（図 4.3）。

この切り口の面積 S(x) は，

$$S(x) = \pi(r^2 - x^2)$$

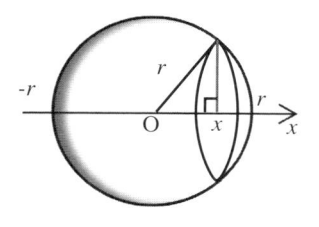

図 4.3 球の体積の求め方

よって，求める球の体積 V は，

$$V = \int_{-r}^{r} \pi(r^2 - x^2)dx = \pi\left[r^2 x - \frac{x^3}{3}\right]_{-r}^{r} = \frac{4}{3}\pi r^3$$

となる。

また，円の長さを求める場合には，半径を r として，円 $x = r\cos\theta, y = r\sin\theta$ ($0 \leqq \theta \leqq 2\pi$) の長さ L は，

$$L = \int_0^{2\pi} \sqrt{\left(\frac{dx}{d\theta}\right)^2 + \left(\frac{dy}{d\theta}\right)^2}d\theta = \int_0^{2\pi} \sqrt{(-r\sin\theta)^2 + (r\cos\theta)^2}d\theta$$
$$= \int_0^{2\pi} r\,d\theta = 2\pi r$$

となる。

このように積分を使えば，様々な長さ，面積，体積が求められるため，小学校や中学校で習った公式が正しいことを，ここで再確認できる。

4.3 関数・解析教育の実践

4.3.1 中学校第1学年での実践／ともなって変わる2変量の抽出

関数教育の基礎となるものは変化と対応である．数量が変わっていく事象現象を見たときに，変量を抽出できるかどうか，また，それら変量の中から主変量（独立変数）と従変量（従属変数）を見出すことができるかどうか，そこから関数概念がスタートすると考えてよい．

したがって，事象現象の中から，ともなって変わる2変量を抽出する授業場面の設定は重要なものといえる．小学校での折れ線グラフの学習などを通して，ものごとの変化を増える（増加），減る（減少）などと区別して捉えることを学んでいるが，関数としての認識はまだまだ不十分な状況にあるといえよう．

ここでは，身の回りの事象現象を通して，「変数」や「AはBの関数である」という用語の意味を理解させ，そのように正しく表現できるようになることを目指した，関数の導入場面の教育実践を紹介する．

指導展開（2時間）

最初に，次のような問題場面を提示する．

> 問題　イチロー君のおじさんは，自動車で京都の自宅から石川県の親戚の家まで行きました．
> 　このとき，次の問を順に考えましょう．
> (1) 変わっていく数量（変量）には，どのようなものがあるでしょう．
> (2) ともなって変わる2変量は，何と何でしょう．

(1) まず，車が走っている状況を想像させ，そのとき変わっていくものは何かを自由に考えさせる．すると，景色，天気，疲れ，気分，スピード，気温，ガソリン量，路面，車線数，走行距離，目的地までの距離，車輪の回転数，エンジンの回転数，車の総走行距離，音，空気，…など，生徒は思いついたものをいろいろ挙げてくる．生徒は時間という変量には気付きにくいので，必要なら教師側から誘導して，時間という変量，つまり，時刻や，走り始めて

4.3. 関数・解析教育の実践

からの時間，到着までの時間なども挙げておくようにしたい。

そこで，数量とは何か，質と量の違いが問題となる。ここでは明確に数値化できるものに限定することにし，景色や路面の状態，空気などは除くことにする。つまり，変わっていく数量（変量）は，

　　　変数：スピード，気温，ガソリン量，車線数，走行距離，
　　　　　　目的地までの距離，車輪の回転数，エンジンの回転数，
　　　　　　車の総走行距離，音量，出発からの時間，到着までの時間

とする。

(2) 次に，上記の変量のうち，ともなって変わる2変量は何と何かを考える。「$\boxed{A}$ にともなって $\boxed{B}$ が変わる」というフレーズに当てはまる2変量A，Bを挙げるのである。すると，

　　　　$\boxed{\text{車輪の回転数}}$ にともなって $\boxed{\text{走行距離}}$ が変わる
　　　　$\boxed{\text{走行距離}}$ にともなって $\boxed{\text{ガソリン量}}$ が変わる
　　　　$\boxed{\text{出発からの時間}}$ にともなって $\boxed{\text{到着までの時間}}$ が変わる
　　　　$\boxed{\text{スピード}}$ にともなって $\boxed{\text{音量}}$ が変わる

など，いろいろな例が挙げられる。初めは，可能そうなものはすべて取り上げることにする。

そこで，ともなって変わる2変量として，車輪の回転数と走行距離を例にとり，対応関係を示す集合図を用いて，次のように示す（車輪の外周を1.5 mとした場合）。

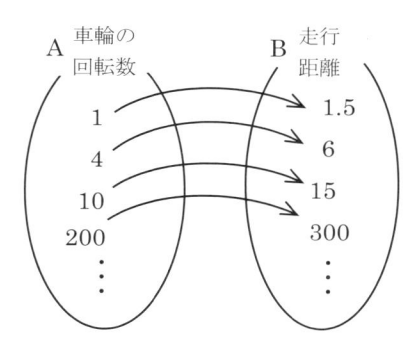

```
       A 車輪の          B 走行
         回転数            距離

           1  ─────→    1.5
           4  ─────→    6
          10  ─────→    15
         200             300
           ⋮              ⋮
```

そして，A の値を決めると，それにともなって B の値が<u>ただ1つ決まる</u>と

き，B は A の関数であるということを知らせ，この用語を用いて改めて関数関係を表現する。つまり，

走行距離 は 車輪の回転数 の関数である
ガソリン量 は 走行距離 の関数である
到着までの時間 は 出発からの時間 の関数である
⋮

といった具合である。

ここで，ちょっと留意したいことは，一定の条件設定をした上で考えないと，厳密には問題が生じるということである。たとえば，上述の「ガソリン量は走行距離の関数である」といっても，その車の走り方によって多少，いやかなり変わるということである。走行距離を決めても，ガソリン量はただ1つに決まるとはいえない。車の車種や，エコ運転かスポーティな加速運転か，運転技術などによって変わるのである。したがって，1 リットル当たり 12500 m の走り方で進む，あるいは平均の燃費は 12.5 km/L である，といった条件設定を前提にしなければならない。

また，「到着までの時間は出発からの時間の関数である」という場合だと，出発から到着までに 3 時間 20 分かかったんだとかいう事実，つまり条件設定を決めておく必要がある。日常生活場面を取り上げた数学問題では，これらの条件設定は暗黙の了解となっていることも多い。答えを得るためには，当然そうなんだろう，そのはずだという暗黙の了解である。ただ，ここでは関数概念を明瞭に理解するため，条件設定についても明確に触れておく方がよい。

続いて，既習の表やグラフというものは，関数を表現する 1 つの方法であることを確認しておく。前述の事例の場合について，表やグラフに表すと，次のようになる（図 4.4）。

車輪の回転数 (x 回)	0	1	4	10	200	⋯
走 行 距 離 (y m)	0	1.5	6	15	300	⋯

さらに，車輪の回転数を x 回，走行距離を y m と文字で表したとき，小学校で既習の式表現に表すと，

$$x \times 1.5 = y$$

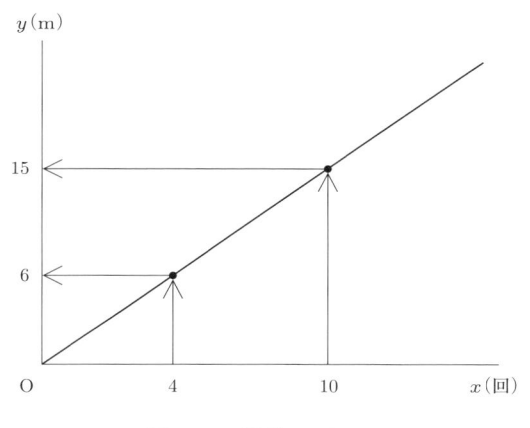

図 4.4 関数のグラフ

だから，中学校で習った文字式表現にすると，

$$y = 1.5x$$

というように関数を式に表わすことができることをまとめる．

このようなとき，y は x の関数であるということにも触れておく．

次に，文字 x, y を用いて関数を式に表す問 1 をする．

問 1　次の関数について，y を x の式に表してみよう．
(1) おじさんが燃費 12.5 km/L の車で走っています．ガソリン使用量が x L のとき，その走行距離は y km である．
(2) おじさんは京都から石川まで行くのに 3.5 時間かかりました．出発から x 時間たったとき，到着までの時間は y 時間である．
(3) おじさんは自宅から親戚の家までの 320 km を，時速 x km で走ると y 時間かかった．

解答は，(1) $y = 12.5x$，(2) $y = 3.5 - x$，(3) $y = \frac{320}{x}$ である．

ここで使った文字 x, y のように，いろいろな値をとる文字を変数と呼ぶことを知らせる．

最後に，関数かどうかの判断や式化をふくんだ問 2 をする．

> 問2　次のうち，y が x の関数であるものはどれですか。
> (1) A市から30 km 離れたB市にいくとき，進んだ道のりが x km であれば，残りの道のりは y km である。
> (2) 毎分4Lの割合で，水そうに水を入れるとき，x 分間にはいった水の量は y L である。
> (3) x 歳の人の身長は y cm である。
> (4) 半径 x cm の円の面積は，y cm^2 である。

y が x の関数であるものは，(1)，(2)，(4) である。そして，式に表せるものは，(1) $y = 30 - x$, (2) $y = 4x$, (4) $y = \pi x^2$ となる。

この教育実践では，「変われば変わる」，「決まれば決まる」という関数の基本概念の定着をはかるように，中学校第1学年生の比例反比例の単元の初めに指導を試みたものである。ただ，第2学年生の一次関数の単元や第3学年の関数 $y = ax^2$ の単元でも，この関数概念の基本は繰り返し指導し，定着をはかっておくことが重要である。

4.3.2　中学校第1学年での実践／比例・反比例の利用

比例，反比例の具体的な事例は多く存在する。たとえば，速さ v で t 時間進んだときの道のりを s とすると，$s = vt$ という関係式が成り立つ。このとき，何を定数にするかによって，関係式は比例とも反比例とも捉えることが可能である。速さ v を定数とすれば，s は t に比例する関数となるし，道のり s を定数とすると，v は t に反比例する関数となる。したがって，比例関係にある現象は，捉え方を変えれば，反比例として見ることができるものともいえる。

ここでは，上述のような簡単な比例・反比例の具体的な利用事例を扱った後，少し複雑な具体的事例として，在庫調整の利用教材を取り扱うことにする。これは現実的な場面に数学を利用する際の数学的モデリングの教材といえる。

指導展開（2時間）

問題場面は，次のように提示する。

4.3. 関数・解析教育の実践

> **問題** ある自転車販売店では，年間 540 台の自転車を販売している．製造会社への自転車の発注には，台数に関係なく 1 回あたり 12 万円の発注費用がかかる．また，販売店の倉庫には年間を通して 1 台あたり 3 万円の年間保管費用がかかる．
> (1) 1 回の発注台数を x 台とするとき，1 年間の発注費用 P 万円はどのような関数になるか．
> (2) 1 回の発注台数を x 台とするとき，1 年間の保管費用 S 万円はどのような関数になるか．
> (3) 年間の発注費用と保管費用の合計（年間総費用）を最も少なくするには，年間の発注回数を何回にすればよいだろうか．

数学的モデリングの問題解決に慣れた生徒たちであれば，グループごとに相談して問題解決活動に当たらせてもよい．その場合，教師は生徒の疑問に対して適時支援活動を行えばよいだろう．

ここでは，一斉授業の中で教師と生徒が相談しながら，個々の生徒が順に問題解決に当たって行くものとする．

(1) まず問題の状況理解から始める．具体的な数値を決めて，具体的に考えることが大切である．1 回に 10 台を発注したとすると，年に何回発注しなければならないだろうか．

$$540 \div 10 = 54 \,(回)$$

だから，年間 54 回の発注が必要となる．1 回の発注には 12 万円の発注費用がかかるから，1 年間の発注費用は，

$$54 \times 12 = 648 \,(万円)$$

だから，648 万円となる．

したがって，一般に 1 回の発注台数を x 台とする，年間の発注回数は，

$$540 \div x \,(回)$$

1 年間の発注費用 P 万円は，

$$P = 540 \div x \times 12$$

つまり，$P = \frac{6480}{x}$ という関係式になり，P は x に反比例することになる。念のためにグラフ（図 4.5）をかいて確認しておく。グラフは手書きで概形をかいてもよいし，グラフ作成ソフト Grapes やグラフ電卓を用いてかいてもよい。

グラフは右のようになるので，確認しておきたい。

ここでは，1 回の発注台数が多いほど，年間の発注費用は安くなることを捉えておく。

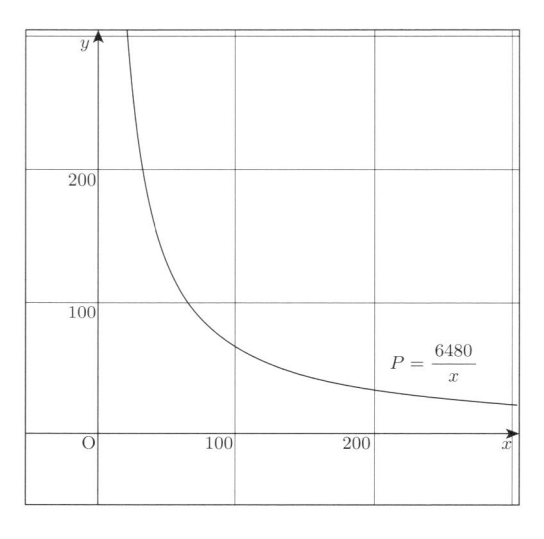

図 4.5　発注台数と発注費用の関係

(2) 保管費用はどのように計算すればよいのだろうか。まず具体的な数値で状況を把握させる必要がある。1 回に 90 台を発注したとすると，年間 6 回の発注が必要となり，倉庫の在庫は図 4.6 のように変わることになる。もちろん，この図では毎日一定の割合で自転車が販売され，在庫が一定の割合で減っていくことを条件として設定している。

在庫の量は，90 台から 0 台，90 台から 0 台，…と繰り返し単調に変化することがわかるが，保管費用としてはその平均をとり，常に 45 台の保管があるものと考えて計算する。つまり，年間の保管費用は，

$$(90 \div 2) \times 3 = 135 \,(万円)$$

だから，135 万円ということになる。

4.3. 関数・解析教育の実践

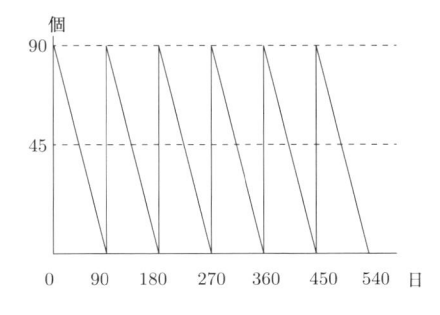

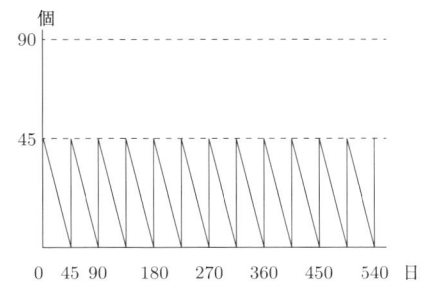

図 4.6 1回90台発注の場合の在庫　**図 4.7** 1回45台発注の場合の在庫

したがって，一般に1回の発注台数を x 台とする，年間の保管費用 S 万円は，

$$S = (x \div 2) \times 3$$

つまり，$S = 1.5x$ という関係式になり，S は x に比例することになる。

グラフは図4.8のようになるから，1回の発注台数が増えるほど，年間の保管費用は高くなることになる。

変域を確認しておくと，

$0 \leqq x \leqq 540$，整数

$0 \leqq y \leqq 810$，整数

ということになる。

現実場面の問題では，変域を把握しておくことは問題解決の重要なスキルといえる。

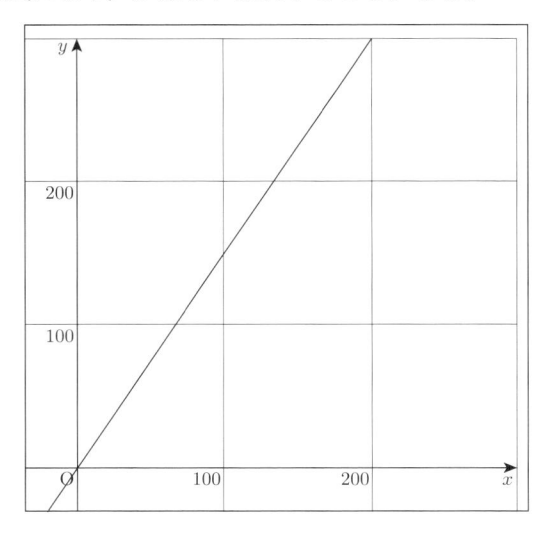

図 4.8 発注台数と年間保管費用

(3) 年間の発注費用と保管費用の合計（年間総費用）は，どのように求めればよいだろうか。高校生なら上記の反比例と比例の和として合成関数をすぐに

表 4.1 自転車の在庫管理にかかる費用

年間発注回数（回）	1回の発注個数 x（個）	年間発注費用 $P=\frac{6480}{x}$（万円）	年間保管費用 $S=1.5x$（万円）	年間総費用 $P+S$（万円）
1	540	12	810	822
2	270	24	405	429
3	180	36	270	306
4	135	48	203	251
5	108	60	162	222
6	90	72	135	207
7	77	84	116	200
8	68	96	101	197
9	60	108	90	198
10	54	120	81	201
11	49	132	74	206
12	45	144	68	212

考えればよいが，ここでは対象が中学校第1学年生なので，まずは表にして求めることにする（表4.1）。

計算は筆算でも可能であるが，電卓を利用する方が能率的だろう。

この表をもとに考えると，1回の発注個数が68個，より正確にいえば67.5個のときが，年間総費用は最も少なくて197万円，より正確にいえば197.25万円ということになる。現実には小数値の発注個数はありえない

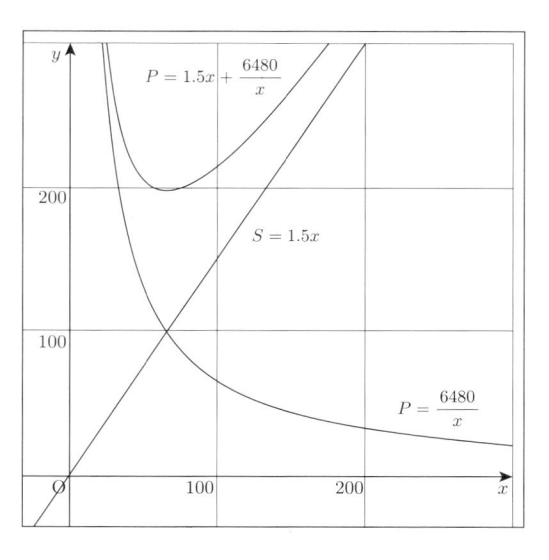

図 4.9 3つのグラフの関係

のだから，1回の発注個数は整数値68個と考え，そのとき年間総費用は最小となって約197万円という判断をすればよい．

最後に，グラフ作成ソフトGrapesやグラフ電卓を用いて，年間総費用も含めた3つのグラフをかき，グラフをトレースすることにより$P+S$が最小値となるxの値を確かめておきたい（図4.9）．合成関数は高校の教材であるが，具体的事例をもとに考える場合，中学生にとっても和の関数として自然に理解されるから，このような関数の存在を認識させておくことは，先での高度な関数学習へと繋がっていくものと考えられる．

4.3.3　中学校第2学年での実践／一次関数の導入

関数については，第1学年において，関数の意味や比例・反比例について学習している．第2学年においては，いろいろな事象の中から一次関数を見出し，式，表，グラフを通して一次関数の変化の様子を調べていくことになる．

ここで紹介する一次関数の導入場面では，一次関数の意味を理解し，身の回りの事象の中から，一次関数を見つけることができるようにすることがねらいとなる．一次関数の意味を理解するためには，変化や対応についての見方や考え方をいっそう深めること，比例との違いに着目させ考察することが重要である．

また，事象の中から一次関数を見出すために，ここでは実際の現象の中から実験を行うようにする．線香を燃やす実験を実際に行い，この場面でのxとyの関係について話し合ったり，発表したりする活動を取り入れることとする．線香の実験は比較的誤差の少ないデータが得られる．取り出したデータの関係を式に表し，一次関数を定義する．そして，同じような様々な場面から一次関数を取り出したり，いろいろな関数の式から一次関数を選んだりしながら一次関数の理解を深めていく．

具体的なこの指導の目標は以下の通りである．

〔指導目標〕
・具体的な事象から見出した関数関係には，比例で表されないものがあることを説明することができる．

・一次関数の意味を理解し，式に表すことができる。
・関数を表す式から一次関数を見出すことができる。

指導展開（1時間）

最初に次のような問題場面を提示する。

線香に火をつけたとき，線香が短くなっていく様子を観察しましょう。
ともなって変わる2つの数量は何と何でしょう。
---

(1) まず，線香に火をつけ，燃えていくときにともなって変わる2つの数量は何か自由に考えさせる。

子どもたちは，以下のようなともなって変わる2つの数量を見つけ出してくるだろう。

　　線香に火をつけてからの時間　と　残りの線香の長さ
　　線香に火をつけてからの時間　と　燃えた線香の長さ
　　燃えた線香の長さ　と　残りの線香の長さ
　　　　　　　……と……

次に，上記のそれぞれのともなって変わる2つの数量の関係はどのようなものかを問いかける。今まで学習してきた関数関係を想起させ，どのような関係かを予想させるのである。生徒は，中学校第1学年で学んだ関数，比例や反比例のことをふり返りながら関係を予想していくだろう。

・残りの長さはだんだん減っていくから反比例ではないだろうか。
・残りの長さは同じように減っていくだろう。だから比例ではないかな。

その後，その関係を確かめるために実際に線香に火をつけてからの時間と，残りの線香の長さとの関係を調べる実験をする。実際に実験をしてデータを測定し，計測したデータをまとめた表を提示する（表4.2）。火をつけてからの時間をx分，残りの線香の長さを$y$mmとして，xとyの関係を表にまとめたものである。

あわせて，線香に火をつけてからの時間と燃えた線香の長さの関係についても表にまとめる（表4.3）。火をつけてからの時間をx分，燃えた長さを$y$mm

4.3. 関数・解析教育の実践

表 4.2 線香に火をつけてからの時間と残りの線香の長さの関係

x	0	1	2	3	4	5	6	7
y	21	18	15	12	9	6	3	0

表 4.3 線香に火をつけてからの時間と燃えた線香の長さの関係

x	0	1	2	3	4	5	6	7
y	0	3	6	9	12	15	18	21

とする。

燃えた線香の長さと残りの線香の長さの関係についても表にまとめる（表4.4）。燃えた線香の長さを x mm，残りの線香の長さを y mm とする。

表 4.4 燃えた線香の長さと残りの線香の長さの関係

x	0	3	6	9	12	15	18	21
y	21	18	15	12	9	6	3	0

この活動によって生徒は，線香が燃えていくという現象から，ともなって変わる2つの数量の関係を見出したといえる。実際に授業では必ずしもこの3つの関係を必ず扱わなければいけないわけではない。教師は子どもの実態に合わせて授業を構成し進めるべきである。

(2) 次に，提示した表4.2，4.3，4.4の3つの表からそれぞれの関係について気づいたことを自由に話し合う。3〜4人のグループをつくり話しあわせることも効果的である。生徒は次のような考えを出し合うだろう。

・どの表においてもその変化には一定の規則性がある。
・残りの線香の長さ y が時間 x とともに変化する。
・表4.2と表4.4は x が増えると y が減っている。表4.3は x が増えると y も増えている。
・表4.2では x が1ずつ増えているのに対し，y の値は3ずつ減っている。表4.4では x が3ずつ増えているのに対し y は3ずつ減っている。x が1ず

つ増えるとすると……
・比例や反比例の表とは違う。
・表 4.2 の x と y の関係を式に表すと，……，表 4.3 では……

上下に対応している数に着目するという表の見方は生徒から出てくることが予想される．次第に生徒は対応の視点で関係を捉えていくだろう．

(3) 今度は話し合った関係をそれぞれ x と y の関係式に表していく．
　表 4.2 の関係は 21 から燃えた線香の長さを引いたものであること，表 4.4 の関係は燃えた線香の長さと残りも線香の長さを足したものが 21 になることを確認する．
　y を x の式で表すと，次のようになる．

$$\text{表 4.2} \quad y = 21 - 3x$$
$$\text{表 4.3} \quad y = 3x$$
$$\text{表 4.4} \quad y = 21 - x$$

　表 4.2, 表 4.4 の関係を表す式は，それぞれ x の一次式であり，$y = -3x + 21$，$y = -x + 21$ とかくことができることを確認する．
　その後，以下の一次関数の定義を学習する．

$y = -3x + 21, y = -x + 21$ のような y が x の一次式で表されるとき，y は x の一次関数であるという．

　続いて，一次関数は，一般に $y = ax + b$（a, b は定数）の形の式で表されること，一次関数 $y = ax + b$ は x に比例する部分 ax と定数 b の和の形になっていることを理解する．特に，$b = 0$ の場合，$y = ax$ となり比例の関係になり，比例は一次関数の特別な場合であることを押さえておく．つまり，表 4.3 の関係も $y = 3x + 0$ となり，一次関数の特別な場合となる．
　このあと，身近にあるいろいろな一次関数になる場面から式を作ることや，式の形を根拠とした一次関数を弁別したりして，一次関数の理解を深めてい

く．特に，生徒は，$y = \frac{4}{x}$ や $y = \frac{x}{3}$ のような形の式を一次関数かどうか見分けるときに，間違いやすいので丁寧に指導する必要がある．

4.3.4　中学校第3学年での実践／関数 $y = ax^2$ の導入

第1学年で関数の意味と比例，反比例を，第2学年では一次関数について学習してきた．しかし，身の回りの現象の中にはこれらの関数では表現できないものがある．その1つとして二次関数があるが，中学校第3学年では x と y の関係が $y = ax^2$ で表される場合，つまり2乗に比例する関数のみ扱うことになっている．この学習では，既習の関数との比較を通して，新しい関数を事象から見出していくことを大切に指導したい．

関数領域では自然現象や社会事象を数学的に解明するものとして解析学を捉え，この立場から指導することの重要性を，これまでも繰り返し述べてきた．この学習においても同様の立場から実際に実験をすることを通して新しい関数を見出すように指導を進めていくことが大切である．

日頃実験をしない数学科の教師にとって，より正確なデータを得るためには，予備実験などを繰り返す必要がある．環境の整備とともに，授業で実際に実験を行うには相当な努力を必要とする．しっかり準備して授業にのぞみたい．

指導展開（2時間）

本時の学習課題は次のものである．

> ビルの屋上からボールを落とすと何秒後に地面に落ちるだろうか．

まず，生徒にこのような問いかけをする．このように導入することで，落ち始めてからの時間と距離の関係がわかれば解決できることに気づいていく．

そこで，教室で実際にボールを落とし，0.1秒ごとにボールの落下距離を測定する．以前ならボールにテープをつけ，0.1秒ごとに記録できる記録タイマーを通しながら落として測定していたが，近年ではグラフ電卓とそれに接続できる距離センサーを用いれば以前より容易に実験を行うことができるよ

表 4.5 時間と落下距離の関係

x (秒)	0.00	0.04	0.08	0.12	0.16	0.20	0.24	0.28	0.32	0.36	0.40
y (m)	0	0.01	0.03	0.07	0.12	0.19	0.28	0.38	0.49	0.61	0.76

うになった。

(1) ボールを落とし，0.1 秒ごとにボールの落下距離を測定する。ボールが落ち始めてからの時間を x 秒，その間の落下距離を y m として，測定した x と y の関係を表にまとめる（表 4.5）。

(2) 実験から表にまとめた関係とこれまで学んだ比例や反比例，一次関数とどのような違いがあるか，グループで話し合わせる。グループの人数は 3〜4 人が適切であろう。生徒は以下のように考えていく。

・y は x に比例しているのか。
・y は x の一次関数になっているのか。

　正しく判断していくためには第 1 学年，第 2 学年で学習した関数の特徴を想起することが必要になる。

　例えば，表の中で x の値が 2 倍，3 倍になっているところを見ると，y の値は同じように 2 倍，3 倍とは変化していない。このことから比例でないことに気付いていく。

　また，x の値が同じ数ずつ（0.04 ずつ）増えているにもかかわらず，y の値は同じ数ずつ増えていない（変化の割合が一定ではない）ことから一次関数でないことがわかる。

　このように今まで学習した関数と比較しながら，この関係が比例や反比例，一次関数ではない，新しい関数になりそうだという見通しを持てることが大切である。グループでそれぞれの見方や考え方を出し合い話し合うことで，これまで学んだ関数とは違う新しい関数を学ぶということを意識づけ，意欲を高めることができる。

ただ，1，2年で関数の学習をしてからかなり時間が経っている．生徒の実態にあわせて，適宜，既習の関数を想起することができるように比例や反比例，一次関数の特徴をふりかえっておくことも大切である．

また，グラフ用紙に同時に数値をプロットして，グラフの概形をかき，既習の関数のグラフの特徴と比較することで，新しい関数であることをより理解しやすくなる．しかし，実際の測定結果の場合はグラフをかくのは大変煩雑になることが予想される．グラフ電卓のグラフ描画機能を活用するのも1つの方法である．

(3) x の値が2倍，3倍になっているときに y の値が何倍になっているかを調べると，それらが4倍，9倍になっていることに気づかせ，そこから，y が x^2 に比例するという見方を引き出していく．

x と y の関係がどのような式で表されるのかを考える．そのために，x^2 の値を書き入れた表をつくる

さらに，$\frac{y}{x^2}$ の割合を求め，表の最下行を追加することにする（表4.6）．

表 4.6 時間と落下距離の関係 (2)

x (秒)	0	0.04	0.08	0.12	0.16	0.20	0.24	0.28	0.32	0.36	0.40
x^2	0	0.0016	0.0064	0.12	0.0144	0.0256	0.0400	0.0576	0.0784	0.1024	0.1296
y (m)	0	0.01	0.03	0.07	0.12	0.19	0.28	0.38	0.49	0.61	0.76
$\frac{y}{x^2}$	-	6.3	4.7	4.9	4.7	4.8	4.9	4.8	4.8	4.7	4.8

以上の結果から，より正確な実験をすれば，この比例定数の値はおよそ4.9になることを知らせ，$y = 4.9x^2$ という関数の式を導く．

この現象は物体に重力だけがはたらいて初速度0で落下する自由落下の運動である．落下し始めた時刻を0秒として，時刻 t 秒における位置を y m，重力加速度の大きさを g m/s^2 とすると，$y = \frac{1}{2}gt^2$ の関係が成り立つ．g は，同じ場所では物体の質量によらず一定で9.8である．このことを生徒にそのまま教えることはないが，指導者は教材についてしっかり理解しておく必要がある．

(4) このようにして，生徒は $y = ax^2$ (a は定数) の形で表される関数がある

ことを知る。そして，x と y の関係がこのような式で表されるとき，「y は x の 2 乗に比例する」といい，このときの a を比例定数ということを確認する。さらに，このような関数の理解をより深めるために，次の問 1 を学習する。

問 1　次の各場合に，x と y の関係を式に表しなさい。
① 　1 辺 x cm の正方形の面積 y cm^2
② 　半径 x cm の円の面積 y cm^2

問題を解くだけではなく，解いた後にいくつかの具体的な数値を代入して x の値を同じ数ずつ大きくしていくと y の値が急激に大きくなる様子を感じ取らせることも大切である。このことは後に学習する変化の割合が一定にならないことを理解することにつながっていく。

①

x (cm)	0	1	2	3	4	5	6
y (cm^2)	0	1	4	9	16	25	36

②

x (cm)	0	1	2	3	4	5	6
y (cm^2)	0	π	4π	9π	16π	25π	36π

(5) この後，さらに斜面をボールが転がる運動など $y = ax^2$ の形の式に表すことができる事象の例を扱うことで，より理解を深めることができる。そのため，次の問 2 を学習する。

問 2　ボールが斜面を転がる様子を 1 秒ごとに測定しました。
(1) 転がり始めてからの時間を x 秒，その間に転がる距離を y m とすると，x と y の関係は，次の表のようになりました。
　　このとき，x と y の関係はどのようになりますか。

時間とその間に転がる距離の関係

x (秒)	0	0.1	0.2	0.3	0.4	0.5
y (m)	0	0.02	0.08	0.18	0.32	0.50

(2) ボールが転がり始めてから 1 秒後，3 秒後，10 秒後までに転がる距離をそれぞれ求めなさい。

表から x と y の関係はどのように表されるかを考える．自由落下の例と同じように，この場合も y が x^2 に比例するという見方が大切になる．そこに気付けば，x^2 の値を表に追加することで，x^2 と y の間には，どんな関係があるかを考え，$y = 2x^2$ の関係があることに気付いていくだろう（表 4.7）．

表 4.7 時間とその間に転がる距離の関係（2）

x	0	0.1	0.2	0.3	0.4	0.5
x^2	0	0.01	0.04	0.09	0.16	0.25
y	0	0.02	0.08	0.18	0.32	0.50

4.3.5　中学校第 3 学年での実践／関数 $y = ax^2$ の利用

身の回りの事象には関数関係が多数存在し，その中に関数 $y = ax^2$ の関係になるものも存在する．この授業では，現実の課題を解決することに関数 $y = ax^2$ を利用する．

関数の利用を指導するにあたって，現実の課題を解決することに関数を利用するという視点をしっかり持つことが大切であった．つまり，現実の事象から関数を取り出し，その取り出した関数を処理し，その結果を用いて現実の課題を解決する．関数の利用ではそのような学習が求められているのであった．

現実場面は複雑であり，このような関数を利用する活動をするためにはいくらか単純化する必要がでてくる．それでも，現実の課題を，関数を用いて解決するということの経験は大切である．

ここでは，人が横断歩道を渡り始めたとき，何 m 離れている車なら横断歩道の手前で止まることができるのかという課題を考える．そのためには，車の停止距離を求めなければならない．車の停止距離は，

$$停止距離 = 空走距離 + 制動距離$$

で求められ，空走距離，制動距離はそれぞれ速度の関数とみなせば，測定されたデータからその関係を取り出すことができる．取り出した関数を処理することで測定されていなくても，様々な時速のときの空走距離，制動距離を計算で求めることができる．

また，速くなればなるほど制動距離は極端に増加することにも気づくことができる。

指導展開（2時間）
(1) まず，次の課題について話し合う。

> 横断歩道の向こう側 50 m のところから，こちらに向かって走ってくる自動車がある。
> このとき横断歩道を渡っても大丈夫だろうか。

まずは自由に話し合わせる。個人で意見が出にくいようであれば，3人から4人のグループで話し合ってから，グループで出た考えを全体で交流してもよい。生徒は以下のような様々な考えを持つだろう。

- ・車は急に止まらないから大丈夫とはいえない。
- ・自動車が走っているときには車間距離をとらないといけない。
- ・自動車のスピードによって違うのではないかな。
- ・おおきな車の方が止まりにくいのでは。
- ・雨の日の方が絶対に止まりにくい。
- ・危険を感じてからブレーキを踏むまでの間も車は走っている。

など

話し合いを通して，生徒が出した考えからこの車が止まる距離が車のスピードによって決まってくること，ただし，気象条件，車の大きさなどによって変わっていくこと，ブレーキが効き始めるまでに車が走る距離（空走距離）を考える必要があることなどの考えを，板書などを活用しながら整理してまとめていく。特に車のスピード（時速）と止まる距離とがともなって変わる2つの数量であることはしっかり押えたい。そのことを生徒達が理解できたら，まずは車のスピード（時速）と止まる距離の関係について考えていくことを伝える。

そして，制動距離という用語を導入する。

> 自動車のブレーキが効き始めてから停止するまでの距離を制動距離という。

次に，車の時速を x km/h，制動距離を y m として，この関係を以下のように表にまとめたものを提示する（表 4.8）。

表 4.8 時速と制動距離

x (km/h)	20	30	40	60	80	100	120
y (m)	2.6	6.3	10.5	23.6	42.0	65.6	94.5

表 4.8 からこの関係がどのような関数であるかを話し合う。このときも 3 ～ 4 人のグループで話し合うとよい。生徒は，今まで学習したことをもとに，表からこの自動車の速さと制動距離の関係を取り出していくだろう。

まずは，表の数値の変化などに着目したり，表に x^2 の値を追加したりすることで，この関係が 2 乗に比例する関係であることを確かめる。

そして，対応する数値の組，例えば $x = 30$ のとき $y = 6.3$ であることから，x と y の関係を $y = 0.007x^2$ と式に表す。生徒の実態にあわせて支援をしながら，できればグループで関数を取り出せるようにしたい。

関数を取り出せたら，式を根拠にこの関係が，時速 x km で走る自動車の制動距離を y m とすると，y は x の 2 乗に比例することをあらためて確認する。

停止距離をより正確に求めるには，以下のように空走距離も考えなくてはならない。生徒にとってはなじみのない言葉であり，この後の展開に重要であるので，停止距離 = 空走距離 + 制動距離 であることをしっかり押える。

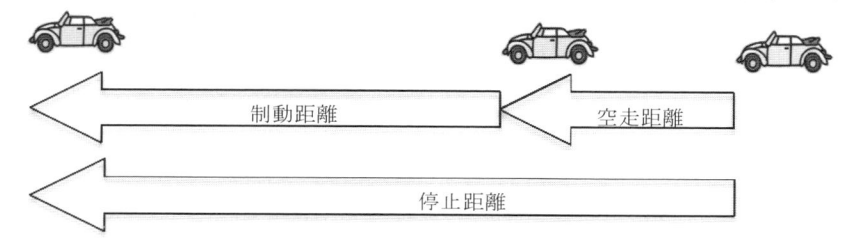

そして，危険を感じてから実際にブレーキが効き始めるまで約 1 秒かかることを知らせ，それぞれの時速のときの空走距離を計算で求める。

車の時速を x km とすると，$\frac{1000x}{3600}$ m が空走距離である．計算した結果を合わせて，表 4.9 を完成させる．

表 4.9 時速と停止距離

時速 (km/h)	20	40	60	80	100	120
制動距離 (m)	2.6	10.5	23.6	42.0	65.6	94.5
空走距離 (m)	5.6	11.1	16.7	22.2	27.8	33.3
停止距離 (m)	8.4	21.6	50.5	64.2	93.4	127.8

ただし，空走距離は小数第二位を四捨五入

ここで，自動車が横断歩道の向こう側 50 m のところから向かって走ってくるとき，横断歩道を渡っても大丈夫かどうかという課題について，一度話し合わせたい．時速が増加すると，停止距離も急激に増加して危険であることにも触れたい．

(2) 横断歩道を渡ってよいのかどうかは，自動車の速度によって決まる制動距離を調べることで判断することができる．

しかし，実際には，制動距離は気象条件や車の大きさによって変わる．そこで，この表は晴れのときの乗用車の場合の表であることを伝え，以下の 3 つの表を提示する（表 4.10，表 4.11，表 4.12）．

表 4.10 時速と制動距離（雨，乗用車）

x (km/h)	20	40	60	80	100	120
y (km)	3.0	12.1	27.3	48.5	75.7	109.0

表 4.11 時速と制動距離（晴，トラック）

x (km/h)	20	40	60	80	100	120
y (km)	2.8	11.3	25.3	45.0	70.3	101.2

表 4.12 時速と制動距離（雨，トラック）

x (km/h)	20	40	60	80	100	120
y (km)	3.8	15.0	33.8	60.0	93.7	135.0

生徒にとってはなかなか難しい課題である。そこで、今まで学習したことを用いて、同じようにこれらの表から関数を取り出すことに取り組ませ、確実に理解できるようにしたい。グループで課題を決めて分担したり、班で話し合いながら学習を進めたりしてもよい。

4.3.6 高等学校第1学年での実践／二次関数のグラフ

二次関数のグラフは、一般式 $y = ax^2 + bx + c$ を $y = a(x-p)^2 + q$ の形に変形し、放物線 $y = ax^2$ を平行移動したものとして捉える必要がある。しかし、生徒にとって、y 軸方向の平行移動は、既習の一次関数 $y = ax + b$ のグラフを比例 $y = ax$ を y 軸に沿って b だけ平行移動したものとして学んだ経験などからも理解しやすいが、x 軸方向の平行移動は馴染みがなく、理解しづらいものとなっている。

そこで、グラフ電卓や関数ソフト Grapes などの ICT を活用することによって、生徒に式とグラフの関係を把握させ、その理由を考え納得させる授業実践を行う。

指導展開（2時間）

① $y = ax^2 + q$ のグラフ

まず、関数 $y = \frac{1}{4}x^2 + 3$ のグラフを、表をつくり、それらの点を座標平面にとることによって、グラフをかいてみる（図 4.10）。

x	⋯	-8	-6	-4	-2	0	2	4	6	8	⋯
y	⋯	19	12	7	4	3	4	7	12	19	⋯

この場合、中学校までに習った関数のグラフをかく手順と同じで、計算と座標平面上に点をとる活動なので、多くの生徒にとって比較的容易な作業といえる。

次に、$y = -x^2 + 9$ のグラフの概形をフリーハンドでかかせる（図 4.11）。目盛りは適当に、座標軸との交点のみ記すように指示する。そして、このグラフが関数 $y = -x^2$ のグラフを y 軸の正の方向に 9 だけ平行移動したものであることを確認する。

最後に、関数 $y = ax^2 + q$ のグラフの概形を、a、q の正負によって 4 種類

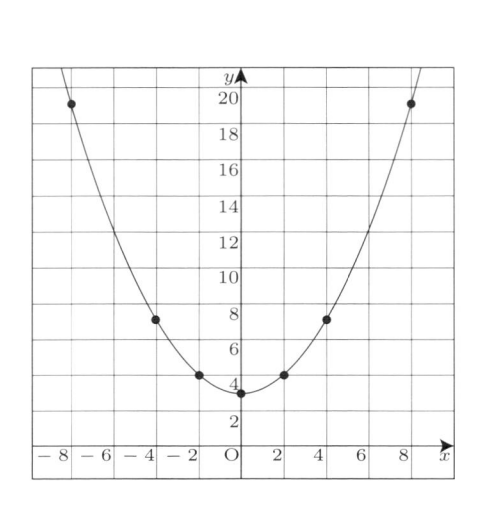

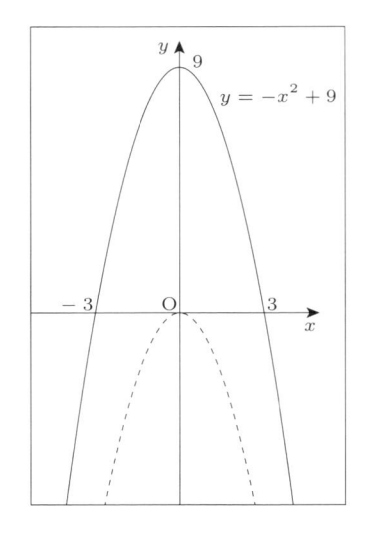

図 4.10 2次関数のグラフ

図 4.11 $y = -x^2 + 9$

のタイプに分けてフリーハンドでかいてまとめる（図 4.12）。

定数に文字を含んだ関数のグラフの概形をかくことについては，中学校でも一次関数 $y = ax + b$ や関数 $y = ax^2$ のグラフのまとめで，教師の説明に従って行っているので，生徒にとっても可能である。

ただ，フリーハンドでグラフをかくということは，慣れていない生徒にとってはかなり難しいことであるので，ゆっくり丁寧に指導し，徐々にそのようなグラフのかき方に慣れて行けるように指導したい。

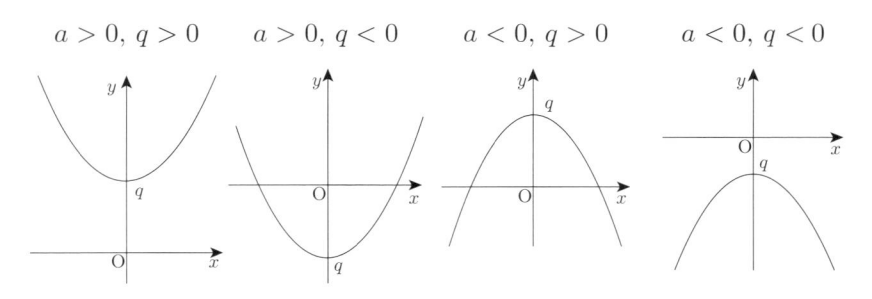

$a > 0, q > 0$　　　$a > 0, q < 0$　　　$a < 0, q > 0$　　　$a < 0, q < 0$

図 4.12 関数 $y = ax^2 + q$ のグラフの概形

② $y = a(x-p)^2$ のグラフ

まず，$y = 2(x-3)^2$, $y = 2(x+2)^2$, $y = 2(x+5)^2$ のグラフについて考える。ここでは，表をつくって点を打つのではなく，グラフ作成ソフト Grapes やグラフ電卓を用いてかき，p の値によってグラフがどのような位置にかかれるのかを観察することから始める（図 4.13）。必要なら，好きな p の値について，さらにグラフを追加して自由にかかせるとよい。

グラフの位置が p の値によって，どのように移るのかを結果として確認し，その理由を考えさせる。グラフの x 軸方

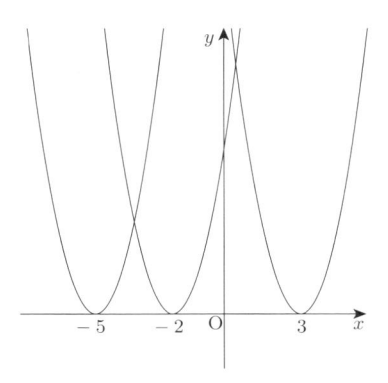

図 4.13 $y = a(x-p)^2$ のグラフ

向への平行移動は，生徒にとって初めての経験なので，p の正負の符号の違いについては慎重に扱う必要がある。

このようにして，グラフが横に移動する関係をよく理解できたなら，一般の式として，$y = a(x-p)^2$ のグラフの概形を図 4.14 のようにまとめておく。

図 4.14 は $a > 0$ の場合であるが，もちろん，$a < 0$ の場合についてもグラフの概形をかかせておくようにする。この段階で，①②のグラフについての練習問題をさせ，2 つの平行移動の習熟定着をはかる。

③ $y = a(x-p)^2 + q$ のグラフ

①②でグラフの形状について分析的に考察したことから，この③のグラフの形状について総合的に考えさせる。2 つの平行移動を組み合わせて考えることができる生徒もいるが，わからない生徒には，a, p, q に具体的な数値を当ては

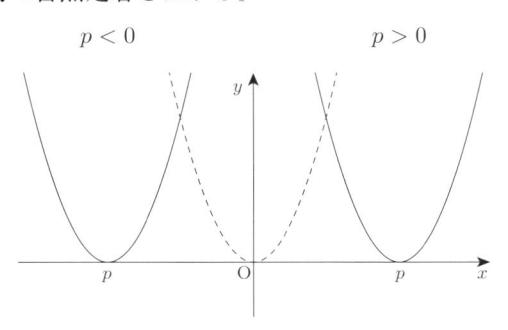

図 4.14 $y = a(x-p)^2$ のグラフの概形

め，グラフ作成ソフト Grapes やグラフ電卓を用いてかかせ，その位置関係を捉えさせるようにする．

位置関係が理解でき，その理由についても一応の納得が行けば，一般的なグラフの概形をまとめるようにする．

そして，a, p, q が正負のいろいろな値をとる場合について，そのグラフの概形をかく練習問題に取り組ませる（図 4.15）

④ $y = ax^2 + bx + c$ のグラフ

最後は，一般の 2 次式 $y = ax^2 + bx + c$ で表される二次関数のグラフである．ここでは，式を $y = a(x-p)^2 + q$ 形にできればよいので，代数式の計算となる．

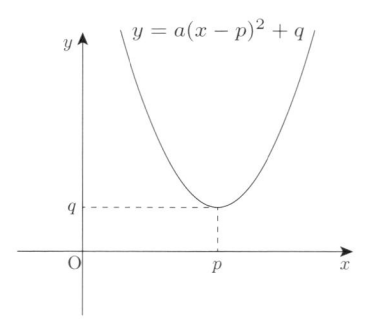

図 4.15　一般的なグラフの概形

まず，関数 $y = 2x^2 + 12x + 10$ のグラフを，生徒たちに自由にかかせる．グラフ作成ソフト Grapes やグラフ電卓を用いてもよいことにする（図 4.16）．③の形の式に代数的に変形できる生徒，IT 機器によりかいたグラフから $y = 2x^2$ のグラフを x 軸方向へ -3，y 軸方向へ -8 だけ平行移動したものと気付く生徒，つまり $y = 2(x+3)^2 - 8$ のグラフであることから，2 つの式を比較し考える生徒など，オープンプロセスで考えさせるとよい．アプローチはできるだけ自由に生徒に考えさせるようにしたい．

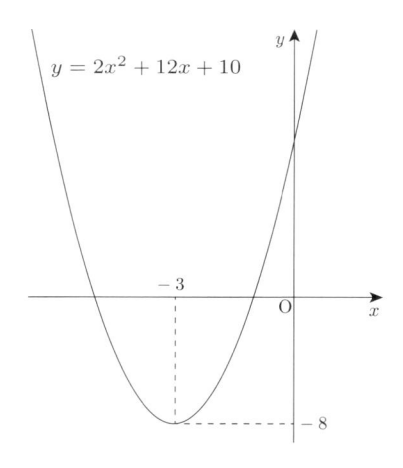

図 4.16　一般の 2 次式のグラフ

式変形は，整数係数から始めて，その仕方がわかってくれば，分数係数のものに取り組ませる．たとえば，関数 $y = 2x^2 + 3x + 5$ のようなもの，そして，その次に $y = \frac{1}{2}x^2 - 5x + 1$ のようなものである．分数係数の文字式計算に慣れていない生徒も多いので，少し時間をかけて取り組ませるように指導

したい。

4.3.7 高等学校第1学年での実践／絶対値を含む関数のグラフ

中学校第1学年では，絶対値は「数直線上で0からある数までの距離」と定義している。しかし，多くの生徒は絶対値とは，「符号の部分を取り除いた数字の部分」というように感覚的に捉えていることが多い。

しかしながら，高等学校で以下のような形式的な定義がでてくると上で述べたような感覚的な捉えでは理解できず，混乱してしまう生徒が少なくない。

$$a \geqq 0 \text{ のとき} \quad |a| = a$$
$$a < 0 \text{ のとき} \quad |a| = -a$$

また，場合分けをして筋道を立てて考えることが必要になり，数学が苦手な生徒にとってはこれも理解しづらい要因となっている。

このような生徒によっては厄介と感じてしまう絶対値も，関数に応用すると，多彩なグラフをかくことができるというように，その面白さに気づかされる。

そこで，この授業では絶対値を含む関数のグラフを取り上げる。関数の中には，1つの式で表される関数だけではなく，変数 x のとる値の範囲によって異なった形の式で表されるものもある。絶対値を使えば，このような関数を1つの式で表現できることがある。

ここでは，発展的な内容を含みながら授業を構成し，生徒が自ら探求していける活動の実現をめざす授業を紹介する。なお，この授業は二次関数まで学習した後に行うことを想定している。

指導展開（2時間）
1) 関数 $y = |x|$ のグラフ
　まず，次の課題を提示する。

関数 $y = |x|$ のグラフについて考えてみよう。

絶対値がついた関数のグラフをかくのは，生徒にとって初めてである。まず，どのようなグラフになるか予想させる。この課題は今まで学習した知識や方法を組み合わせれば解決できる課題ではある。

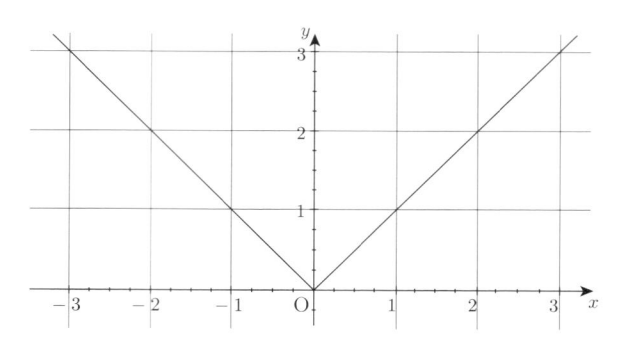

図 4.17 $y = |x|$ のグラフ

しかし，このグラフをかくには，絶対値記号をはずす必要があり，そのためには絶対値記号の中の式の正，0，負で場合分けしなければならない。

このことは生徒にとって大変理解しづらい内容であるので，ていねいに指導していきたい。

この場合は，x の変域によって，

$$|x| = \begin{cases} x & (x \geqq 0) \\ -x & (x < 0) \end{cases}$$

と表し，直線 $y = x$ の $x \geqq 0$ の部分と，直線 $y = -x$ の $x < 0$ の部分を合わせたもので，$y = |x|$ のグラフは図 4.17 のようになる。

このように関数の中には変数 x のとる値の範囲によって異なった形の式で表されるものもある。そのような関数は，生徒にとって初めて出会う馴染みのないものである。

(2) 次の課題を提示する。

絶対値の中の式を変えたとき，グラフはどのようになるだろうか。

今まで学習した関数について想起させ，以下の関数のグラフについて考えることを伝える。

① $y = |x - 1|$

4.3. 関数・解析教育の実践

② $y = |x^2 - 1|$

まず，どのようなグラフになるのかということを予想させたい。

これらすべては，絶対値記号の中の式の正，0，負で場合分けすることでグラフをかける（図 4.18, 図 4.19）。

ただし，②のグラフは，以下のように場合分けがより複雑になる。

$x^2 - 1 \geqq 0$ を解くと $(x+1)(x-1) \geqq 0$ より $x \leqq -1, 1 \leqq x$
$x^2 - 1 < 0$ を解くと $(x+1)(x-1) < 0$ より $-1 < x < 1$
i) $x \leqq -1, 1 \leqq x$ のとき，$y = x^2 - 1$
ii) $-1 < x < 1$ のとき，$y = -x^2 + 1$

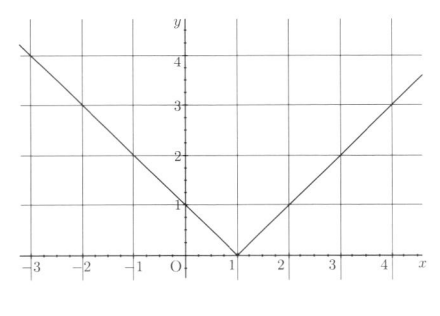

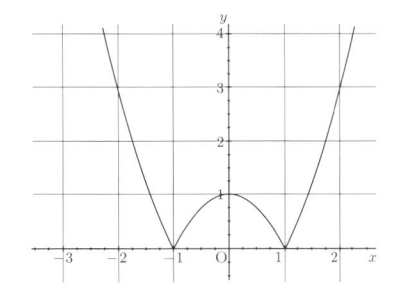

図 4.18 $y = |x-1|$　　　　図 4.19 $y = |x^2 - 1|$

生徒は絶対値のついた関数のグラフは x 軸の下側の部分を，x 軸に関して折り返して得られるということに気付いていくだろう。それを確かめることと，定着をはかることのため，次の問 1 を指導する。

問 1　関数 $y = |x^2 - x - 3|$ のグラフをかけ。

(3) 今までの学習とつなげて，2 つの関数の式の和で表される関数をつくり，そのグラフについて考えてみることを提案する。課題は以下の通りである。

第 4 章 関数・解析

次のような 2 つの関数の式の和で表される関数は，どのようなグラフになるだろうか。

① $y = |x+3| + 2|x-1|$
② $y = 3|x| + |x-3|$
③ $y = |x^2 - 3x| + x - 1$

課題を解決するために使う方法は今まで学習してきたものであるが，処理や場合分けは複雑になってくる。

①では，

$$|x+3| = \begin{cases} x+3 & (x \geqq -3) \\ -(x+3) & (x < -3) \end{cases}$$

$$|x-1| = \begin{cases} x-1 & (x \geqq 1) \\ -(x-1) & (x < 1) \end{cases}$$

となり，$x < -3$, $-3 \leqq x < 1$, $x > 1$ の 3 つの場合に分けて関数の式をグラフにかくことになる（図 4.20）。

高等学校においても，グループでの小集団学習を取り入れて効果をあげているところもある。このような課題では 3〜4 人グループで相談しながら取り組み，説明し合う活動を取り入れるのもよい。

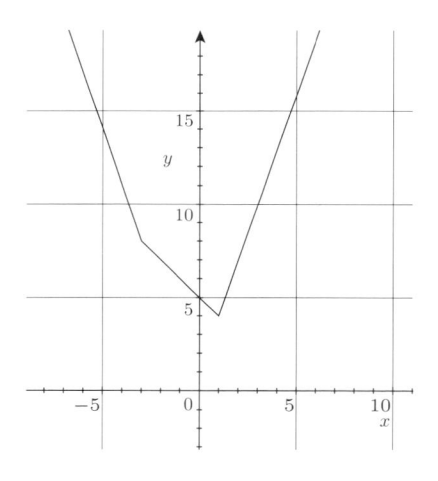

図 4.20 $y = |x+3| + 2|x-1|$

より定着をはかるため，以下の問 2 を指導する。

問 2　次の関数のグラフをかけ

① $y = |x+1| + |x+4|$
② $y = |x^2 - 3x| + x - 1$
③ $y = |x^2 + 2x| - 3x$

発展的な活動にはなるが，下の例からもわかるように，絶対値を繰り返し用いると，面白いグラフをかくことができる（図 4.21）。関数の式を自分でつくり，それをグラフに表わす活動などに取り組ませ，自分の作品をレポートにまとめることに取り組ませてもよい。

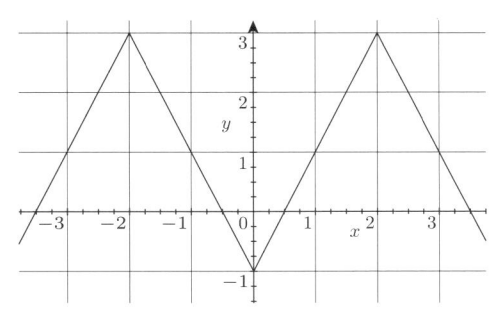

図 4.21 $y = -2\bigl||x|-2\bigr|+3$

Grapes やグラフ電卓を用いることもよいだろう。

4.3.8 高等学校第 2 学年での実践／指数関数の利用

指数関数の具体例として，預貯金の複利計算など身近なものもあるが，ここでは放射性物質の半減期を取り扱うことにする。日本は 2011 年 3 月 11 日，東日本大震災により，福島第二原発の事故に遭遇し，未曾有の被害を受け，現在もその事故収束に向け多くの人が奮闘中である。日本人はもとより，この問題は人類にとって深刻な問題となっている。日本の中高生にも，放射性物質の半減期などについて，数学的な意味を確実に理解させておきたい教材である。

指導展開（2 時間）

まず，放射性物質について次のような説明を与え，基本的な理解を持たせ，以下に続く数学的な活動を行わせる。いわゆる簡単なシミュレーション実験（体験）である。

「あなたたち 1 人 1 人がウラニウム原子で，屋外の広い空間にいると想像して下さい。なぜ，これらのウラニウム原子が人々に危険なのでしょうか。それは，その 1 つ 1 つが自然に代わるがわる崩壊するからです。崩壊のときに，α 線，β 線，γ 線などの有害な放射線を発射し，それが人に当たると損傷を受けることになるのです。だから，崩壊するまでの原子は，だれも傷つけず，ただ潜在的危険性を持っているにすぎないのです。崩壊後の原子は安全で，鉛

のような他の物質に変わってしまい，もう放射線を発射しなくなります。この崩壊は無作為に起こります。科学者たちも，どの特定の原子が崩壊を引き起こすのかを決めることはできませんが，1 年間で原子のどれだけの割合が崩壊するのかを予測することはできます。」

次に，すべての生徒がさいころを 1 つずつ持ち，先生も 1 つのさいころを準備する（できれば生徒からも見えるような大きいものがよい）。すべての生徒を起立させ，簡単な実験を行う。

「あなたたちは，皆がウラニウム原子です。皆が潜在的に危険性を持っています。ただ，それは崩壊して有害な放射線を発射するときのみです。1 年当たりの崩壊する確率は 6 分の 1 と仮定しましょう。」

そして，0 年目の原子（生徒）の数を示す表を，右のように黒板にかく。

「それでは，あなたが崩壊する年かどうか見てみましょう。」

すべての生徒が自分のさいころを振り，1～6 のいずれかの数を出す。それから，「先生の振るさいころが"キラーダイス"で，その出た目と同じ数の人が崩壊する」と宣言し，先生がさいころを振る。このことによって，生徒の中から無作為に 6 分の 1 の確率で崩壊するウラニウム原子を選ぶことができる。今，先生の出た目の数が 4 であったと仮定しよう。

「自分のさいころの目が 4 の人は，すべて放射線を放射して座りなさい。なぜなら，あなたたちはもう安全で放射能を持っていないから。まだ立っている人は，なお潜在的な危険性を持っています。」

生徒が座るときに，放射線を放出する意味で，近くの人を（やさしく）たたいてもよいと告げてもよい（ユーモラスな行為として）。もし，4 の目を出していた生徒が 6 人だったとすると，6 個の原子が崩壊し，1 年後の残りのウラン原子は 34 個ということになる。この数を黒板の表に記入する。続けて同様に 2

ウラニウムの原子の数
（生徒数が 40 と仮定する）

年	原子の数
0	40

原子崩壊実験結果
（生徒数が 40 と仮定する）

年	原子の数
0	40
1	34
2	27
3	20

~3年後までの実験を行い、それらの結果を表に記入していく。そこで、生徒の約半数が座っている状況になるのを教師は慎重に待つ。

　今、クラスの約半数の人が座っています。半分の原子が崩壊するのに3年かかりました。すべての原子が崩壊し、この中を歩いても安全になるまでに何年かかると思いますか。

　放射性物質の"半減期"を定義するために、この機会を見逃さず、生徒に放射性物質がなくなるまでの年数を予測させるのである。生徒の予測値は、黒板の表の下に記録しておく。これは後の考察のときに有効である。多くの生徒は「半分になるのに3年かかったから、すべてなくなるのは6年か7年だろうと予測する」だろう。

　それから、すべての原子が崩壊してなくなってしまうまで、実験を継続して行い、その記録をとり、何年かかったかを確認する。実験結果と生徒の予測とを比較する。思ったよりも長くかかること、ほとんどの生徒の予測よりも長いことに生徒はしばしば驚きを示す。そこで、半減期という概念を定義し、すべての放射性物質は半減期によって説明されることを強調する。上の表で、半減期が約3年の場合の原子数の変わり方を確認する。

半減期の定義　3年後に原子の半分が崩壊し、次の3年後に残りの原子の半分が崩壊し、またその次の3年後に残りの原子の半分が崩壊する、…というようにして最後の原子が崩壊するまで続いていくとき、この3年のことをその原子の半減期といいます。

　生徒たちが自分たちの体を使って実際にシミュレーション実験したことが、この半減期の概念をより明確に理解することにつながっている。ウクライナのチェルノブイリ大惨事での主要な汚染物質はセシウム30 (Caesium-30)であり、その半減期は30年であるという実際の事実を生徒たちに紹介する。

　1986年のチェルノブイリ大惨事の30年後には、まだ半分の放射性物質があり、60年後にはさらにその半分が存在し、90年後には…というようになる。これは、汚染物質が少なくとも200年後まで存在し続けることを意味する。

　第2時では、前時にシミュレーション実験をして求めた半減期などについて、グラフ電卓を使って指数関数による計算で求めることにする。

　まず、100個の原子で崩壊確率が6分の1の場合について、n年後の原子

の数を計算で求める式を考えると，

$$1\text{ 年後}\quad 100 \times \left(\frac{5}{6}\right) \text{個}$$

$$2\text{ 年後}\quad 100 \times \left(\frac{5}{6}\right) \times \left(\frac{5}{6}\right) = 100 \times \left(\frac{5}{6}\right)^2 \text{個}$$

$$3\text{ 年後}\quad 100 \times \left(\frac{5}{6}\right) \times \left(\frac{5}{6}\right) \times \left(\frac{5}{6}\right) = 100 \times \left(\frac{5}{6}\right)^3 \text{個}$$

$$\vdots \quad \vdots$$

$$n\text{ 年後}\quad 100 \times \left(\frac{5}{6}\right) \times \cdots \times \left(\frac{5}{6}\right) = 100 \times \left(\frac{5}{6}\right)^n \text{個}$$

となるから，n 年後の原子の数 y 個は次の式で求められる。

$$y = 100 \times \left(\frac{5}{6}\right)^n$$

一般に，始めの原子の数を p 個，原子の崩壊確率を q とすると

$$y = p \times (1-q)^n$$

という式になる。

　そこで，この指数関数の式を使って，グラフ電卓で半減期を求める。まず 1,000 個の原子で崩壊確率 10 分の 1 の場合について，グラフ電卓で計算し，前時に求めたシミュレーション実験結果とほぼ同じになることを確認する。この場合，6 年で 531 個，7 年で 478 個となるから，半減期は約 7 年ということになる（図 4.22）。

　次に，チェルノブイリ事故の Caesium-30 の崩壊確率を求める。初めの原子の個数 $p = 100$ とし，いろいろな崩壊確率 q の値を入れて，試行錯誤の計算をしてみる。その結果，崩壊確率が 0.02285 のとき，30 年後に原子は約 50 個になることがわかる。

　さらに，ラジウム 226 の半減期は 1,590 年であることを示して，10,000 個のラジウム 226 が何年後になくなるかを求めてみる。1,590 年を 1 期間として，n 期間後になくなると考えて，$y = 10{,}000 \times \left(\frac{1}{2}\right)^n$ の計算をすると，およ

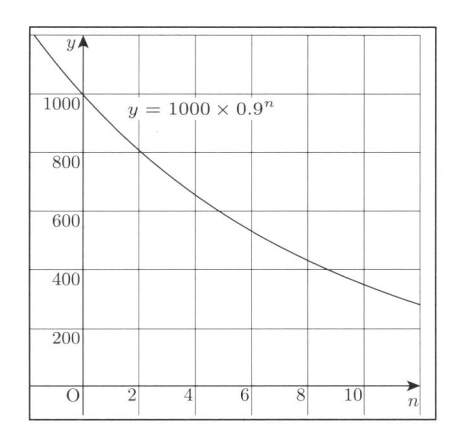

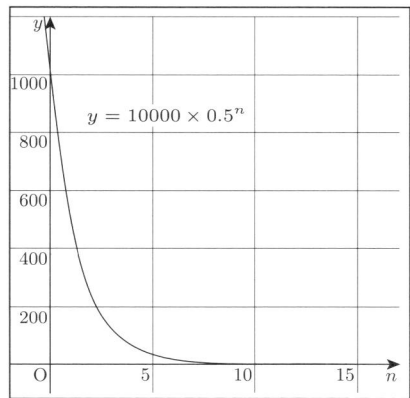

図 4.22 グラフによる半減期　　**図 4.23** $y = 10,000 \times \left(\frac{1}{2}\right)^n$ のグラフ

そ 15 期間後に原子の数は 0 になることがわかる（図 4.23）．だから，

$$1,590 \times 15 = 23,850$$

と計算して，約 23,850 年後にラジウム 226 原子がなくなることになる．

　ここでの学習の視点は，原子力発電所の事故などで生徒たちの関心も高い放射性物質の問題について考え，さらにその現象を確率や指数関数などの数学を用いて解析することにある．この学習を通して，生徒たちがより科学的にものごとを考察することができるようになり，数学に対する学習価値をさらに見出してくれるようになれば，学習の目的は達成されたといえるだろう．

4.4　関数・解析教育の課題

4.4.1　現実との関わり

　関数・解析の教育では，それが具体的にどのような現実場面と関わっているのか，また，それがどのように有効に活用されるのか，ということを理解させることが重要である．本来，関数・解析という分野は，歴史的にみても数学の中では新しい方で，幾何と代数の両方を融合しているものであり，確率統計とともに現実世界への利用が多い数学といえる．

しかしながら，日本の学校数学における関数教育では，式とグラフの形式的な指導が多くなっており，多くの受験問題への対策から形式的な解法の暗記に追われている生徒も多く，関数の意味が真に理解されていない傾向にある．したがって，ここでの実践事例で紹介した在庫調整の問題，制動距離の問題，放射能の問題などのように，関数の利用例を適切に示し，関数が現実の場面に利用されることを学び取らせることが重要である．

微分積分の場合には，特に力学における運動との関わりを理解させるようにしたい．

4.4.2 多変数関数

現実世界との関わりを考えるなら，多変数関数を取り上げる必要がある．身の回りの事象には，多変数の事柄が多く存在する．たとえば，コンビニの店舗で売り上げを計算するときには，その商品の数だけ変数が使われ，エクセルのような表計算ソフトで実際に計算することになる．また，理科の法則でも，たとえば，万有引力の公式 $F = G\frac{Mm}{r^2}$ ならば，F は r^2 に反比例し，Mm に比例するが，これは，G を定数と考えると，F は r，M，m の3変数関数といえる．

このように，身の回りには多変数関数が溢れており，現在の1変数関数を中心としたカリキュラムの中に，多変数関数をもっと積極的に取り扱っていくことも今後の課題といえる．

4.4.3 ICT 活用

現実場面の問題を取り扱えば，きれいな数値ばかりとはならず，手計算ではとても処理できないものとなる．グラフも正確な形状をかこうと思えば，容易なことではない．また，多変数の関数を調べようと思えば，表計算ソフトも必要になる．関数を扱う場合，電卓，関数電卓，グラフ電卓，関数ソフト Grapes，表計算ソフト Excel などが有効である．

しかしながら，日本の数学教育の現状では，このような ICT 機器はほとんど使われていない．それは，ICT 機器の使用を前提としてない日本の教科書

にも起因しているが，ICT機器は受験数学には不要であること，学校数学はほとんど受験数学中心となっていることが要因といえる。

　欧米においては，小学校段階からICT機器を数学科の授業に取り入れるなど，積極的なICT活用が進んでいる。関数・解析分野では，その効果が大きいため，積極的に学校数学でICT機器を活用し，数学の授業の中にも取り入れていくことが今後の課題である。

参考・引用文献

1) Dyke, F.V.(1994) Relating to Graphs in Introductory Algebra, *Mathematics Teacher*, vol.87 No.6, pp.427–432
2) 松宮哲夫，柳本哲編 (1995)『総合学習の実践と展開—現実性を持つ課題から—』明治図書，東京
3) 国宗進 (1996)「中学生の「変化の割合」についての理解」，日本数学教育学会『数学教育論文発表会論文集』29, pp.103–108
4) Max Stephens，柳本哲編著 (2001)『総合学習に生きる数学教育』明治図書，東京
5) 柳本哲編著 (2001)『数学的モデリング—本当に役立つ数学の力—』明治図書，東京
6) オーストラリア教育課程協会 (Curriculum Corporation of Australia) によるホームページ「Mathematics 300」にある授業案の「Radioactivity」
7) 黒田恭史 (2008) 『数学科教育法入門』共立出版，東京

研究課題

1. 中高で取り扱う関数・解析について，それぞれどのような具体例で導入したらよいかを表にまとめなさい。教科書などから，できれば複数の具体例を探しなさい。
2. 中高で取り扱う関数・解析について，それぞれどのような利用場面と教材事例があるのかを表にまとめなさい。
3. たとえば関数ソフトGrapesを使って，関数・解析を教えるとしたら，ど

のような実践事例があるのかを調べなさい。
4. グラフ電卓について調べなさい。できるだけ，実物を手に入れて，基本的な操作をマスターしなさい。

第5章

確率・統計教育における実践

　本章では，「確率・統計」を対象に，5.1節では専門的な数学内容，5.2節では指導のポイント，5.3節では教育実践の実際の要点を論ずることにする。

5.1　確率・統計の数学内容について

　ここでは，小学校，中学校，高等学校で指導するのに必要な確率・統計の内容を取り上げ，その数学的特徴を解説する。

5.1.1　確率とは

　「確率」という用語は，小さな子どもでも大人でも日常的によく利用する。たとえば「おまけが出る確率は高い」，「このくじは100%の確率であたる」，「明日雨が降るのは50%の確率だ」，「僕が次の打席でヒットを打つ確率は低いよ」，「宇宙人がいる確率は0%だ」，「地震が起こる確率は3%でめったにおこらないよ」などである。一般的には，「確率」は，ある事柄の「起こりやすさ」を表す数値と考えるのが妥当である。しかし，「宇宙人がいる確率」は「いる」か「いない」かで考えると $\frac{1}{2}$ となるのだが，本当にこれで正しいのだろうか。また「明日雨が降る確率は100%だ」といった場合，明日は雨がふらないことはないのだろうか。

　確率は**客観的確率**と**主観的確率**に分けられる。主観的確率とは，人間が考

える主観的な信念あるいは信頼の度合といえ，客観的確率は，主観とは独立する確率といえる。たとえば，「このサイコロの1の目がでる確率は $\frac{1}{100}$ だ」という場合，この意見に疑問をもつ人がいるかもしれないが，ある確信から $\frac{1}{100}$ というのであれば，それは主観的確率で正しくなるのである。普通，学校などで学習する場合は $\frac{1}{6}$ となるが，これは客観的確率の定義のもとに導き出されているものである。このように学校数学（学校で学ぶ算数・数学）では，客観的確率を学習していくことになるが，モンティ・ホール問題（プレイヤーの前に，3個の中が見えないコップがある（1個のコップの中には当たりコインが，2個のコップの中にはずれコインが入っている）。プレイヤーが1個のコップを選択した後，ディーラーのモンティが残りのコップの中ではずれコインのあるコップを開けてはずれコインを見せる。ここでプレイヤーは最初に選んだコップを，残っている（中を見ていない）コップに変更してもよいといわれる。プレイヤーはコップを変更すべきだろうか？（コップを変えるときと，変えないときに確率は変わるのだろうか？）という問題）のような問題を解く際に利用するベイズの定理（条件付き確率）などは主観的確率の学習の1つでもある。

(1) 確率につながる基礎概念
A. 場合の数

確率を求める際には，いろいろな事象について，その事柄が起こりうる「場合の数」を求めることが必要な場合がある。この際，それらをもれなく，そして重複なく数え上げることが大切となる。

ある事柄について，考えられるすべての場合を数え上げるとき，その総数を **場合の数** という。ここで，起こりうるあらゆる場合を順序よく整理し，もれや重複のないように数える方法を考える。場合の数を数える際によく利用されるのが，枝分かれした図の **樹形図** である（図5.1は，○×がでるくじを3回ひいたときの○×がでるパターンを全種類表した樹形図である）。

a. 和の法則

起こりうる場合がいくつかに分かれるときの場合の数を考えてみる。

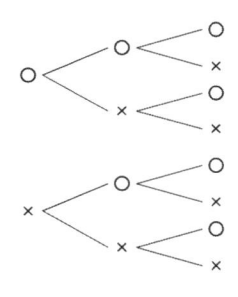

図 5.1 樹形図

　中学生のA君とB君のチームPが，C君とD君とのチームQと頭脳カードゲームで対戦をするとき，自分たちの出す手や相手の出す手を考えることになる。たとえば，A君が8種類，B君が6種類の全て異なるカードをもっているとき，相手と1枚のカードで対戦をする場合，チームPは何種類の出し方（戦略）をもっていることになるのだろうか。この場合は，$8+6=14$（種類）の戦略があることになる。

　このように，2つの事柄A, Bについて，Aの起こる場合がm通り，Bの起こる場合がn通りあり，それらが同時に起こらないとき，AまたはBの起こる場合の数は$m+n$通りである（**和の法則**）。

　たとえば，A君はいつも行くコンビニエンスストアでコーヒーか紅茶をどちらか1本買おうとしている。コーヒーが14種類，紅茶が11種類売られているとき，A君は何種類から選ぶことができるかを考えてみる。このとき，$14+11=25$（種類）となる。

b. 積の法則

　2つの事柄が引き続いて起こるとき，それらを組み合わせた場合の数を考えてみる。

　先ほどのチームPが，1人1枚ずつ出して合計2枚のカードでチームQと対戦する場合は何通りの戦略があるだろうか。この場合，チームPは$8\times 6=48$（通り）の戦略がある。

　このように，Aの起こる場合はm通りあり，そのそれぞれにおいてBの

起こる場合が n 通りあるとすれば，A と B がともに起こる場合の数は $m \times n$ 通りである（**積の法則**）。

たとえば，A 君が家からコンビニエンスストアへ行き昼食を買ってから学校へ行くとき，家からコンビニエンスストアへの行く道筋は 6 通りあり，コンビニエンスストアから学校への行く道筋が 9 通りあるとすれば，何通り行き方があるかを考えてみる。このとき，$6 \times 9 = 54$（通り）ある。

B. 順列 (Permutation)

場合の数を数える場合，一定の規則にともなう場合がある。そのときの場合の数を考えてみる。

先のチーム P は全部で 14 種類のカードをもっているが，A 君か B 君のどちらかのカードを 1 枚ずつ並べて，チーム Q と 3 回戦で対戦する（出したカードはそのままにしておく）とすれば，何通りの戦略があるだろうか。この場合，1 回戦で 14 枚，2 回戦では 13 枚，3 回戦では 12 枚が使用できるので，全部で $14 \times 13 \times 12 = 2184$（通り）の出し方がある。

一般に，異なる n 個のものから r 個とって 1 列にならべたものを，n 個から r 個とった**順列**といい，その総数を $_n\mathrm{P}_r$ と表し，$_n\mathrm{P}_r = n \cdot (n-1) \cdot (n-2) \cdots (n-r+1)$ と計算できる。たとえば，5 枚のうち 3 枚ならべる並べ方は $_5\mathrm{P}_3 = 5 \times 4 \times 3 = 60$（通り）となる。

A 君が日本代表サッカーチーム選手の異なる選手のカードを 20 種類持っているとき，そのうちの 3 種類を順番に出していく出し方は何通りあるかを考えてみる。このとき，$_{20}\mathrm{P}_3 = 20 \times 19 \times 18 = 6840$（通り）ある。

順列において，全てを並べる場合は $_n\mathrm{P}_n$ となる。たとえば $_4\mathrm{P}_4 = 4 \times 3 \times 2 \times 1$ となり，1 から 4 までの自然数の積となる。このとき $4 \times 3 \times 2 \times 1$ を $4!$ と表し 4 の**階乗**という。したがって $_n\mathrm{P}_n = n!$ と表し n の階乗という。ただし，$0! = 1$ とする。たとえば，野球選手のスターティングメンバー 9 人の打順の並べ方（全員が打者になる場合）は，$9! = 9 \times 8 \times 7 \times 6 \times 5 \times 4 \times 3 \times 2 \times 1 = 362880$（通り）となる。

C. 組合せ (Combination)

順列とは異なった一定の規則にともなう場合の場合の数を考えてみる。

たとえば次のような場合がある。先のチーム P は全部で 14 種類のカードをもっているが，3 枚合計で対戦するとすれば，どれだけの戦略があるだろうか。この場合は，$\frac{14 \times 13 \times 12}{3 \times 2 \times 1} = 364$ (通り) の戦略がある。

一般に，n 個の異なるものから r 個の異なるものを取り出して作った組を，n 個のものから r 個とる**組合せ**といい，その総数を $_nC_r$ という記号で表す。$_nC_r = \frac{_nP_r}{r!} = \frac{n!}{r!(n-r)!} = {}_nC_{n-r}$ と計算する。

たとえば，チーム H が日本女子サッカーチームの異なる選手のカードを 10 種類持っているとき，そのうちの 3 種類を一斉にだす出し方は何通りあるかを考えてみる。このとき，$_{10}C_3 = \frac{10 \times 9 \times 8}{3 \times 2 \times 1} = 120$ (通り) となる。

D. 二項定理 (Binomial theorem)

ここで特殊な場合の数を考えてみる。たとえば全通りを数えてみると $(a+b)^n$ 通りと表せた場合，どのように全通りを計算すればよいだろうか。一般的には $\underbrace{(a+b) \times (a+b) \times \cdots \times (a+b)}_{n}$ のように $(a+b)$ を n 回かければよい。ただ，計算が煩雑になるのは明らかなので，何かうまい工夫はないだろうか。

たとえば，$(a+b)^4$ を考えてみる。$(a+b)^4 = (a+b)(a+b)(a+b)(a+b)$ であるから，右辺を展開した際，でてくる項は，$a^4, a^3b, a^2b^2, ab^3, b^4$ の 5 つであり，それぞれの係数がわかればよい。ab^3 の係数を考えるならば，右辺の 4 個の因数 $(a+b)(a+b)(a+b)(a+b)$ のうちの 1 個の因数から a をとり，残り 3 個の因数から b をとればよいので，4 個の中から 1 個を選ぶ組合せの数に等しい。したがって，$_4C_1 = 4$ といえる。

同様に考えると，一般に $(a+b)^n$ の展開式における $a^{n-r}b^r$ の係数は，$_nC_r$ といえる。

これより，次のような式が成り立つ。

$$(a+b)^n = \sum_{r=0}^{n} {}_nC_r a^{n-r} b^r = {}_nC_0 a^n + {}_nC_1 a^{n-1} b^1 + {}_nC_2 a^{n-2} b^2 + \cdots$$
$$+ {}_nC_r a^{n-r} b^r + \cdots + {}_nC_{n-1} ab^{n-1} + {}_nC_n b^n$$

これを**二項定理**と呼ぶ．

たとえば，カードゲームをするときに，カードの出し方が $(a+b)^{10}$ 通りである場合，ab^9 となるのは何通りかを考えてみる．このとき，${}_nC_r a^{n-r} b^r = {}_{10}C_9 ab^9$ となるので，10 通りとなる．

(2) 確率の基礎概念
A．試行と事象

確率とは，不確実な事象，すなわち偶然に支配されているとみなされる現象の起こりやすさの度合いを数学の対象として処理して数値化したものである．この確率を実際に考えていくことにするが，その際に必要な概念がある．それらの概念を以下のように定義しておく．確率の場合，日常的に使用される用語も使われるが，数学的に定義されているものと異なることもあるので，それぞれ的確に理解する必要がある．

試行：同じ条件のもとで繰り返すことができ，その結果が偶然に支配される実験や観測

事象：試行の結果により起こる事柄

標本空間・全事象：起こりうる結果の全体集合

根元事象：標本空間でそれ以上にわけることのできない事象

空事象：全く起こりえない事象（根元事象を含まないもの）

たとえば，"1個のサイコロをふる"のが「試行」であり，"奇数の目が出る"というのが「事象」である．このとき，1個のサイコロをふる試行の「標本空間」は $\{1,2,3,4,5,6\}$ であり，"奇数の目が出る"事象の「根元事象」は $\{1\}$, $\{3\}$, $\{5\}$ である．"7の目がでる"という事象は「空事象」といえる．また"クラスでスマートフォンを持っている人数を観測する"（40人クラスで30人がスマートフォンを持っているとする）のが試行であり，"スマートフォンをもっている"というのが事象である．ことのき，標本空間は $\{1,2,3,\ldots,40\}$（$1,2,\ldots$ は出席番号とする）であり，根元事象は $\{2\}$, $\{3\}$, $\{4\}$, $\ldots$（全部で30個）である．

日常場面でもよく考えると，誰でもが十分に試行をしているはずなため，事象などの言葉は使用しないものの，根元事象，標本空間，空事象などにふれる機会は多いはずである．したがって実際の指導では子どもにこのことを意

識させることが大切である。

さらに2つ以上の事象で構成される事象を考えてみる。この際，2つの事象から，和事象，積事象，排反事象，余事象などが考えられるが，それぞれ以下のように定義される。

和事象：2つの事象 A, B の少なくとも一方が起こるという事象（A または B が起こる事象）を A と B の和事象といい，$A \cup B$ で表す。

積事象：2つの事象 A, B が同時に起こるという事象（A かつ B が起こる事象）を A と B の積事象といい，$A \cap B$ で表す。

排反事象：事象 A, B について，その一方が起これば，他方は決して起こらない事象を排反事象といい，$A \cap B = \phi$（空集合）となる。

余事象：事象 A に対して，A が起こらない事象を A の余事象といい，$\overline{A}$ または A^c で表す。

たとえば，サイコロをふったとき，事象 A を「偶数の目が出る」，事象 B を「奇数の目が出る」，事象 C を「3以上の目が出る」とする。A と B の和事象は，$\{1,2,3,4,5,6\}$ となり，積事象は $\{\phi\}$ である。したがって A と B は排反事象といえる。A の余事象は，「奇数の目が出る」となる。B と C の積事象は $\{3,5\}$ となる。

B. 確率の定義

ここで「確率」の定義について考えるが，実は数学的にはその定義はいくつかある。

a. 古典的確率，数学的確率，先験的確率，ラプラス流確率

中学校・高等学校の数学で一般的に学習するのがこの定義である。

【定義】1つの試行において，全事象に属する根元事象のどれが起こることも同じ程度に期待されるとき，同様に確からしいという。根元事象がすべて同様に確からしいような試行において，標本空間 U が N 個の事象からなり，$n(A)$ 個（A の事象の数）の根元事象からなる事象 A の起こる確率を $P(A) = \frac{n(A)}{N}$ とする。

学校数学において学習する主な確率は，この数学的確率によって定義されて

いる。この確率はピエール＝シモン・ラプラス（Pierre-Simon Laplace, 1749–1827）によって定義されたものである。しかし，この定義では，確率を定義するのに「根元事象がすべて同様に確からしい」ことを使っており，いつでも「同様に確からしい」ということは確かめることはできないため，この点が不完全であるという指摘がある。

b. 頻度的確率，統計的確率，経験的確率

数学的確率の曖昧な部分を打開しようとした一人が，リヒャルト・フォン・ミーゼス（Richard von Mises, 1883–1953）である。彼は次のように定義を行った。

【定義】一定の条件下で，試行を n 回繰り返したとき，A という事象が r 回起こったとする。n を十分大きくすると，相対度数 $\frac{r}{n}$ が一定の値 p に近づいていくならば，この p を事象 A の起こる確率という。

しかしこの定義では極限値が収束する保証がないという批判がある。

c. 公理的確率

数学的確率，統計的確率とも，数学の学問的には不十分な点があることから，数学的に体系立てられた確率が考えられることになる。

数学的確率，統計的確率の曖昧さを打開しようとしたのが，アンドレイ・ニコラエヴィッチ・コルモゴロフ（Андрей Николаевич Колмогóров, Andrey Nikolaevich Kolmogorov, 1903–1987）である。コルモゴロフは幾何学や代数学のように，確率論でも公理体系の作成を試みた。実際にコルモゴロフは次のような公理を立てて確率論を構成した。

公理Ⅰ ：事象 A の起こる確率 $P(A)$ について，$0 \leqq P(A) \leqq 1$ を満たす
公理Ⅱ ：全事象 E の起こる確率 $P(E)$ について，$P(E) = 1$ を満たす
公理Ⅲ：事象 $A, B, C, \ldots$ が排反であるならば，確率 $P(A \cup B \cup C \cup \cdots)$ について，$P(A \cup B \cup C \cup \cdots) = P(A) + P(B) + P(C) + \cdots$ を満たす

公理的確率では，「確率」とはというものではなく，確率の満たすべきいくつかの性質を公理として定め，そこから論理的に導かれた結果のみを確率論

の帰結としたのである．

なおこうした組み立て方は，たとえば自然数のペアノの公理なども同様であり，数学の本質的な内容であるのでよく理解することが大切である．

C. 確率の基本性質

数学的確率の場合，次の性質・定理が成り立つ．
[確率の基本的性質]
1. 任意の事象 A に対して，$0 \leqq P(A) \leqq 1$ が成り立つ．
2. 全事象 U，空事象 ϕ について，$P(U) = 1$，$P(\phi) = 0$ が成り立つ．
3. 事象 A と B が排反事象のとき，$P(A \cup B) = P(A) + P(B)$ が成り立つ．
[加法定理]
4. 事象 A と B について，一般に $P(A \cup B) = P(A) + P(B) - P(A \cap B)$ が成り立つ．
[余事象の定理]
5. 事象 A の余事象を $\overline{A}$ とするとき，$P(\overline{A}) = 1 - P(A)$ が成り立つ．

このとき，ある標本空間 Ω（有限個）とその部分集合の任意の事象 A, B について，$P(A), P(B)$ が1〜3を満たしていれば，標本空間 Ω では，確率 P が矛盾なく定義されていることにする．たとえば，歪なコインがあり，コインをふる試行をするとき，$\Omega = \{$表,裏$\}$ とし，事象 A を $\{$表$\}$（表の出る）とし，事象 B を $\{$裏$\}$（裏の出る）とし，$P(\Omega) = 1, P(A) = 0.9, P(B) = 0.1, P(\phi) = 0$ とすれば，1〜3は満たされる．すなわち，標本空間 Ω の全ての部分集合について確率 P が定義されている（すべての事象が「同様に確からしい」ということには依存されない）．実は，これが公理的確率の定義そのものである．したがって，公理的確率はこの公理を満たすものを「確率」とするのである（「同様に確からしい」という前提は必要がないといえる）．

(3) 確率の基礎概念の応用

ここで，2つ以上の試行を考えることにする．

A. 独立試行

2つの試行を考えたとき，それらの試行が互いにその結果に影響を及ぼさ

ない2つの試行を**独立試行**という．

この2つの独立な試行の確率について，それぞれの確率を $P(A), P(B)$ とし，A が起こり，B が起こる事象を I とすれば，$P(I) = P(A) \cdot P(B)$ となり，独立試行の確率は $P(I) = P(A) \cdot P(B)$ となる．なお，独立でない試行を**従属試行**という．

B. 事象の独立

一方，事象同士の関係についても「独立」が定義される．2つの**事象が独立**であるとは，$P(A \cap B) = P(A)P(B)$ が成り立つときである．なお，事象 A, B が独立でない場合は，**従属**という．

C. 反復（重複）試行

同じ試行（互いに独立）を繰り返して行う試行を**反復（重複）試行**という．

このときの確率は次のように求める．試行 T において，事象 A の起こる確率を P とする．n 回の独立試行で，A が r 回起こる確率は，${}_n\mathrm{C}_r P^r (1-P)^{n-r}$ となる．

D. 条件付き確率

条件付き確率とは，たとえば事象 A, B を考える際，事象 A が起こるという条件の下で別の事象 B が起こる確率，すなわち事象 A が起こったときの事象 B が起こる確率のことであり，これを $P(B \mid A)$ または $P_A(B)$ と表し，次のように定義をする．

$$P(B \mid A) = P_A(B) = \frac{n(A \cap B)}{n(A)} = \frac{P(A \cap B)}{P(A)}.$$

たとえば，2個コインを投げたところ，一方が表であった．このときもう一方が裏である確率を求めるのが，この条件付き確率である．すなわち，表が出るという事象 A のもとで，裏が出るという事象 B が起こる確率を考えるのである（表が出て（かつ）裏が出る確率を求めるのではないことに注意が必要である）．

なおこの場合は，$P(A \cap B) = \frac{1}{2}$，$P(A) = \frac{3}{4}$ より，$P_A(B) = \frac{2}{3}$ となる．

E. 乗法定理

条件付き確率から次の等式が成り立つ。$P(A \cap B) = P(A)P_A(B)$.

これを**乗法定理**と呼ぶ。この乗法定理は，「事象 A と B が起こる確率」は「事象 A が起こる確率」×「事象 A が起こったという条件下で事象 B が起こる確率」という意味になる。

たとえば，52 枚のトランプカードから，1 枚ずつ続けて 2 枚引く。ただし，1 枚目のカードはもどさない。このとき，2 枚ともハートのカードである確率を求めるのは $P(A \cap B)$（事象 A：1 枚目ハート，事象 B：2 枚目ハート）となるので，乗法定理を利用する。

この場合は，$P(A) = \frac{13}{52} = \frac{1}{4}$, $P_A(B) = \frac{12}{51} = \frac{4}{17}$ となるので，$P(A \cap B) = \frac{1}{4} \times \frac{4}{17} = \frac{1}{17}$ となる。

F. ベイズの定理

ベイズの定理は，迷惑メール対策や人工知能・新薬開発に利用されている確率である。ベイズの理論は主観的確率を有効に使う確率であるのが特徴である。

加法定理を変形して，得られる以下の公式が**ベイズの定理**である。

$$P(A \mid B) = \frac{P(B \mid A)P(A)}{P(B)} = \frac{P(B \mid A)P(A)}{P(B \mid A)P(A) + P(B \mid A^C)P(A^C)}$$

たとえば，ある地域で「Noah TV」という TV 番組を見ている確率は 5%であるという。この TV 番組を見ているかどうか調べる視聴率調査を行うとき，もし見ていれば，80%の確率で「視聴」と判定される。しかし，見ていないときでも 15%の確率で「視聴」と出てしまう。今，ある家でこの視聴率調査をうけて「視聴」と出た。果たして，この家の人が本当にこの TV 番組を見ている確率はどれぐらいかを考えてみる。

このとき，

$P(A)$：TV 番組を見ている確率

$P(B)$：「視聴」と判定される確率

$P(A \mid B)$：「視聴」と判定された下での見ている確率

とすると，$P(A) = 0.05$, $P(B \mid A) = 0.8$, $P(B \mid \overline{A}) = 0.15$ より，$P(A \mid$

$B) = 0.22$ となる。番組を見ている確率が意外に低いことがわかる。

このようにベイズの定理では，TV 番組を見ているかという検査結果の確率から，ある家で TV 番組を見ている確率を求めることができるというものである。

G．確率変数と期待値・分散

日常でも「期待値」という言葉をよく聞くが，ここで数学的な期待値について考える。そこで，まず，以下の用語について定義をしておく。

確率変数：試行の結果に応じて値が定まる変数

確率分布：確率変数 X がとりうる値とそれぞれの値をとる確率を表やグラフ
　　　　　　などで列挙したもの

期待値：確率変数のとる値の平均値

分散：確率変数の分布が期待値からどれだけ散らばっているかを示す値

確率変数を X としたとき，X が $x_1, x_2, \ldots, x_n, \ldots$ という値をとるとき，次のような表にあらわせる。

X	x_1	x_2	$\cdots$	x_n	$\cdots$	計
$P(X = x_k)$	$P(x_1)$	$P(x_2)$	$\cdots$	$P(x_n)$	$\cdots$	1

この表を**確率分布表**という。

このとき，期待値は

$$E(X) = \sum_{n=1}^{\infty} \{x_n \times P(X = x_n)\}$$

と定義する。

2つの確率変数 X, Y とその和 $X + Y$ の期待値について，$E(X + Y) = E(X) + E(Y)$ という式が成り立つ。

また，分散は

$$V(X) = E((X - E(X))^2) = \sum_{n=1}^{\infty} \{(x_n - E(X))^2 \times P(X = x_n)\}$$

と定義する。

すなわち分散とは，確率変数 X の値とその期待値 $E(X)$ との差の 2 乗

を新たな確率変数として，その期待値の値のことである．なお，$V(X) = E(X^2) - E(X)^2$ と変形できる．

また，2つの確率変数 X, Y とその和 $X+Y$ の期待値について，$V(X+Y) = V(X) + V(Y)$ という式が成り立つ．

たとえば，大小2個のサイコロをふるとき，サイコロの目の差の絶対値を X とする．このとき X は確率変数である．X は，$0, 1, 2, 3, 4, 5$ をとる．それぞれの確率は，$\frac{6}{36}, \frac{10}{36}, \frac{8}{36}, \frac{6}{36}, \frac{4}{36}, \frac{2}{36}$ となり，表であらわすと次のようになり，これを確率分布とよぶ．

X	0	1	2	3	4	5	計
$P(X)$	$\frac{6}{36}$	$\frac{10}{36}$	$\frac{8}{36}$	$\frac{6}{36}$	$\frac{4}{36}$	$\frac{2}{36}$	1

このとき，期待値は $E(X) = 0 \times \frac{6}{36} + 1 \times \frac{10}{36} + 2 \times \frac{8}{36} + 3 \times \frac{6}{36} + 4 \times \frac{4}{36} + 5 \times \frac{2}{36} = \frac{70}{36} = \frac{35}{18}$ となる．

分散は，$\left(0 - \frac{35}{18}\right)^2 \times \frac{6}{36} + \left(1 - \frac{35}{18}\right)^2 \times \frac{10}{36} + \left(2 - \frac{35}{18}\right)^2 \times \frac{8}{36} + \left(3 - \frac{35}{18}\right)^2 \times \frac{6}{36} + \left(4 - \frac{35}{18}\right)^2 \times \frac{4}{36} + \left(5 - \frac{35}{18}\right)^2 \times \frac{2}{36} = \frac{665}{324}$ となる．

5.1.2 統計について

ここでは，これまで小学校，中学校，高等学校で学習してきた統計の内容を取り上げ，その数学的特徴を解説する．現在，統計は小学校から学習があり，中学校で記述統計と推測統計の基礎，高等学校で推測統計と続いて学習があるものの，高等学校では科目や内容が選択ということもあり，推測統計まで学習する生徒は少ないのではないだろうか．しかしながら教員が統計を指導するには，記述統計だけでなく，推測統計も理解しておかないと，系統的な統計指導は困難である．そこで，数学の系統を踏まえて，統計の内容について説明する．

(1) 記述統計

記述統計は，収集したデータの代表値や散らばり具合などを算出し，データの示す傾向や特徴を把握するものである．その資料の整理に使用するのが，尺度，度数分布，代表値，散布度，相関などである．

A. 尺度

データは質的データと量的データに分かれ，それらを収集する際，**尺度**が必要となってくる。量的データの尺度は「間隔尺度」（温度や体温などで，尺度の原点が任意に定められており（0はないという意味ではない），数値の差のみに意味があるもの）と「比率（比例）尺度」（身長や体重などで，原点が一意に決まり（0はないという意味になる），数値の差だけでなく，数値の比にも意味があるもの）があり，質的データの尺度は「順序尺度」（1番，2番などで，カテゴリーの区別があり順序や大小はあるものの，四則演算は意味をもたないもの）と「名義尺度」（男 =1，女 =2などであり，カテゴリーの区別だけの意味をもつもの）がある。これらの尺度の差異，特に間隔尺度と比率尺度はよく理解しておく必要がある。

B. 度数分布

集めた資料は度数分布表やヒストグラムで全体の様子をみることができる。

ある集団の個々のものの特性を表す数量を**変量**という。時間や長さなどの連続的な値の変量を**連続変量**，物の個数や人数などのとびとびの値しかとらない変量を**離散変量**という。

集めた資料を変量の値によって区分した表を**度数分布表**という。この分布表の各区間を**階級**といい，この階級の中央の値を**階級値**という。

また，度数分布表を柱状のグラフで表したものを**ヒストグラム**という。ヒストグラムの各長方形の上の辺の中点を結んで得られる折れ線グラフを**度数分布多角形**という。

たとえば表 5.1 のデータは BEST CLASSIC 100（東芝 EMI, 2005）に収録されている曲のそれぞれの長さ (秒) である。これを 60 秒以上 120 秒未満の区間から 480 秒以上 540 未満の区間までの 8 個の区間にわけ，表にまとめたのが表 5.2 である（度数分布表）。

この度数分布表のヒストグラムが図 5.2 であり，度数分布多角形が図 5.3 である。

なお，階級の個数は，スタージェスの公式（データの大きさ N に対して，

5.1. 確率・統計の数学内容について

表 5.1 BEST CLASSIC 100 の曲の長さ (秒) のデータ

DISK1	DISK2	DISK3	DISK4	DISK5	DISK6
167	152	322	258	220	361
219	132	352	312	268	265
200	298	207	399	254	344
213	395	228	171	192	224
392	127	326	279	380	294
211	349	332	321	230	227
199	234	290	204	403	316
264	237	124	410	229	206
278	267	269	171	283	306
266	405	473	277	307	310
201	283	325	294	234	219
505	261	292	167	461	183
253	235	195	193	302	399
109	284	401	243	137	263
171	411	297	258	401	197
154	185	250	237		176
170	175		225		243
488					

表 5.2 BEST CLASSIC 100 の曲の長さ (秒) の度数分布表

階級		階級値	度数	累積度数	相対度数
秒以上	秒未満				
60	120	90	1	1	0.01
120	180	150	14	15	0.14
180	240	210	28	43	0.28
240	300	270	27	70	0.27
300	360	330	14	84	0.14
360	420	390	12	96	0.12
420	480	450	2	98	0.02
480	540	510	2	100	0.02

階級の個数 n の目安として，$n = 1 + \left(\frac{\log_{10} N}{\log_{10} 2}\right) = 1 + \log_2 N$ とする）を利用する．たとえば，$N = 50$ なら $n = 7$，$N = 80$ なら $n = 7$，$N = 100$ なら $n = 8$，$N = 1000$ なら $n = 11$ というようになる．

ヒストグラム，度数分布表は小学校から扱うためよく理解することが必要となる．

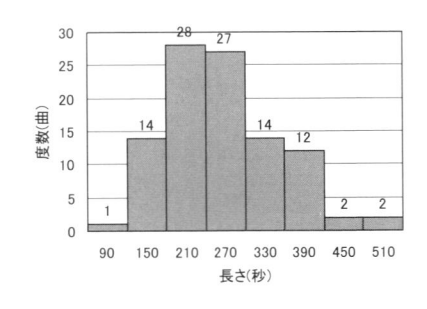

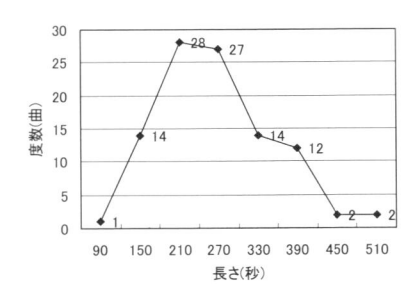

図 5.2　ヒストグラム　　　　　図 5.3　度数分布多角形

C. 代表値

その集団の全体の傾向だけではなく，集団の特徴を表すものが**代表値**である。代表値には平均値，中央値，最頻値，最大値，最小値などがある。

平均値；Average（アヴェレージ）

変量 x の N 個の値を $x_1, x_2, \ldots, x_n$ とすると，これらの値の総和を N で割ったものを変量 x の**平均値**といい，$\bar{x}$ と表す。

すなわち $\bar{x} = \frac{1}{N} \sum_{i=1}^{n} x_i$ である。

中央値；Median（メジアン）

資料を大きさの順に並べたとき，その中央の順位にくる値を**中央値**という。中央がない場合（データが偶数の場合）は，その前後の値の平均の値となる。

最頻値；Mode（モード）

資料の度数分布表において，度数が最大である階級の階級値を**最頻値**という。

このように代表値にはいろいろな種類がある。したがってそれぞれの，代表値の使い方が大切なため，よくその差異を理解することが大切である。

D. 散布度

資料の集団の特徴を表す際，代表値だけでは十分でない場合が多い。そのとき考慮する必要があるのが**散布度（散らばり）**である。散布度には，分散，標準偏差，範囲，四分位偏差，変動係数などがある。

分散；Variance

変量の値から平均値 $\overline{x}$ を引いた差 $x_i - \overline{x}$ を x_i の $\overline{x}$ からの**偏差**という。この偏差の2乗の平均（各値と平均との差の2乗の平均）を**分散**という。すなわち σ^2 を分散とすると，$\sigma^2 = \frac{1}{N} \sum_{i=1}^{N} (x_i - \overline{x})^2$ で表される。

標準偏差；Standard Deviation；SD

分散の正の平方根を**標準偏差**といい，σ で表す。

範囲；Range

最大値と最小値の差を**範囲**という。

四分位偏差；Quartile deviation

データを大きい順に並べ，最小値から数えて，$\frac{1}{4}, \frac{2}{4}, \frac{3}{4}$ にあたる数を四分位数といい，その $\frac{1}{4}$ と $\frac{3}{4}$ にあたる数の差の $\frac{1}{2}$ を**四分位偏差**という。

変動係数；Coefficient of variation

集団の特徴を知るときにデータのばらつきと平均値の比でみると有効な場合がある。この際に利用するのが**変動係数**（標準偏差を平均で割った統計量）である。

このように散布度にはいろいろな種類がある。したがってそれぞれの散布度の使い方が大切なので，よくその差異を理解することが大切である。

E. 相関

2つの変量（たとえば，身長・体重）の間の関係の関連を示すものとして，散布図，相関係数などがある。

散布図，相関図；Scatter diagram, Correlation diagram

2つの量的変数間の関係を明らかにするための1つの図に**散布図**，**相関図**がある。

相関係数；Correlation coefficient

それらの関係を表す統計量の1つに**相関係数**がある。

今，$(x, y) = (x_i, y_i)$ の2組の n 個のデータを考えると，x, y の平均がそれぞれ $\overline{x}, \overline{y}$ であるとする。偏差 $x_i - \overline{x}, y_i - \overline{y}$ の平均を**共分散**といい，C_{xy} で表す。$C_{xy} = \frac{1}{n}\sum_{i=1}^{n}(x_i - \overline{x})(y_i - \overline{y}) = \frac{1}{n}\sum_{i=1}^{n}x_i y_i - \overline{x}\,\overline{y}$ となる。この値を x, y の標準偏差 σ_x, σ_y の積で割った値を x, y の**相関係数**といい，r で表す。

$$r = \frac{x と y の共分散}{x の標準偏差 \times y の標準偏差} = \frac{\frac{1}{n}\sum_{i=1}^{n}(x_i - \overline{x})(y_i - \overline{y})}{\sqrt{\frac{1}{n}\sum_{i=1}^{n}(x_i - \overline{x})^2}\sqrt{\frac{1}{n}\sum_{i=1}^{n}(y_i - \overline{y})^2}}$$

$$= \frac{\sum_{i=1}^{n}(x_i - \overline{x})(y_i - \overline{y})}{\sqrt{\sum_{i=1}^{n}(x_i - \overline{x})^2}\sqrt{\sum_{i=1}^{n}(y_i - \overline{y})^2}}$$

となる。

このとき，相関係数の絶対値が 0.0〜0.2 のときは「ほとんど相関関係がない」，0.2〜0.4 のときは「やや相関関係がある」，0.4〜0.7 のときは「かなり相関関係がある」，0.7〜1.0 のときは「強い相関関係がある」とする。なお値が正の場合は正の相関，負の場合は負の相関がある（ない）という。

たとえば，1組，2組の15人の国語・算数のテストの結果を表5.3とする。このときの相関図は図5.4のようであり，1組の国語と算数の相関係数は -0.19

表 5.3 国語・算数のテスト結果 (上:1 組，下:2 組)

1組															
出席番号	1	2	3	4	5	6	7	8	9	10	11	12	13	14	15
国語	10	20	50	60	30	80	90	40	50	60	50	100	20	80	30
算数	50	20	0	60	50	40	80	20	100	20	30	20	100	20	70
2組															
出席番号	1	2	3	4	5	6	7	8	9	10	11	12	13	14	15
国語	10	20	50	60	30	80	90	40	50	60	50	100	20	80	30
算数	10	40	50	80	30	80	30	40	50	60	60	100	30	80	30

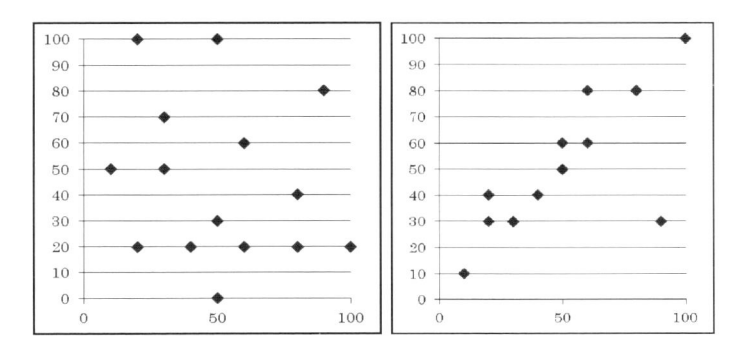

図 5.4 国語・算数のテスト結果の相関図 (左:1 組, 右:2 組)

(ほとんど相関はない), 2 組は 0.76 (正の強い相関がある) となる.

(2) 確率分布

確率分布の中で特に重要な分布は, 離散的確率分布の二項分布と連続的確率分布の正規分布である.

A. 確率変数

ある試行において, それぞれの根元事象に応じて決まった値をとる変数を**確率変数**という.

B. 確率分布

この確率変数 X がとる値に, その値をとる確率を対応させたとき, この対応を X の**確率分布**という.

なお確率分布は, 不連続な値をとる**離散分布** (幾何分布, 二項分布, ポアソン分布など), 連続的な値をとる**連続分布** (正規分布, ワイブル分布など) がある. この中で二項分布と正規分布が基本的にはよく利用される.

C. 二項分布 (Binomial Distribution)

ある事象 A の起こる確率 $P(A) = p$ とするとき, n 回の独立試行を行って, A が n 回起こる確率分布は次のような確率分布になる. ただし, $q = 1 - p$ で

ある。

X	0	1	$\cdots$	k	$\cdots$	n	計
P	${}_nC_0q^n$	${}_nC_1pq^{n-1}$	$\cdots$	${}_nC_kp^kq^{n-k}$	$\cdots$	${}_nC_nP^n$	1

X がとるそれぞれの値の確率が，二項定理

$$(p+q)^n = {}_nC_0q^n + {}_nC_1pq^{n-1} + \cdots + {}_nC_kp^kq^{n-k} + \cdots + {}_nC_np^n$$

の右辺の各項に等しいため，この確率分布を**二項分布**といい，$\boldsymbol{B(n,p)}$ や $\boldsymbol{Bin(n,p)}$ で表す。

二項分布 $B(n,p)$ は $P(X=k) = {}_nC_kp^kq^{n-k}\ (q=1-p)$ となる。このとき平均は $E(X)=np$，分散は $V(X)=npq$ となる。

たとえば，1個のサイコロを3回投げて6の目がでる回数を X とし，確率分布を求め，さらに70回投げて1の目がでる期待値，分散を求めると次のようになる。

X は二項分布 $B\left(3,\frac{1}{6}\right)$ に従い，$P(X=k) = {}_3C_k\left(\frac{1}{6}\right)^k\left(\frac{5}{6}\right)^{3-k}\ (k=0,1,2,3)$ となる。このとき，X の確率分布は

X	0	1	2	3	計
$P(X)$	$\frac{125}{216}$	$\frac{75}{216}$	$\frac{15}{216}$	$\frac{1}{216}$	1

となる。これをグラフ化すれば図5.5のようになる。このとき期待値は $E(X) = np = 3 \times \frac{1}{6} = 0.5$, $V(X) = npq = 1 \times \frac{3}{6} \times \frac{5}{6} = 0.417$ となる。また，1個のサイコロを70回投げたとき，1の目がでる回数の期待値，分散は次のようになる。1の目の出る回数 X は $Bin\left(70,\frac{1}{6}\right)$ に従う。したがって，$E(X) = np = 70 \times \frac{1}{6} = 11.7$, $V(X) = npq = 70 \times \frac{1}{6} \times \frac{5}{6} = 9.72$ となる。

ここで，上のように試行回数を増やしたとき，すなわち $B\left(10,\frac{1}{6}\right)$, $B\left(30,\frac{1}{6}\right)$, $B\left(50,\frac{1}{6}\right)$, $B\left(70,\frac{1}{6}\right)$ のグラフは図5.6のようになる。グラフからわかるように，試行回数を増やすと徐々に左右対称のグラフになる。

D. 正規分布 (Normal Distribution)
分布曲線

度数分布表をヒストグラムで表し，さらに測定数を増やし，階級幅を狭く

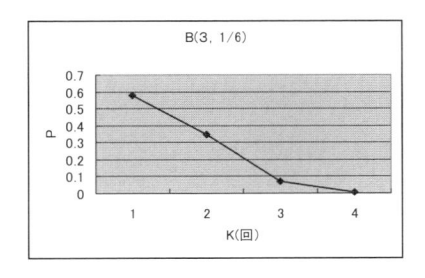

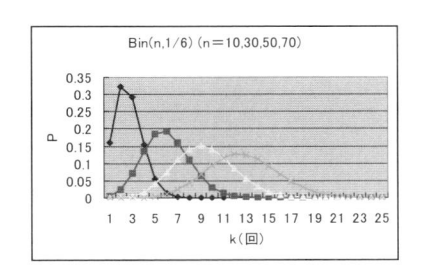

図 5.5 確率分布 **図 5.6** 試行回数を増やしたときの確率分布

すると，ヒストグラムに対応する度数分布多角形がしだいに一定の曲線に近づく．この曲線を**分布曲線**という．

BEST CLASSIC 100 について相対度数をもとにヒストグラムと分布曲線を作成すると図 5.7, 5.8 のようになる．

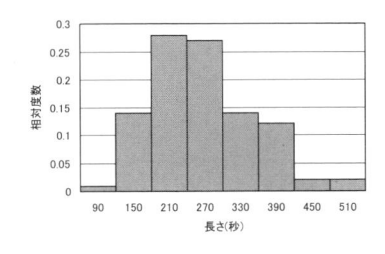

図 5.7 ヒストグラム **図 5.8** 分布曲線

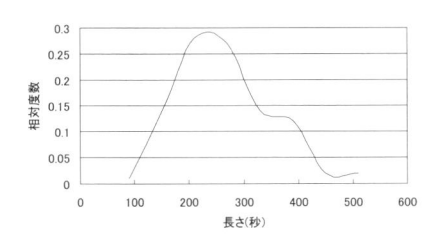

ヒストグラムの全体の面積 (相対度数の総和) は 1 となる．したがって，分布曲線 ($60 \leqq x \leqq 540$) と x 軸で囲まれる面積は 1 となることがわかる．

正規分布

身長などの測定値を始め，自然現象，社会現象の中で，その分布曲線が左右対称の山形の曲線で近似曲線は，

$$y = f(x) = \frac{1}{\sqrt{2\pi}\sigma} e^{-\frac{(x-\mu)^2}{2\sigma^2}}$$

で表され (平均を μ，標準偏差を σ とする)，**正規分布曲線**という．とくに，

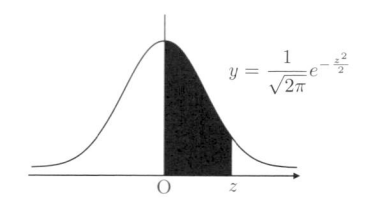

図 5.9　正規分布曲線

$\mu=0, \sigma=1$ のときその曲線を**標準正規分布曲線**という（図 5.9）。

一般に，連続的確率関数 X の分布曲線が正規分布曲線であるとき，X は**正規分布**に従うという。また，平均値 μ，標準偏差 σ の正規分布を $\boldsymbol{N(\mu, \sigma^2)}$ と表す。

$P(X)$ が (μ, σ^2) に従うとき，$P(\mu-\sigma \leqq X \leqq \mu+\sigma) = 0.6826$, $P(\mu-2\sigma \leqq X \leqq \mu+2\sigma) = 0.9544$, $P(\mu-3\sigma \leqq X \leqq \mu+3\sigma) = 0.9973$ が成り立つ（図 5.10, 5.11, 5.12）。

ただし，推定・検定などで利用する範囲である 95%, 99%にすると次のようになる。$P(\mu-1.96\sigma \leqq X \leqq \mu+1.96\sigma) = 0.95$, $P(\mu-2.58\sigma \leqq X \leqq \mu+2.58\sigma) = 0.99$

たとえば，日本の 18 歳の女子の身長が $N(158.2, 5.3^2)$ に従う（文部科学省，平成 20 年度体力・運動能力調査調査結果統計表 http://www.mext.go.jp/b_menu/houdou/21/10/attach/1285568.htm による）とすれば，どのようなことがいえるかを考えてみる。このとき，$P(158.2-5.3 \leqq X \leqq 158.2+5.3) = 0.683$, $P(158.2-5.3 \times 2 \leqq X \leqq 158.2+5.3 \times 2) = 0.954$, $P(158.2-5.3 \times 3 \leqq X \leqq 158.2+5.3 \times 3) = 0.997$ が成り立つ。すなわち，$152.9 \leqq X \leqq 163.5$ の女子がいる確率は 68.3%，$147.6 \leqq X \leqq 168.8$ の女子がいる確率が 95.4%，$142.3 \leqq X \leqq 174.1$ の女子がいる確率が 99.7%となることがわかる。

標準正規分布

分布 $N(0,1)$ を**標準正規分布**という。確率変数 X が正規分布 $N(\mu, \sigma^2)$ に従うとき，$Z = \frac{X-\mu}{\sigma}$ とおけば Z は標準正規分布 $N(0,1)$ に従う。図 5.9 の黒部分の面積 $P(0 \leqq Z \leqq z)$ を示すのが**正規分布表**（後掲）である。

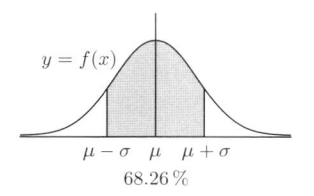

図 5.10 $P(\mu - \sigma \leqq X \leqq \mu + \sigma) = 0.6826$

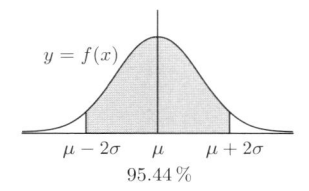

図 5.11 $P(\mu - 2\sigma \leqq X \leqq \mu + 2\sigma) = 0.9544$

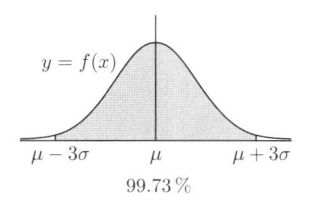

図 5.12 $P(\mu - 3\sigma \leqq X \leqq \mu + 3\sigma) = 0.9973$

正規分布の標準化

任意の正規分布 $N(\mu, \sigma^2)$ に従う確率変数 X を，標準正規分布 $N(0,1)$ に従う Z に移行させることを正規分布の**標準化**という．

X は $N(\mu, \sigma^2)$ に従う $\Leftrightarrow$ Z は $N(0,1)$ に従う．

$$\begin{aligned} P(a \leqq X \leqq b) &= P(a - \mu \leqq X - \mu \leqq b - \mu) \\ &= P\left(\frac{a-\mu}{\sigma} \leqq \frac{X-\mu}{\sigma} \leqq \frac{b-\mu}{\sigma}\right) \\ &= P\left(\frac{a-\mu}{\sigma} \leqq Z \leqq \frac{b-\mu}{\sigma}\right) \end{aligned}$$

たとえば，2010 年度大学入試センター試験，数学 I・A の受験者 368289 人の得点は，平均点 48.96 点，標準偏差 19.63 点である（独立行政法人 大学入試センター，（本試験）平均点等一覧，http://www.dnc.ac.jp/modules/center_exam/content0230.html による）．

このとき，90 点から 95 点の受験者は何人であるかを考えてみる．

$N(48.96, 19.63^2)$ は正規分布に従うと考えられる．$Z = \frac{X-48.96}{19.63}$ とおくと，Z は $N(0,1)$ に従う．そこで，90 点から 95 点の受験者を考えると，$P(90 \leqq X \leqq 95) = P(2.09 \leqq Z \leqq 2.35)$ となる．正規分布表から $0.4906 - 0.4817 = 0.0089$ となる．したがって，$368289 \times 0.0089 \fallingdotseq 3278$（人）となる．

二項分布と正規分布の関係

n が十分に大きいとき，二項分布 $B(n,p)$ は正規分布 $N(np, np(1-p))$ に近似してよいことにする．

以上の二項分布，正規分布は高等学校で扱うが，推測統計を扱うには，それ以外の分布の理解も必要である．また，データは書籍や官公庁の HP などにも数多くあるので，参考にするとよい．

(3) 推測統計（統計的推測）

推測統計とは，全体の母集団の性質を，標本をもとに推測する方法であり，推定と検定がある．

A．母集団と標本

統計的な調査には，国勢調査のように調査対象全体をもれなく調べる**全数調査**と，世論調査のように集団の一部を抜き出して全体を推測しようとする**標本調査**がある．標本調査では，調査の対象となる全体を**母集団**といい，調査のために母集団から抜き出された一部分を**標本**という．標本を抜き出すことを**抽出**といい，母集団，標本の要素の個数をそれぞれ，母集団，標本の**大きさ**という．標本を抽出する場合，標本ができるだけ母集団の性質をそのまま引き継いでいる方が望ましくなる．そのため，母集団のどの要素も標本とし

て抽出される確率が等しくなるようにする。このような抽出方法を**無作為抽出（任意抽出）**といい，無作為抽出によって抽出された標本を**無作為標本（任意標本）**という。標本を抽出するとき，一度抽出したものをもどしてから次の抽出を行う場合，**復元抽出**といい，もとにもどさないで抽出する場合，**非復元抽出**という。なお，抽出方法としては，単純無作為抽出法，系統抽出法，二段抽出法，層化抽出法，層化多段階抽出法，多相抽出法などがある。

B. 母集団分布と標本平均

母集団の変量 X の確率分布を**母集団分布**といい，X の平均，分散，標準偏差をそれぞれ，**母平均，母分散，母標準偏差**といい，普通，μ, σ, σ^2 で表す。

母集団から復元抽出で，無作為に取り出された大きさ n の標本 $(X_1, X_2, \ldots, X_n)$ の平均を $\overline{X}$ とする。$\overline{X}$ を**標本平均**といい，$X_1, X_2, \ldots, X_n$ によって定まる分散を**標本分散**（s^2 と表す）といい，その正の平方根を**標本標準偏差**（s と表す）という。

標本平均の平均値と標準偏差

母平均 μ, 母標準偏差 σ の母集団から大きさ n の標本を抽出するとき，その標本平均 $\overline{X}$ の平均と標準偏差は，$E(\overline{X}) = \mu$, $\sigma(\overline{X}) = \frac{\sigma}{\sqrt{n}}$ となる。

標本平均の確率分布

母平均 μ, 母標準偏差 σ の母集団から大きさ n の標本を抽出するとき，その標本平均 $\overline{X}$ の分布は，n が大きければ正規分布 $N\left(\mu, \frac{\sigma^2}{n}\right)$ に近くなる。

とくに，母集団分布が正規分布のときは，n の値に関係なく，$\overline{X}$ の分布は正規分布 $N\left(\mu, \frac{\sigma^2}{n}\right)$ になる。

C. 推定

母平均の推定

ある母集団において，母平均の値 μ が未知のとき，これを標本調査から推定を行うことができ，これを**母平均の推定**という。

母分散が既知の場合は，標本の大きさ n が大きいとき，$\overline{X}$ は $N\left(\mu, \frac{\sigma^2}{n}\right)$ に

従い，そして $Z = \frac{\overline{X}-\mu}{\frac{\sigma}{\sqrt{n}}}$ は $N(0,1)$ に従うことから，母平均 μ は 95% の確率で $\overline{X} - \frac{1.96\sigma}{\sqrt{n}} \leqq \mu \leqq \overline{X} + \frac{1.96\sigma}{\sqrt{n}}$ の範囲に含まれることが推定できる（$\overline{X}$ は標本平均，σ は母標準偏差）。なお n が小さな場合は他の推定（t 分布などによる推定）を行う必要がある。

母分散が未知の場合は，標本サイズが大きいときは実用上，標本分散（不偏分散）を代用してもかまわないが，小さい場合は他の推定（t 分布などによる推定）を行う必要がある。

（母分散が既知の場合）

ある高校第 3 学年男子 100 人を無作為抽出したら，体重の平均は 59.5 kg で，母集団の標準偏差が 10.0 kg であることがわかっている。このとき，この高校第 3 学年の男子の体重の平均（母平均）を信頼度 95% で推定する。この場合，信頼度 95% の信頼区間の $\left[\overline{X} - \frac{1.96\sigma}{\sqrt{n}}, \overline{X} + \frac{1.96\sigma}{\sqrt{n}}\right]$ に，$n = 100$，$\overline{X} = 59.5$，$\sigma = 10.0$ を代入すればよい。結果は $[57.5, 61.5]$ となる。

（小標本の場合）

小標本の場合，標準正規分布に標準化できないが，$t = \frac{\overline{X}-\mu}{\frac{s}{\sqrt{n-1}}}$ の変数を考えると，その変数の分布が t 分布となり，t 分布を利用して考えることができる（なお，自由度は $n-1$ である。自由度とは，変数のうち自由に選べる数である）。

紅茶の 350 mL ペットボトル 10 個を無作為抽出したら，重さの平均が 350.0 g であり，標本標準偏差が 3 g とわかっていれば，信頼度 95% の信頼区間は $\left[350.0 - \frac{2.26 \times 3}{\sqrt{10-1}}, 350.0 + \frac{2.26 \times 3}{\sqrt{10-1}}\right] = [347.7, 352.3]$ となる（2.26 は，t 分布表（自由度 9, 0.025）から導き出される）。ただし，計数値の場合は，二項分布で推定を行うのが一般的である。

母比率の推定

母集団において，ある性質 A をもつもの全体に対する割合 p を **母比率** といい，標本に対する割合 $\overline{p}$ を **標本比率** という。母比率は標本調査から推定を行

うことができ，**母比率の推定**という。

母比率を p，標本比率を $\overline{p}$ で表した場合，標本の大きさが n で，この中で性質 A のもつ個数を X とすると $\overline{p} = \frac{X}{n}$ である。

X の分布は $B(n,p)$ であることより，$\mu = np$，$\sigma = \sqrt{np(1-p)}$ となる。このことから $\overline{p} = \frac{X}{n}$ の平均は $\frac{np}{n}$，標準偏差は $\frac{\sqrt{np(1-p)}}{n} = \sqrt{\frac{p(1-p)}{n}}$ となり n が十分に大きいときには $\overline{p}$ は $N(p, \frac{p(1-p)}{n})$ に従う。

標本の大きさ n が大きいときには p を $\overline{p}$ とおきかえることができるため，母比率 p に対する信頼度 95％の信頼区間は次のようになる。

$$\overline{p} - 1.96\sqrt{\frac{\overline{p}(1-\overline{p})}{n}} \leqq p \leqq \overline{p} + 1.96\sqrt{\frac{\overline{p}(1-\overline{p})}{n}}$$

たとえば，ある市で高校生のスマートフォンの所持を調べたところ，100人中50人が所持していた。この市の高校生のスマートフォンを所持する比率 p を 95％の信頼度で推定することを考える。このとき，$\overline{p} = \frac{50}{100} = 0.5, n = 100$ より，$0.5 - 1.96\sqrt{\frac{0.5(1-0.5)}{100}} \leqq p \leqq 0.5 + 1.96\sqrt{\frac{0.5(1-0.5)}{100}}$ となり，$0.397 \leqq p \leqq 0.603$ となる。

なお，標本サイズが小さい場合は F 分布を利用した推定などを行う。これらの推定は検定につながる重要な内容であるため，十分に理解することが求められる。

D. 検定

一般に，母集団についてある仮定をおき，それが正しいか否かを判定する統計的方法を検定といい，初めの仮定を**仮説（帰無仮説）**という。

検定をするとき，あらかじめある確率 p を定めておき，それを基準にして，確率 p 以下のことが起これば，めったにないことが起こったとして，仮説が正しくないと判断する。このような基準となる確率 p を百分率で表し，**有意水準**という。一般に，5％または1％をとるのがふつうである。また，有意水準に照らして，仮説が正しくないと判断することを，仮説を**棄却する**といい，仮説が棄却されるような確率変数の値の範囲を**棄却域**という。なお，棄却域を片側にとる場合を**片側検定**，両方にとる場合を**両側検定**という。これらは

対立仮説の立てかたにより決まる。

　検定の流れとしては，①分布を考える，②仮説を立てる（帰無仮説，対立仮説）（対立仮説により，検定方法が決まってくる），③有意水準を決める，（④自由度を計算する），⑤統計量を求める，⑥棄却域を求める，⑦判定する，という順になる。

　たとえば，「A，B 二人が Video ゲーム「ぴよぴよ」の試合を 8 ゲーム行ったところ，A の 7 勝 1 敗に終わった。この結果から A が B より強いかについて検定せよ」といった場合には次のようになる。①二項分布，②帰無仮説；A の勝つ確率 $p = \frac{1}{2}$，対立仮説：$p > \frac{1}{2}$ と仮定する（片側検定）。③有意水準；5%，⑤統計量；k 試合目で A が勝てば $X_k = 1$，負ければ $X_k = 0$ とする。8 試合中 A が勝つ回数を Z とすると，$Z = X_1 + X_2 + \cdots + X_8$ となる。したがって，Z は二項分布 $B\left(8, \frac{1}{2}\right)$ に従う確率変数となり，A が 7 回以上勝つのは，$P(Z \geq 7) = 0.0352$ となる。⑥棄却域；$0 \leq p \leq 0.05$（二項分布，片側検定，有意水準 5% より），⑦ 0.0352 は棄却域に含まれるため，帰無仮説は棄却される。したがって対立仮説が採用され，A は B より強いといえる。

　また，あるサイコロを 240 回ふったら，6 の目が 45 回出た。このサイコロは 6 の目が出やすいと判断してよいか，有意水準 5% で判断せよ，という場合を考えると次のようになる。①二項分布を正規分布に近似，②帰無仮説；6 の出る目は普通の確率：$p = \frac{1}{6}$，対立仮説；6 の目は出やすい確率：$p > \frac{1}{6}$（片側検定），③有意水準；5%，⑤ 6 の目が正しく出るとすると，目の出る回数 X は二項分布 $B\left(240, \frac{1}{6}\right)$ に従う。したがって，$E(X) = 240 \times \frac{1}{6} = 40$，$\sigma(X) = \sqrt{240 \times \frac{1}{6} \times \frac{5}{6}} = 5.8$ で，n は十分に大きいから，X は正規分布に $(40, 5.8^2)$ に従うとみなす。そうすると，$Z = \frac{X-40}{5.8}$ は $N(0, 1)$ に従い，$X = 45$ のとき，$Z = 0.86$ となる。⑥棄却域；$Z \geq 1.64$（正規分布，片側検定，有意水準 5% より），⑦ $Z = 0.86$ は棄却域に入らないため，帰無仮説は棄却されない。したがって，対立仮説が採用されず，「6 の目が出やすい」とはいいきれないといえる（なお，6 の目がでる確率が $\frac{1}{6}$ であるということではないことに注意！）。

母平均の検定

母平均の検定のときは，推定のときと同様に，母分散がわかっていることが重要となる（母分散が未知の場合や標本サイズが小さい場合は t 分布などを利用する）。

たとえば，ある食品工場の紅茶は 1 本 10.00 kcal で製造されている。普段の製品は平均 10.00 kcal，標準偏差 0.40 kcal に正規分布しているという。ある日紅茶を 100 本無作為抽出すると，平均が 10.08 kcal であった。この日は機械が正常に動いているかを考えてみる。この場合は次のようになる。①正規分布で考える，②帰無仮説；$\mu = 10.00$，対立仮説；$\mu \neq 10.00$，（両側検定），③有意水準；5%，⑤普段と変わらないと考えると，母平均 $\mu = 10.00$，母標準偏差 $\sigma = 0.40$ の母集団から大きさ $n = 100$ の標本をとったことになる。したがって標本平均 $\overline{X}$ は $N\left(\mu, \frac{\sigma^2}{n}\right) = N\left(10.00, \frac{0.40^2}{100}\right)$ に従う。$Z = \frac{10.08 - 10.00}{\frac{0.40}{\sqrt{100}}} = 2$，⑥棄却域は，$Z \geq 1.96$，$Z \leq -1.96$（正規分布，両側検定，有意水準 5% より）である。⑦棄却域に入り，帰無仮説は棄却される。したがって，対立仮説が採用され，正常に動いているとはいえないことがわかる。

母比率の検定

比率の検定は推定のときと同様に，標本の大きさが十分に大きいときは二項分布を正規分布で近似してこれを利用する（標本数が小さいときは F 分布などを利用する）。

標本比率 $\overline{p}$ は母比率を p とすると $N\left(p, \frac{p(1-p)}{n}\right)$ に従うので $Z = \frac{X - np}{\sqrt{np(1-p)}} = \frac{\frac{X}{n} - p}{\sqrt{\frac{p(1-p)}{n}}} = \frac{\overline{p} - p}{\sqrt{\frac{p(1-p)}{n}}}$ とおくと $N(0, 1)$ に従う。

たとえば，ある都市で無作為に 350 人抽出して，昨日の「Sports.com TV」という番組の視聴の有無を調べたところ，視聴者は 12 人であった。この番組についての視聴率は 3% より高いといえるかを有意水準 5% で検定することを考えてみる。この場合は次のようになる。①正規分布に近似して考える。②帰無仮説；$p = 0.03$，対立仮説；$p > 0.03$（片側検定），③有意水準；5%，⑤視聴率 3% とすると，標本数 $n = 350$，標本比率 $\overline{p} = \frac{12}{350}$ となり $Z = \frac{0.034 - 0.03}{\sqrt{\frac{0.03(1-0.03)}{350}}} = 0.44$ となる。⑥棄却域；$Z \geq 1.64$（正規分布，片側検定，有意水準 5% より），⑦ Z

は棄却域に入らない。したがって、対立仮説は採用されず、視聴率は3%より高いとはいいきれないことがわかる。

2標本の検定

(計量値をとる) ある標本集団 A と B の差についての検定を行うことができれば、統計は活用しやすい。

データに対応がある場合は、t 検定を利用する。

データに対応がない場合は、以下のようにする

① 2グループの分散に差があるのかを検定する (F 検定)

②-1 (差がある) ウェルチの検定 (t 検定) で平均値の差を検定する

②-2 (差がない) t 検定で対応のないデータの平均値の差を検定する

カイ二乗検定

(計数値をとる標本について) 観測された頻度分布が理論分布と同じかどうかを検定するのがカイ二乗検定である。たとえば、A校とB校の生徒が、数学が「好き」か「嫌い」でアンケートをとったときに、A校とB校のアンケート結果に違いがあるのかを検定するときなどに利用する。

検定の種類や方法は様々あるが、まずは、それぞれの分布と検定の関係についてよく理解することが大切である。

5.2 確率・統計の指導のポイントについて

ここでは、小学校、中学校、高等学校での現在の学校の教育内容と現在の子どもの学力、そして指導のポイントについて解説する。

5.2.1 現在の確率・統計の教育について

現在の確率・統計の教育内容の実際を見る (文部科学省 2008a, 2008b, 2009)。

5.2. 確率・統計の指導のポイントについて

●小学校
【確率】
第6学年：具体的な事柄について，起こり得る場合を順序よく整理して調べることができるようにする。

【統計】
第6学年：資料の平均や散らばりを調べ，統計的に考察したり表現したりすることができるようにする。（ア 資料の平均について知ること。イ 度数分布を表す表やグラフについて知ること。）

第5学年：目的に応じて資料を集めて分類整理し，円グラフや帯グラフを用いて表したり，特徴を調べたりすることができるようにする。

第4学年：目的に応じて資料を集めて分類整理し，表やグラフを用いて分かりやすく表したり，特徴を調べたりすることができるようにする。（ア 資料を二つの観点から分類整理して特徴を調べること。イ 折れ線グラフの読み方やかき方について知ること。）

第3学年：資料を分類整理し，表やグラフを用いて分かりやすく表したり読み取ったりすることができるようにする。（ア 棒グラフの読み方やかき方について知ること。）

第2学年：身の回りにある数量を分類整理し，簡単な表やグラフを用いて表したり読み取ったりすることができるようにする。

第1学年：ものの個数を絵や図などを用いて表したり読み取ったりすることができるようにする。

小学校では，確率についてはほとんど扱わず，統計については，記述統計の基礎のみを扱っていることがわかる。

●中学校
【確率】
第2学年：不確定な事象についての観察や実験などの活動を通して，確率について理解し，それを用いて考察し表現することができるようにする。（ア 確率の必要性と意味を理解し，簡単な場合について確率を求めること。イ 確率を用いて不確定な事象をとらえ説明すること。）

【統計】

第3学年：コンピュータを用いたりするなどして，母集団から標本を取り出し，標本の傾向を調べることで，母集団の傾向が読み取れることを理解できるようにする。（ア 標本調査の必要性と意味を理解すること。イ 簡単な場合について標本調査を行い，母集団の傾向をとらえ説明すること。〔用語・記号〕全数調査）

第1学年：目的に応じて資料を収集し，コンピュータを用いたりするなどして表やグラフに整理し，代表値や資料の散らばりに着目してその資料の傾向を読み取ることができるようにする。（ア ヒストグラムや代表値の必要性と意味を理解すること。イ ヒストグラムや代表値を用いて資料の傾向をとらえ説明すること。〔用語・記号〕平均値 中央値 最頻値 相対度数 範囲 階級）

　中学校では，確率は統計的確率と数学的確率について，統計は記述統計と推測統計の基礎について扱っている。

● 高等学校
【確率】

数A：場合の数と確率：場合の数を求めるときの基本的な考え方や確率についての理解を深め，それらを事象の考察に活用できるようにする。（ア 場合の数（ア）数え上げの原則; 集合の要素の個数に関する基本的な関係や和の法則，積の法則について理解すること。（イ）順列・組合せ; 具体的な事象の考察を通して順列及び組合せの意味について理解し，それらの総数を求めること。イ 確率（ア）確率とその基本的な法則; 確率の意味や基本的な法則についての理解を深め，それらを用いて事象の確率を求めること。また，確率を事象の考察に活用すること。（イ）独立な試行と確率; 独立な試行の意味を理解し，独立な試行の確率を求めること。また，それを事象の考察に活用すること。（ウ）条件付き確率; 条件付き確率の意味を理解し，簡単な場合について条件付き確率を求めること。また，それを事象の考察に活用すること。[用語・記号] $_nP_r$, $_nC_r$, 階乗, $n!$, 排反）

【統計】

数I：データの分析；統計の基本的な考えを理解するとともに，それを用いてデータを整理・分析し傾向を把握できるようにする。(ア データの散らばり；四分位偏差，分散及び標準偏差などの意味について理解し，それらを用いてデータの傾向を把握し，説明すること。イ データの相関；散布図や相関係数の意味を理解し，それらを用いて二つのデータの相関を把握し説明すること。)

【確率・統計】

数学B：(1) 確率分布と統計的な推測；確率変数とその分布，統計的な推測について理解し，それらを不確定な事象の考察に活用できるようにする。(ア 確率分布；(ア) 確率変数と確率分布；確率変数及び確率分布について理解し，確率変数の平均，分散及び標準偏差を用いて確率分布の特徴をとらえること。(イ) 二項分布；二項分布について理解し，それを事象の考察に活用すること。イ 正規分布；正規分布について理解し，二項分布が正規分布で近似できることを知ること。また，それらを事象の考察に活用すること。ウ 統計的な推測；(ア) 母集団と標本；標本調査の考え方について理解し，標本を用いて母集団の傾向を推測できることを知ること。(イ) 統計的な推測の考え母平均の統計的な推測について理解し，それを事象の考察に活用すること。

高校になってようやく本格的に確率・統計の学習がある。しかしながら，その内容は社会や日常で使えるという視点では不十分であり，また実際に選択する生徒はかなり少ないのが現状である。したがって，小学校，中学校，そして数Iまでに的確な確率・統計の指導をする必要がある。

5.2.2 現在の確率・統計の学力について

まず，中学生の学力の現状を「平成24年度 全国学力・学習状況調査（中学校第3学年）」からみる（国立教育政策研究所 http://www.nier.go.jp/12chousakekkahoukoku/index.htm による）。A問題，B問題に確率・統計に関する問題が出題されている。

・中学校数学 A 問題における問題は図 5.13 のようである。

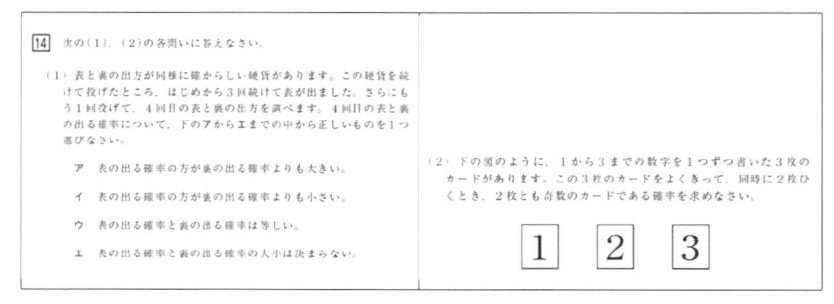

図 5.13 確率に関する問題

(1) の正答率は 65.5%，(2) は 58.5% である。(1) は確率の定義である同様に確からしいという意味がわかっていれば解ける問題にもかかわらず，正答率が 65.5% は決して高い正答率とはいえない。また (2) は樹形図などで数え上げれば確率を簡単にもとめる基本的な問題であるが，58.5% の正答率では，確率の基本概念が理解できているとはいえないことがわかる。

・中学校数学 B 問題における問題は図 5.14 のようである。

正答率は (1) が 74.2%，(2) が 47.1% である。ヒストグラムの基本的な読み方はできているものの，それを活用できていないことがわかる。なお，高校では平成 24 年度から新課程の学習が行われ出したため，今後の生徒の学力の向上が期待される。

一方，高校生の学力の現状を PISA2009（対象高校第 1 学年）から見てみる（文部科学省,「国際学力調査」, http://www.mext.go.jp/a_menu/shotou/gakuryoku-chousa/sonota/07032813.htm による）。PISA の調査は公表されていないため「不確実性」のカテゴリーに関する問題の正答率に焦点をあててみる。

「宝くじ」の正答率は 40.1 (40.2)%（( ) 内は OECD の正答率），「飛び込み競技 問 2」の正答率は 50.4 (44.8)%，「交通手段」の正答率は 44.1 (50.6)%，「コイン投げ」の正答率は 82.3 (79.1)%，「ペアリフト 問 2」の正答率は 55.6 (45.8)%，「ラベル貼り」の正答率は 47.5 (27.3)%，「二酸化炭素 問 2」の正答率は 6.2 (28.5)% である。OECD の平均とはさほど差はないものの，数学的

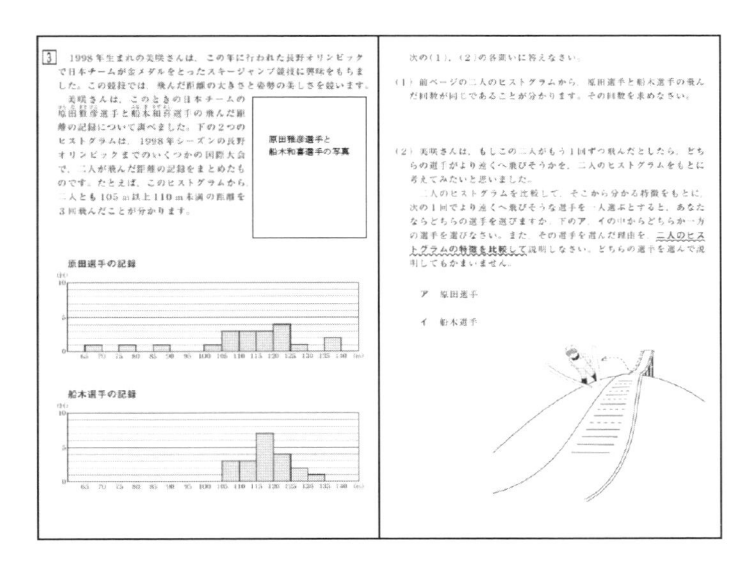

図 5.14 統計に関する問題

リテラシーの正答率の平均は 54.4 (46.8)% であるため，不確実性の問題の正答率が高くはないことがわかる。

5.2.3 確率・統計の指導のポイントについて

(1) 確率について

小学校の確率では，帰納的な大数の法則を利用しながら，標本空間の構成をする必要がある。もちろん，その際，試行，事象，根元事象などの確率の基礎知識の指導が必要となる。中学校に入りさらに確率を拡張するために，標本空間を確率変数と結びつけながら指導する必要がでてくる。統計的確率，数学的確率といった定義の違いについても指導する必要がある。確率の基本性質や余事象の定理，条件付き確率，事象の独立・従属，独立試行も必要である。高等学校ではこれらを理論的に指導するとともに，二項分布，正規分布の指導も大切となる。

(2) 統計について

小・中学校では，記述統計の基礎を指導する必要がある。度数分布（ヒストグラム）や代表値（平均値，中央値，最頻値），散布度（分散・標準偏差），確率分布まで行うとよい。高等学校で，推測統計を中心として，二項分布，正規分布 (t 分布) の推定・検定を行う必要がある。

5.3 確率・統計教育の実践

以下，指導のポイントの中でも，とくに大切な教育実践の内容について述べる。

5.3.1 統計的確率・数学的確率（小学6年・中学1年）

●到達目標：統計的確率と数学的確率の概念を理解する。
●学習内容の意義と概要：大数の法則とは「確率 p で起きる事象に関して，試行を n 回行ったとき，その事象の起きる回数が r 回であるとする。このとき，試行回数 n が大きくなるにつれて比率 $\frac{r}{n}$ は p に近づく。」というものである。子どもはそれまで，「同様に確からしい」という意味を的確に理解せずに，素朴に「確率」を捉えていることが多い。たとえば，子どもはサイコロの1の目がでる確率は「$\frac{1}{6}$」というが，その理由をよく理解していない場合がある。

国立教育政策研究所教育課程研究センター (2003) による平成13年度小中学校教育課程実施状況調査報告書での「確率の意味の理解」の調認識査 (図5.15) では，次のような結果が見られる。

解答のうちアが2.1％，イが25.6％，ウが5.7％，エが8.9％，オが54.4％，これ以外が0.2％，無回答が3.0％である。これらの結果から，確率がどのように決定されているのかがわかっていない生徒が多いことがわかる。とくに数学的確率，統計的確率，さらには割合という意味が混同していることは否めない。そこで，これらの意味を子どもが正しく理解する必要がある。

●**実際の実践内容の重点**
・指導計画（全5時間）：
　第1次：統計的確率について……1時間

5.3. 確率・統計教育の実践

> 1の目が出る確率が1/6であるさいころがあります。このさいころを投げるとき，どのようなことがいえますか。下のア～オの中から最も適切なものを1つ選んで，その記号を□の中に書きなさい。
> ア　5回投げて，1の目が1回も出なかったとすれば，次に投げると必ず1の目がでる。
> イ　6回投げるとき，そのうち1回は必ず1の目が出る。
> ウ　6回投げるとき，1から6の目が必ず1回ずつ出る。
> エ　30回投げるとき，そのうち1つの目は必ず5回でる。
> オ　3000回投げると，1の目はおよそ500回でる。

図 5.15 調査問題（中学校第3学年）

第2次：割合と確率の関係……2時間
第3次：試行の意味の拡張と標本空間……1時間
第4次：統計的確率と数学的確率……1時間

(1) 統計的確率について

まずは既習の分割分数の概念を利用して，一般的な正六面体のサイコロの6の目がでる割合を考えさせる。一般的には $\frac{1}{6}$ であるが，この際，それは「同様に確からしい」と前提であることが大切となる。しかしながら，そこまで意識している子どもは少ない。

そこで，この $\frac{1}{6}$ という意味を考えさせる。多くの子どもは「6回ふれば1回は6の目がでる」とか「6回ふれば1回は6の目がでそうだ」という意味としかとらえていない場合が多いため，それを確認する方法を考えさせる。

子どもはサイコロをふって確認することになるが，実際にふってみると6回ふれば，必ず6の目が1回でるとは限らないことがわかる。

そこで，たくさんふり続けさせてみることとなる。その結果から，子どもはふり続けると $\frac{1}{6}$ に近づいていくことがわかることになる（図5.16）。

(2) 割合と確率の関係

(1)で，子どもはサイコロをふったとき，ふればふるほど1の目の出る確率

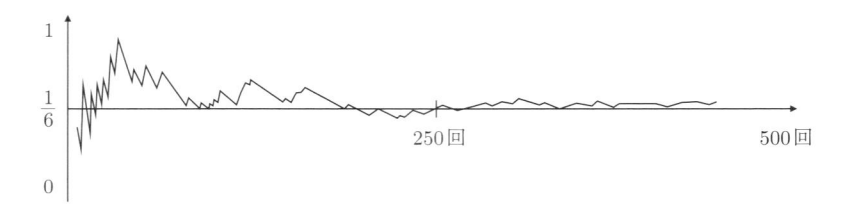

図 5.16 6の目がでる割合

が $\frac{1}{6}$ に近づいていくということがわかるものの，これでは不十分である．それは子どもが確率と割合の区別がわからなく，大数の法則の意味も理解できるには至らないと考えられるからである．そこで，次のような授業（子どもの活動）を行うとよい．

図 5.17 のようなパチンコ台に，次の 1), 2), 3) のパターンでビー玉を落とす（試行）．落とした玉は 1 等, 2 等, 3 等のどれかに入る．このとき 1 等に入る確率を求める．

1) 玉 10 個ずつ入りの袋 10 袋
2) 玉 100 個ずつ入りの袋 10 袋
3) 玉 500 個ずつ入りの袋 10 袋

をそれぞれ台に流し，1 等に入る割合を調べる（図 5.18, 19, 20）．

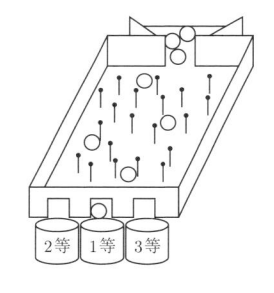

図 5.17 パチンコ台

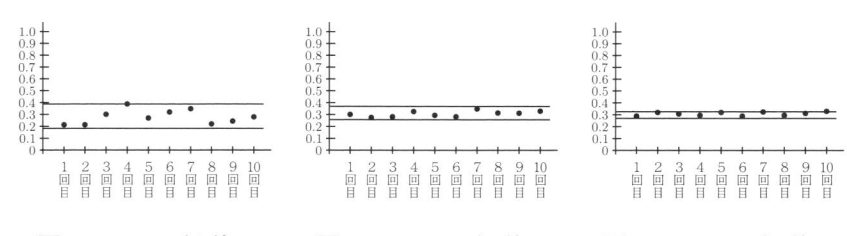

図 5.18 10 個ずつ　**図 5.19** 100 個ずつ　**図 5.20** 500 個ずつ

このような活動を行うと，子どもはその数値（割合）は落とす玉を増やせばある一定の値 0.3 に近づくことがわかる．また，この場合は，単に試行回数を増やすこととは異なるため，この結果，割合と確率の違いがはっきりと

わかることになる。

また，図 5.21 のような歪な六面体のサイコロと，普通のサイコロをふり，特定の目の出る確率を，100回，500回，1000回の試行で試す活動も大切となる。この活動により，子どもは歪な六面体サイコロの場合は，ある目が出る確率は必ず $\frac{1}{6}$ に近づくわけではなく，一定の数値に近づくことがわかる。このことから，必ずしもサイコロの出目の確率は $\frac{1}{6}$ というわけではなく，ふつうのサイコロの場合は同様に確か

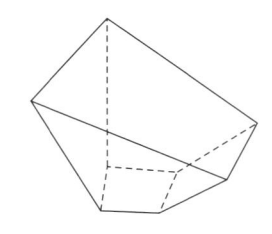

図 5.21 歪み六面体サイコロ

らしいという概念に依存して $\frac{1}{6}$ となること，また統計的確率で一定の数値が求まれば，確率が求まることがわかることになる。

(3) 試行の意味の拡張と標本空間

ここでは，子どもが「試行」の意味を広くとらえることが大切となる。試行は，サイコロをふるや，硬貨を投げるなど手先で何かをするというのが一般的なとらえ方であるが，統計の学習まで見通すと，たとえばある時間帯で，ある国道の一地点で通る車の種類などを考える必要（試行の意味の拡張の必要性）もでてくる。

また「標本空間」を理解させることも大切となる。パチンコ台の活動では，根元事象は1等，2等，3等となり，それぞれの根元事象に確率が与えられる。たとえば，0.3, 0.3, 0.4 とすると，全てを足せば1となることが大切となる。また，同じパチンコ台であっても，釘の位置を変えれば，その根元事象の確率が変化することにも気づかせる必要がある。

試行の拡張により，標本空間も拡張されるため，試行の拡張の学習は大切となる。

(4) 統計的確率と数学的確率

サイコロをふり，その出る目の確率を考えたとき，数学的確率では，各出る目が同様に確からしいときには $\frac{1}{6}$ と決定できる。また統計的確率では大数の法則で $\frac{1}{6}$ と決定できる。ここでは，子どもがこうしたそれぞれの確率の意

味の特徴を関係付けて理解する必要がある。

5.3.2 データ取りと度数分布表とヒストグラム（小学校高学年）

●到達目標：目的に沿ってデータを自ら取得し，度数分布表やヒストグラムを利用してそれらをまとめることができる。また度数分布表やヒストグラムからその事象の特徴を見いだすことができる。

●学習内容の意義と概要

　統計において，データをとることは必要不可欠である。自らとることは，データをとる目的が明確化され，また目的に沿ってデータをとる工夫を行うことになる。しかし，学校の学習では自らデータをとる経験は少ない（与えられたデータが多い）。そこで，ここでは子どもが目的を決め，その目的にそって自らの手と足でデータをとることが大切である。またそれを分析するために，度数分布表とヒストグラムを作成することが大切となるが，作成した度数分布表とヒストグラムから，そのもととなる事象の傾向を読み取ることも大切となる。

●**実際の実践内容の重点**

・指導計画（全 4 時間）：

　　第 1 次：データ取り……2 時間

　　第 2 次：度数分布表とヒストグラム……2 時間

(1) データ取り

　ここでは子どもが目的に沿ったデータを取れることが大切となる。試行はサイコロをふる，コインを投げるなど，教室で行うものが多いが，統計の学習では，実際に観測する必要がでてくる。そこで，実際に子どもは教室外に出てあらゆるデータをとることが大切となる。たとえば，電車の車中での人の行動が知りたいとすれば，以下のようなデータをとることになる。

(例 1) 電車の中で乗客は何をしているか

● 11/5（月）　京阪電車・JR 電車の車中，9:30–10:30，77 人

・モバイルフォン（携帯電話）/スマートフォン（多機能型携帯電話）29 人

（スマートフォン 21 人，モバイルフォン 8 人）
- ゲーム・パソコン 0 人
- 読書（新聞・雑誌・資料）6 人
- 表面的な作業なし（考え事・寝る・会話・音楽を聴く）42 人

● 11/5（月）　京阪電車・JR 電車の車中，14:00–15:00，77 人
- モバイルフォン/スマートフォン 16 人（スマートフォン 14 人，モバイルフォン 2 人）
- ゲーム・パソコン 2 人
- 読書（新聞・雑誌・資料）19 人
- 表面的な作業なし（考え事・寝る・会話・音楽を聴く）40 人

● 11/10（土）　東京メトロの車中，14:30–15:00，77 人
- モバイルフォン/スマートフォン 15 人（スマートフォン 10 人，モバイルフォン 5 人）
- ゲーム・パソコン 1 人
- 読書（新聞・雑誌・資料）14 人
- 表面的な作業なし（考え事・寝る・会話・音楽を聴く）47 人

● 11/12（月）　京阪電車の車中，9:00–9:30，77 人
- モバイルフォン/スマートフォン 20 人（スマートフォン 16 人，モバイルフォン 4 人）
- ゲーム・パソコン 1 人
- 読書（新聞・雑誌・資料）7 人
- 表面的な作業なし（考え事・寝る・会話・音楽を聴く）49 人

● 11/12（月）　JR 電車の車中，13:30–14:00，77 人
- モバイルフォン/スマートフォン 26 人（スマートフォン 20 人，モバイルフォン 6 人）
- ゲーム・パソコン 5 人
- 読書（新聞・雑誌・資料）13 人
- 表面的な作業なし（考え事・寝る・会話・音楽を聴く）33 人

これらのデータを表にすると表 5.4 になる。

　また，持っている電話がモバイルフォンかスマートフォンかが気になると

表 5.4　電車の中の行動

	モバイルフォン スマートフォン	ゲーム パソコン	読書など	作業無し	合計
11/5(京阪/JR) 9:30-10:30	29	0	6	42	77
11/5(京阪/JR) 14:00-15:00	16	2	19	40	77
11/10(東京メトロ) 14:30-15:00	15	1	14	47	77
11/12(京阪) 9:00-9:30	20	1	7	49	77
11/12(JR) 13:30-14:00	26	5	13	33	77

きには次のようなデータをとることになる．

（例2）持っている電話はモバイルフォンかスマートフォンか

● 11/5（月）　京阪電車・JR電車の車中・駅構内，9:30–10:30，66人
・モバイルフォン 24人
・スマートフォン 42人

● 11/5（月）　京阪電車・JR電車の車中・駅構内，14:00–15:00，66人
・モバイルフォン 21人
・スマートフォン 45人

● 11/10（土）　東京メトロの車中，14:30–15:00，66人
・モバイルフォン 22人
・スマートフォン 44人

● 11/12（月）　京阪電車の車中，9:00–9:30，66人
・モバイルフォン 23人
・スマートフォン 43人

　これらのデータを表にすると表5.5になる．

　以上のデータを見比べると，一定の特徴が見えてくる（例えば，時間帯によって余り差がない，モバイルフォンとスマートフォンの所持比は1：2くらいであるなど）．このように，自らデータをとると，おおよその傾向がつかめてくることがある．したがって，子どもは目的をもってデータをとり，それらを目的にそって分析できる力を獲得することが大切となる．

表 5.5 モバイルフォン，スマートフォンの所持数

	モバイルフォン	スマートフォン	合計
11/5(京阪/JR) 9:30-10:30	24	42	66
11/5(京阪/JR) 14:00-15:00	21	45	66
11/10(東京メトロ) 14:30-15:00	22	44	66
11/12(京阪) 9:00-9:30	23	43	66

(2) 度数分布表とヒストグラム

ここでは，子どもが収集したデータを度数分布表，ヒストグラムを使ってさらに分析できる力を獲得することが大切となる。

たとえば (1) でとったデータは分析するために，さらにまとめると分析がしやすくなる。ここでは次のようなデータ「4 歳児の平仮名読みの数」を収集してみる（表 5.6）。

表 5.6　4 歳児の平仮名読みのデータ (横地 (1990) より)

59	45	71	6	71	71	60	71	0
8	0	66	3	4	61	65	46	69
7	71	71	22	0	44	66	71	70
71	71	9	22	69	71	69	48	0
10	2	0	71	56	70	62	39	71
70	33	2	24	22	46	26	2	0
68	3	71	5	7	1	2	13	1
11	5	2	0	71	68	71	71	64
48	68	70	69	8	0	69		

表ではわかりにくいのでヒストグラムに表してみると，図 5.22 のようになる。

このヒストグラムから一定の傾向がわかるが，さらにその傾向を読み取ることが大切となる。このヒストグラムは，U 字型の分布であり，最小度数 0 〜8 文字と，最大度数 64 文字〜68 文字が極端に多いことがわかる。このことから，子どものひらがな読みは，読めるか，読めないか，すなわち，読めることができだすと，一気に読める，言い換えれば順次指導するよりも，一気に指導する方が効果的であることが予想できる。

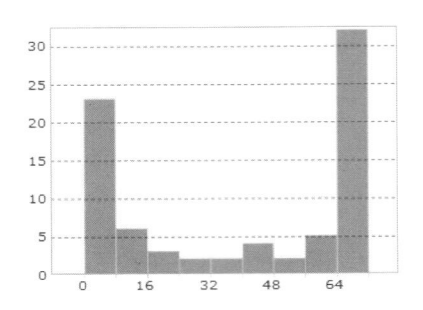

図 5.22 4歳児の平仮名読みのヒストグラム

このように実際の指導では，子どもが分布の単なる傾向をつかむだけではなく，その事象にあてはめてその事象の傾向をつかめることが大切となる。またこうした，正規分布的ではない分布をいかに子どもに体験させ，その見方を獲得させるかが大切となる。分布の型としては，単峰対象型，双峰型，U字型，右に尾を引く型，左に尾を引く型，L字型，J字型などがある。

なお，ヒストグラムなどの作成には，まずは手書きが大切であるが，慣れてくれば，パソコンソフト（Excel[1]など）やWeb上で動くソフト（stathist[2]など）を利用するとよい（本稿でも利用している）。

5.3.3　正規分布と平均値・標準偏差（中学校～高等学校）

●到達目標：正規分布について理解し，正規分布における平均値，標準偏差の意味がわかる。
●学習内容の意義と概要：正規分布は統計学習で中心となる内容である。したがって，その意味を正確に理解する必要がある。また，正規分布における平均値，標準偏差の意味を理解すれば，事象を分析する際に利用することが

---

[1] Excel: ExcelはMicrosoft Excelであり，マイクロソフトが販売している表計算ソフトである。
[2] stathist: 統計ソフトstathistの開発は，科学研究費・基盤研究（C）「初等・中等教育における統計教育の改善に関する研究」（課題番号 21530923　研究代表者・松元新一郎）のプロジェクトの一部であり，このプロジェクトに参加しているメンバーでソフトの枠組みを議論し，この議論を元にして，青木浩幸氏（作成時：高麗大学校大学院コンピュータ教育学科　博士課程在学）が作成したものである）。(http://www.ipc.shizuoka.ac.jp/~esmatsu/stathist%28Ver.2.1%29/stathist-Ver.2.1-home.htm)。

できるため，それらの十分な理解が必要となる．

● **実際の実践内容の重点**

・指導計画：(全4時間)：
　第1次：正規分布と平均値・標準偏差について……2時間
　第2次：標準正規分布について……2時間

(1) 正規分布と平均値・標準偏差について

ここでは，子どもが正規分布の平均値，標準偏差を理解し，それらを活用することが大切となる．学習内容としては次のようである．

度数分布表をヒストグラムで表し，さらに測定数を増やし，階級幅を狭くすると，ヒストグラムに対応する度数分布多角形が作成できる．これを実際にデータを取ることから行うことが大切となる．たとえば手元にある DREAMS COME TRUE の The Soul (EPIC Record (2000)) に収録されている 28 曲の曲の長さについて相対度数をもとにヒストグラムを作成すると図 5.23 のようになる（平均値は 260 秒，標準偏差は 72 秒）．

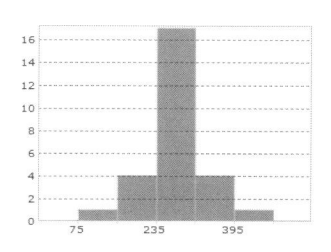

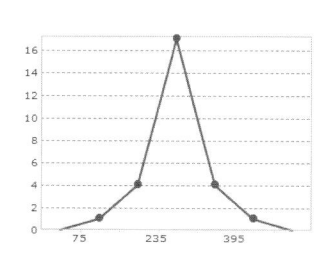

図 5.23 ヒストグラム　　　　**図 5.24** 度数分布多角形

この分布が正規分布に従うと考えると，正規分布曲線は，

$$y = f(x) = \frac{1}{\sqrt{2\pi}\sigma} e^{-(x-\mu)^2/2\sigma^2}$$

で表される．

一般に，連続的確率関数 X の分布曲線が正規分布曲線であるとき，X は正規分布に従うという．また，平均値 μ，標準偏差 σ の正規分布を $N(\mu, \sigma^2)$ と表す．したがって，The Soul の曲の長さは $N(260, 72^2)$ の分布に従うと考

えることができる。

$P(X)$ が $N(\mu,\sigma^2)$ に従うとき，$P(\mu-\sigma \leqq X \leqq \mu+\sigma) = 0.683$，$P(\mu-2\sigma \leqq X \leqq \mu+2\sigma) = 0.954$，$P(\mu-3\sigma \leqq X \leqq \mu+3\sigma) = 0.997$ が成り立つ。ただし，推定・検定などで利用する範囲である 95%，99% にすると次のようになる。$P(\mu-1.96\sigma \leqq X \leqq \mu+1.96\sigma) = 0.95$，$P(\mu-2.58\sigma \leqq X \leqq \mu+2.58\sigma) = 0.99$

したがって，The Soul の曲の長さは $P(260-72 \leqq X \leqq 260+72) = 0.683$，$P(260-72\times 2 \leqq X \leqq 260+72\times 2) = 0.954$，$P(260-72\times 3 \leqq X \leqq 260+72\times 3) = 0.997$ が成り立つ。すなわち，$188 \leqq X \leqq 332$ の曲の長さの確率は 68.3%，$116 \leqq X \leqq 404$ の曲の長さの確率が 95.4%，$44 \leqq X \leqq 476$ の曲の長さの確率が 99.7% となることがわかる。これを他のアーティストの CD や，同じ DREAMS COME TRUE の曲と比較するとよりその特徴がわかりやすい。

ここでも，やはり子どもが実際にデータを収集し，分析することが大切となる。

(2) 標準正規分布について

ここでは子どもは一般によく利用される標準正規分布についての理解が大切となる。学習内容としては次のようである。

分布 $N(0,1)$ を標準正規分布という。確率変数 X が正規分布 $N(\mu,\sigma^2)$ に従うとき，$Z = \frac{X-\mu}{\sigma}$ とおけば Z は標準正規分布 $N(0,1)$ に従う。任意の正規分布 $N(\mu,\sigma^2)$ に従う確率変数 X を，標準正規分布 $N(0,1)$ に従う Z に移行させることを正規分布の標準化という。

X は $N(\mu,\sigma^2)$ に従う $\Leftrightarrow$ Z は $N(0,1)$ に従う。

$$\begin{aligned}P(a \leqq X \leqq b) &= P(a-\mu \leqq X-\mu \leqq b-\mu \\ &= P\left(\frac{a-\mu}{\sigma} \leqq \frac{X-\mu}{\sigma} \leqq \frac{b-\mu}{\sigma}\right) \\ &= P\left(\frac{a-\mu}{\sigma} \leq Z \leqq \frac{b-\mu}{\sigma}\right)\end{aligned}$$

たとえば，先の The Soul の曲の長さは，平均 260 秒，標準偏差 72 秒である。自分のもっている携帯用音楽プレイヤーの保存について，データ 1 トラッ

クに入る曲の長さが188秒から332秒に限定されていたとき，188秒から332秒の曲は何曲であるのか知りたいことになる。そこで，この間の曲が何曲あるのかを考えてみる。このとき，$N(260, 72^2)$ は正規分布に従うと考えられる。$Z = \frac{X-260}{72}$ とおくと，Z は $N(0,1)$ に従う。そこで，188秒から332秒の曲の長さを考えると，$P(188 \leqq X \leqq 332) = P(-1 \leqq Z \leqq 1)$ となる。正規分布表から $0.3413 + 0.3413 = 0.6826$ となる。したがって，$28 \times 0.6826 = 19.1$（曲）となる（実際は22曲）。このように手元のデータを実際にとりその傾向を考え，再度事実と照らし合わせてみることが大切である。

また，たとえば，ある模擬試験の数学Iの受験者 400,000 人の得点が平均 65.0 点，標準偏差 10.0 点であった。A君は90点であったので，90点〜95点の人数が知りたい。また，B君に聞くと 1,000 位だというが，点数は教えてくれなかった。A君はB君の点数が知りたい。それぞれの場合を考えてみる。

(1) 得点 X は $N(65.0, 10.0^2)$ に従う。したがって $P(90 \leqq X \leqq 95) = P(2.5 \leqq Z \leqq 3)$ となる。正規分布表から，$400,000 \times (0.4987 - 0.4938) = 1,960$ となり，およそ 1,960 人いることになる。

(2) 1,000位は上位 $1,000 \div 400,000 = 0.0025$ にいることになる。$0.5 - 0.0025 = 0.4975$ となり，正規分布表でみると $z(0.4975) = 2.81$ となり，

$$\frac{X - 65.0}{10.0} = 2.81 \quad \therefore \quad X = 93.1$$

となる。

というわけで，B君の得点は93点あたりだと予想ができる。

このように子どもが身近な題材から，実際に確認できるデータで学習を行うことが大切となる。

5.3.4 二項分布と割合の推定（中学校〜高等学校）

●到達目標：二項分布の意味を理解し，その分布を用いて割合の推定ができる。
●学習内容の意義と概要：二項分布はその特徴がシンプルな分布であり，また計算も二項展開ができれば容易に計算が可能な分布である。そこで子どもがこれらの特徴を使い，割合の推定が行え，推定の原理を理解することが大切となる。

●実際の実践内容の重点

・指導計画（全5時間）：
　第1次：二項分布について……2時間
　第2次：二項分布による割合の推定……3時間

(1) 二項分布について

ここでは，子どもが分布や推定の概念を二項分布を利用して理解することが大切となる。

二項分布とは，分布の1つである。毎回独立に同じ偶然に支配される試行を繰り返す場合，各試行で成功，失敗の2つの可能性しかないとき，成功および失敗の確率が，それぞれ p と $q = 1 - p$ である n 回の試行において，ちょうど k 回成功する確率 $P(k)$ は ${}_nC_k p^k q^{n-k}$ $(k = 0, 1, \ldots, n)$ である。これを二項分布といい，$Bin(n, p)$ で表す。この分布の平均値は np で分散は npq である。したがって，容易に計算が可能といえる。

たとえば11/5（月）の京阪電車・JR電車の車中・駅構内（9:30–10:30）でモバイルフォンまたはスマートフォンを使用している66人中，モバイルフォンが24人，スマートフォンが42人であった。この場合，モバイルフォンを使用している確率は 0.36 となる。ある日の電車の中で3人の使用を調べたときに，モバイルフォンを少なくとも1人が使用している確率はどれぐらいであるのかを考えてみる。このとき，モバイルフォンを所持している人数 X は $Bin(3, 0.36)$ に従い，$P(X \geq 1)$ は $1 - {}_3C_0 0.36^0 0.64^3 \fallingdotseq 0.738$（約73.8%）となることがわかる。

実際に子どもが電車で3人の電話の種類を何度か調べ，この確率と比較して確かめることが望ましい。

(2) 二項分布による割合の推定

ここでは子どもが実際に割合の推定ができることが大切となる。

1回の試行で特定の事象 A の起こる確率が s であるとする。この試行を n 回繰り返したとき（事象は独立），その中で k 回だけ起こる確率 $P(k)$ は，$P(k) = {}_nC_k s^k (1-s)^{n-k}$ で与えられる。

このとき，

$$P(0) = {}_n\mathrm{C}_0 s^0 (1-s)^{n-0} = (1-s)^n$$

$$\frac{P(k)}{P(k-1)} = \frac{{}_n\mathrm{C}_k s^k (1-s)^{n-k}}{{}_n\mathrm{C}_{k-1} s^{k-1} (1-s)^{n-k+1}}$$

$$= \frac{n!/k!(n-k)!}{n!/(k-1)!(n-k+1)!} \times s/(1-s)$$

$$= \frac{n-k+1}{k} \times \frac{s}{1-s}$$

となる．

このとき，n 回の試行中，事象 A が高々 k 回（k 回以下）が起こる確率を $Q(k)$ とすれば，$Q(k) = P(1) + \cdots + P(k) = Q(k-1) + P(k)$ となる．

また，少なくとも k 回（k 回以上）が起こる確率を $R(k)$ とすれば

$$R(k) = 1 - (P(1) + \cdots + P(k-1))$$
$$= 1 - Q(k) + P(k)$$

となる．

これらを利用して，次のような推測ができる．

たとえば，大吉がでる確率が3%のおみくじがあったとき，10人ひいて3人が大吉になるのはどんなときかを考えてみる．まず，$Bin(10, 0.03)$ について，$P(k)$，$Q(k)$，$R(k)$ の表を作成する（表5.7）．このとき $P(k=3) = 0.0026$（約 0.26%）

表 **5.7** $P(k), Q(k), R(k)$ の値

k	P(k)	Q(k)	R(k)
0	0.73742	0.73742	1.00000
1	0.22807	0.96549	0.26258
2	0.03174	0.99724	0.03451
3	0.00262	0.99985	0.00276
4	0.00014	0.99999	0.00015
5	0.00001	1.00000	0.00001
6	0.00000	1.00000	0.00000
7	0.00000	1.00000	0.00000
8	0.00000	1.00000	0.00000
9	0.00000	1.00000	0.00000
10	0.00000	1.00000	0.00000

であり，かなり低い確率であることがわかる．さらに，少なくとも3人が大吉になる確率を考えてみると，$P(k \geqq 3) = R(3) = 0.276$（約 0.28%）となり，これでもかなり大吉がでないのがわかる．信頼区間を99%とすると，$k = 3, 4, 5, 6, 7, 8, 9, 10$ はまず起こらないことがわかる．実際に子どもがくじびきを使って確かめてみることが大切である．

また，たとえば電車の中で使用している電話はモバイルフォンかスマート

フォンかの調査を行ったところ，10人中モバイルフォンが4人，スマートフォンが6人でであり，スマートフォンの割合は60%であった。このとき，スマートフォンの所持率はどれぐらいと推測できるかを考えてみる。

この場合は10人中n人が所持する確率pを二項分布で考え，10人中6人の所持率が95%の信頼区間で選ばれる範囲はどれぐらいかということを考えることとなる。そこでまず，$Bin(10,0.01) \sim Bin(10,0.99)$までの表（$P(k)$，$Q(k)$，$R(k)$）を作成する。このとき，信頼区間95%で考えているため，棄却域は0.05であり，左側0.025，すなわち$Q(k) \leqq 0.025$，右側0.025，すなわち$R(k) \leqq 0.025$を調べる。ここで，95%の信頼区間をとる範囲を探る。たとえば$Bin(10,0.01)$であれば$k=0$，$Bin(10,0.55)$では$4 \leqq k \leqq 7$となる。これらを表にまとめると表5.8になる（着色部分が信頼区間）。表からわかるように，6が入るのは0.45〜0.73となる。

すなわち，45%〜73%の確率であるならば，10人中6人の所持があると言うことである。いいかえれば，スマートフォンの所持率は45%〜73%と推定できるといえる。

このように子どもが実際に，ある身近な目的にそった推定ができることが望ましい。

5.3.5 検定（高等学校）

●到達目標：検定の内容について理解する
●学習内容の意義と概要：推定の内容が理解できれば，検定の内容は容易に理解できる。ここでは，検定の意味について理解し，二項分布・正規分布を利用した検定を行うことができるようにする。
●実際の実践内容の重点
・指導計画（全5時間）：
　第1次：二項検定（二項分布による検定）について……2時間
　第2次：正規分布による検定について……3時間

5.3. 確率・統計教育の実践

表 5.8 $Bin(10, 0.01) \sim Bin(10, 0.99)$ の 95%信頼区間の表

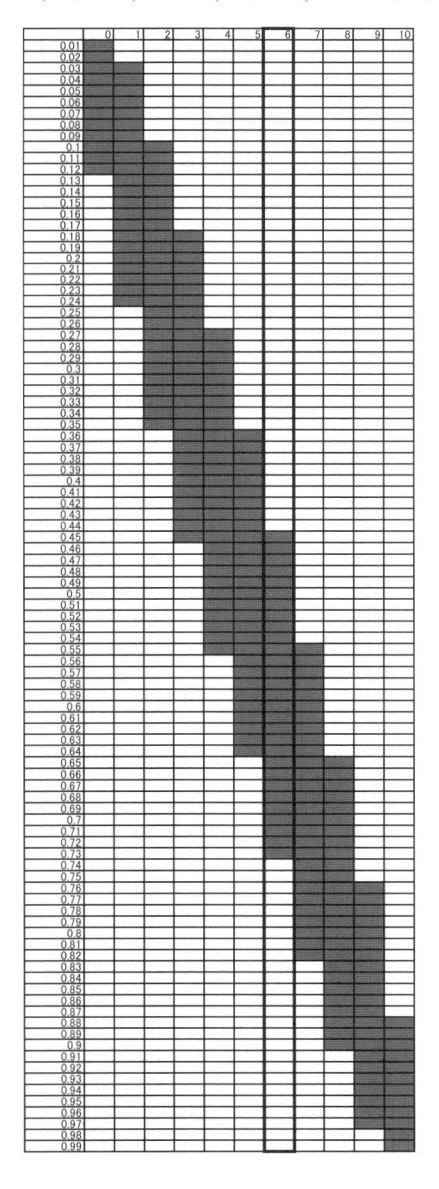

(1) 二項検定について
A．検定について……1時間

まずは，子どもが次のような検定の基本的な内容を理解することが大切となる．

一般に，母集団についてある仮定をおき，それが正しいか否かを判定する統計的方法を検定といい，初めの仮定を仮説（帰無仮説）という．

検定をするとき，あらかじめある確率 p を定めておき，それを基準にして，確率 p 以下のことが起これば，めったにないことが起こったとして，仮説が正しくないと判断する．このような基準となる確率 p を百分率で表し，有意水準という．一般に，5%または1%をとるのがふつうである．また，有意水準に照らして，仮説が正しくないと判断することを，仮説を棄却するといい，仮説が棄却されるような確率変数の値の範囲を棄却域という．なお，棄却域を片側にとる場合を片側検定，両方にとる場合を両側検定という．これらは対立仮説の立てかたにより決まる．

検定の流れとしては，①分布を考える，②仮説を立てる（帰無仮説，対立仮説）（対立仮説により，検定方法が決まってくる），③有意水準を決める，（④自由度を計算する），⑤統計量を求める，⑥棄却域を求める，⑦判定するという順になる．

ここでは，子どもは検定の流れの理解が大切であるため，ひとつひとつの内容を理解するとともに，全体構造を理解することが必要となる．

B．二項検定について

ここでは，子どもが二項分布を利用した検定の内容を理解することが大切となる．

たとえばA，B二人がじゃんけんを10試合行ったところ，Aの7勝3敗に終わった．この結果からAがBより強いかを考えてみる．この勝敗は二項分布に従うため，二項分布を利用した検定となる．具体的には次のような流れとなる．

AがBより強いことを検定すればよい．この場合には，①二項分布，②帰無仮説；Aの勝つ確率 $p = \frac{1}{2}$，対立仮説 $p > \frac{1}{2}$ と仮定する（片側検定），③有意

水準：5%，⑤統計量：k 試合目で A が勝てば $X_k = 1$，負ければ $X_k = 0$ とする．10 試合中 A が勝つ回数を Z とすると，$Z = X_1 + X_2 + \cdots + X_{10}$ となる．したがって，Z は二項分布 $B\left(10, \frac{1}{2}\right)$ に従う確率変数となる．したがって，A が 7 回以上勝つのは，$P(Z \geq 7) = 0.172$ となる．⑥棄却域：$0 \leq p \leq 0.05$（二項分布，片側検定，有意水準 5% より），⑦ 0.172 は棄却域に含まれないため，帰無仮説は棄却されない．したがって，対立仮説は採用されず，A は B より強いとはいいきれないことがわかる（同じ強さとはいえてはいないことに注意！）．

(2) 正規分布による検定について

ここでは子どもが正規分布による検定を理解することが大切となる．

A．正規分布への近似による検定

A 君があるパソコンゲームで 1～10 の目がでるルーレットを 200 回行ったら，10 の目が 80 回でた．このルーレットは 10 の目がでやすいと判断してよいか，有意水準 1% で判断してみる．

この場合は，二項検定を行うとよいが計算が煩雑となるため，正規分布に近似して考える（標本が大きければ近似できる）．

①二項分布を正規分布に近似，②帰無仮説：10 の出る目は普通の確率 $p = \frac{1}{10}$，対立仮説：10 の目は出やすい確率 $p > \frac{1}{10}$（片側検定），③有意水準 1%，⑤ 10 の目が正しく出るとすると，目の出る回数 X は二項分布 $B\left(200, \frac{1}{10}\right)$ に従う．したがって，$E(X) = 200 \times \frac{1}{10} = 20$，$\sigma(X) = \sqrt{200 \times \frac{1}{10} \times \frac{9}{10}} = 4.24$，$n$ は十分に大きいから，X は正規分布 $N(20, 4.24^2)$ に従うとみなしてよい．$Z = \frac{X - 20}{4.24}$ は $N(0,1)$ に従う．$X = 80$ のとき，$Z = 14.15$ となる．⑥棄却域：$Z \geq 2.33$（正規分布，片側検定，有意水準 1% より），⑦ $Z = 14.15$ は棄却域に入るため，帰無仮説は棄却される．したがって，対立仮説が採用され，10 の目がでやすいといえる．

B．母平均の検定

学校でスマートフォンを購入した生徒に実際の購入価格について調べたところ，平均購入価格は 49800 円，標準偏差は 10000 円であった．1 年生 100 人の平

均購入価格は51400円であった．1年生の平均購入価格は学校平均購入価格と同程度といえるかを，有意水準1%で考えてみる．①正規分布で考える，②帰無仮説；$\mu = 51400$，対立仮説；$\mu \neq 51400$（両側検定），③有意水準；1%，⑤母平均 $\mu = 49800$，母標準偏差 $\sigma = 10000$ の母集団から大きさ $n = 100$ の標本をとったことになる．したがって標本平均 $\overline{X}$ は $N\left(\mu, \frac{\sigma^2}{n}\right) = N\left(49800, \frac{10000^2}{100}\right)$ に従う．$Z = \frac{51400 - 49800}{\frac{10000}{\sqrt{100}}} = 1.6$，⑥棄却域は $Z \geq 2.58, Z \leq -2.58$ である（正規分布，両側検定，有意水準1%より）．⑦棄却域に入らない，帰無仮説は棄却されない．したがって，対立仮説は採用されず，同程度でないとはいえないことがわかる．

C. 母比率の検定

ある都市で無作為に350人抽出して，スマートフォンの所持を調べたところ，所持は12人であった．この所持率が5%より高いといえるかどうかを有意水準5%で検定してみる．①正規分布に近似して考える．②帰無仮説 $p = 0.05$，対立仮説 $p > 0.05$（片側検定），③有意水準；5%，⑤所持率5%とすると，標本数 $n = 350$，標本比率 $\overline{p} = \frac{12}{350}$ となり $Z = \frac{\left|\frac{12}{350} - 0.05\right|}{\sqrt{\frac{0.05(1-0.05)}{350}}} = 1.35$ となる．⑥棄却域；$Z \geq 1.64$（正規分布，片側検定，有意水準5%より），⑦ Z は棄却域に入らない．したがって，対立仮説は採用されず，所持率は5%より高いとはいいきれないことがわかる．

それぞれの検定について，子どもは実際に日常社会からを自ら課題をみつけ，検定を行い，自らの役に立つことを理解することが最も望ましい．

参考文献／参考図書

A.N. コルモゴロフ他（丸山哲郎他 訳）(2003)『コルモゴロフの確率論入門』森北出版，東京

A.N. コルモゴロフ（坂本實 訳）(2010)『確率論の基礎概念』筑摩書房，東京
出村慎一 (2004)，『健康・スポーツ科学のための統計学 改訂版』大修館書店，東京
独立行政法人 大学入試センター，「(本試験) 平均点等一覧」, http://www.dnc.

ac.jp/modules/center_exam/content0230.html
広田すみれ (2005)『読む統計学 使う統計学』慶應義塾大学出版会，東京
石井秀宗 (2005)『統計分析のここが知りたい』文光堂，東京
石村貞夫 (1989)『統計解析のはなし』東京図書，東京
亀谷俊司・横地清編 (1966)『確率と統計』国土社，東京
菅民郎・檜山みぎわ (1995)『やさしい統計学の本 まなぶ』現代数学社，京都
経済協力開発機構 (OECD)(国立教育政策研究所 監訳) (2010)『PISA2009 年調査 評価の枠組み − OECD 生徒の学習到達度調査』明石書店，東京
小寺平治 (2002)『ゼロから学ぶ統計解析』講談社，東京
小島寛之 (2006)『完全独習 統計学入門』ダイヤモンド社，東京
国立教育政策研究所編 (2010)『生きるための知識と技能 4 − OECD 生徒の学習到達度調査 (PISA)2009 年調査国際結果報告書』明石書店，東京
国立教育政策研究所，「「平成 24 年度 全国学力・学習状況調査報告書・集計結果」について」, http://www.nier.go.jp/12chousakekkahoukoku/
国立教育政策研究所教育課程研究センター (2003)『平成 13 年度小中学校教育課程実施状況調査報告書 中学校 数学』ぎょうせい，東京
向後千春・冨永敦子 (2007)『統計学がわかる』技術評論社，東京
京極一樹 (2012)『統計確率のほんとうの使い道』実業之日本社，東京
町田彰一郎 (1972)『確率と統計』国土社，東京
宮谷隆 (2009)『ベイズな予測』リックテレコム，東京
文部科学省 (2008a)『小学校学習指導要領解説 算数編』東洋館出版社，東京
文部科学省 (2008b)『中学校学習指導要領解説 数学編』教育出版，東京
文部科学省 (2009)『高等学校学習指導要領解説 数学編理数編』実教出版, 東京
文部科学省,「国際学力調査」, http://www.mext.go.jp/a_menu/shotou/gakuryoku-chousa/sonota/07032813.htm
文部科学省,「平成 20 年度体力・運動能力調査調査結果統計表」, http://www.mext.go.jp/b_menu/houdou/21/10/attach/1285568.htm
森真・小川重雄 (2007)『よくわかる 確率統計の基本と仕組み』秀和システム，東京
鍋島信太郎・横地清 (1950)『数理統計学初歩』池田書店，東京

大村平 (1969)『統計のはなし』日科技連，東京
P.S. ラプラス（内井惣七 訳）(1997)『確率の哲学的試論』岩波書店，東京
篠田正人編著 (2008)『確率論・統計学入門』共立出版，東京
武隈良一 (1978)『確率』培風館，東京
竹内淳 (2012)『高校数学でわかる統計学』講談社，東京
涌井良幸・涌井貞美 (2006)『ピタリとわかる統計解析のための数学』誠文堂新光社，東京
渡邉伸樹 (2008)「確率・統計」，黒田恭史編著『数学科教育法入門』共立出版，東京，156-189
渡邉伸樹 (2011)「確率・統計」，黒田恭史編著『数学教育の基礎』ミネルヴァ書房，京都，98-127
山田覚 (2002)『医療・看護のためのやさしい統計学 基礎編』東京図書，東京
横地清 (2006)『教師は算数授業で勝負する』明治図書，東京，14-17
横地清 (1990)『パソコン統計実習』現代数学社，京都
吉澤康代・石村貞夫 (2003)『t 分布・F 分布・カイ 2 乗分布』東京図書，東京

研究課題

1. 「確率・統計」の内容について，高等学校の教科書で扱われている内容を解説しなさい。
2. 小・中・高等学校で実際に行われている確率と統計の学習内容をそれぞれ調べ，どのような指導がよいかをそれぞれ検討しなさい。
3. 戦前，戦後を含め，確率・統計教育でどのような実践が試みられたのかを検討しなさい。

正規分布表

Z	0	0.01	0.02	0.03	0.04	0.05	0.06	0.07	0.08	0.09
0	0	0.004	0.008	0.012	0.016	0.0199	0.0239	0.0279	0.0319	0.0359
0.1	0.0398	0.0438	0.0478	0.0517	0.0557	0.0596	0.0636	0.0675	0.0714	0.0753
0.2	0.0793	0.0832	0.0871	0.091	0.0948	0.0987	0.1026	0.1064	0.1103	0.1141
0.3	0.1179	0.1217	0.1255	0.1293	0.1331	0.1368	0.1406	0.1443	0.148	0.1517
0.4	0.1554	0.1591	0.1628	0.1664	0.17	0.1736	0.1772	0.1808	0.1844	0.1879
0.5	0.1915	0.195	0.1985	0.2019	0.2054	0.2088	0.2123	0.2157	0.219	0.2224
0.6	0.2257	0.2291	0.2324	0.2357	0.2389	0.2422	0.2454	0.2486	0.2517	0.2549
0.7	0.258	0.2611	0.2642	0.2673	0.2704	0.2734	0.2764	0.2794	0.2823	0.2852
0.8	0.2881	0.291	0.2939	0.2967	0.2995	0.3023	0.3051	0.3078	0.3106	0.3133
0.9	0.3159	0.3186	0.3212	0.3238	0.3264	0.3289	0.3315	0.334	0.3365	0.3389
1	0.3413	0.3438	0.3461	0.3485	0.3508	0.3531	0.3554	0.3577	0.3599	0.3621
1.1	0.3643	0.3665	0.3686	0.3708	0.3729	0.3749	0.377	0.379	0.381	0.383
1.2	0.3849	0.3869	0.3888	0.3907	0.3925	0.3944	0.3962	0.398	0.3997	0.4015
1.3	0.4032	0.4049	0.4066	0.4082	0.4099	0.4115	0.4131	0.4147	0.4162	0.4177
1.4	0.4192	0.4207	0.4222	0.4236	0.4251	0.4265	0.4279	0.4292	0.4306	0.4319
1.5	0.4332	0.4345	0.4357	0.437	0.4382	0.4394	0.4406	0.4418	0.4429	0.4441
1.6	0.4452	0.4463	0.4474	0.4484	0.4495	0.4505	0.4515	0.4525	0.4535	0.4545
1.7	0.4554	0.4564	0.4573	0.4582	0.4591	0.4599	0.4608	0.4616	0.4625	0.4633
1.8	0.4641	0.4649	0.4656	0.4664	0.4671	0.4678	0.4686	0.4693	0.4699	0.4706
1.9	0.4713	0.4719	0.4726	0.4732	0.4738	0.4744	0.475	0.4756	0.4761	0.4767
2	0.4772	0.4778	0.4783	0.4788	0.4793	0.4798	0.4803	0.4808	0.4812	0.4817
2.1	0.4821	0.4826	0.483	0.4834	0.4838	0.4842	0.4846	0.485	0.4854	0.4857
2.2	0.4861	0.4864	0.4868	0.4871	0.4875	0.4878	0.4881	0.4884	0.4887	0.489
2.3	0.4893	0.4896	0.4898	0.4901	0.4904	0.4906	0.4909	0.4911	0.4913	0.4916
2.4	0.4918	0.492	0.4922	0.4925	0.4927	0.4929	0.4931	0.4932	0.4934	0.4936
2.5	0.4938	0.494	0.4941	0.4943	0.4945	0.4946	0.4948	0.4949	0.4951	0.4952
2.6	0.4953	0.4955	0.4956	0.4957	0.4959	0.496	0.4961	0.4962	0.4963	0.4964
2.7	0.4965	0.4966	0.4967	0.4968	0.4969	0.497	0.4971	0.4972	0.4973	0.4974
2.8	0.4974	0.4975	0.4976	0.4977	0.4977	0.4978	0.4979	0.4979	0.498	0.4981
2.9	0.4981	0.4982	0.4982	0.4983	0.4984	0.4984	0.4985	0.4985	0.4986	0.4986
3	0.4987	0.4987	0.4987	0.4988	0.4988	0.4989	0.4989	0.4989	0.499	0.499
3.1	0.499	0.4991	0.4991	0.4991	0.4992	0.4992	0.4992	0.4992	0.4993	0.4993
3.2	0.4993	0.4993	0.4994	0.4994	0.4994	0.4994	0.4994	0.4995	0.4995	0.4995
3.3	0.4995	0.4995	0.4995	0.4996	0.4996	0.4996	0.4996	0.4996	0.4996	0.4997
3.4	0.4997	0.4997	0.4997	0.4997	0.4997	0.4997	0.4997	0.4997	0.4997	0.4998
3.5	0.4998	0.4998	0.4998	0.4998	0.4998	0.4998	0.4998	0.4998	0.4998	0.4998
3.6	0.4998	0.4998	0.4999	0.4999	0.4999	0.4999	0.4999	0.4999	0.4999	0.4999
3.7	0.4999	0.4999	0.4999	0.4999	0.49991	0.49992	0.49992	0.49992	0.49992	0.49992
3.8	0.49993	0.49993	0.49993	0.49994	0.49994	0.49994	0.49994	0.49995	0.49995	0.49995
3.9	0.49995	0.49995	0.49996	0.49996	0.49996	0.49996	0.49996	0.49996	0.49997	0.49997
4	0.49997	0.49997	0.49997	0.49997	0.49997	0.49997	0.49997	0.49997	0.49997	0.49997

索　引

■欧文■
Grapes　150, 158, 173

ICT　150, 186
iPad　82, 83

Origamics　92

PC　70

TT授業　23

■ア行■
一次関数の定義　164
因数分解　52

教えて考えさせる学習　24
オープンプロセス　176

■カ行■
階級　202
階級値　202
解析　139
回転移動　121
カイ二乗検定　218
解の公式　56
学習指導案　30, 35, 78
学習指導要領　1–4, 6, 88, 89, 143

確率　189
確率の基本的性質　197
確率分布　200, 207
確率変数　200, 207
仮説（帰無仮説）　215
片側検定　215
仮定　122
加法定理　197
可約多項式　52
間隔尺度　202
関数　6–10, 20, 139, 140
関数グラフソフト　150
関数の定義　140
環の公理　59

幾何教育　87
棄却域　215
記述統計　201
期待値　200
既約多項式　52
客観的確率　190
虚数　49, 50
虚数解　57
距離　119
キラーダイス　182

空事象　194
空席記号　42

区間変化率　142
区分求積　75
区分求積法　148
組合せ　193
グラフ作成ソフト　161
グラフの概形　174
群の公理　58

経験的確率　196
計算機　43
係数　36, 51
形成的評価　17
結合の公理　93
結論　122
検定　215

行為動詞　18–22
合成数　46
交点　101
合同　98
恒等式　54
合同の公理　96
公倍数　47
公約数　46
公理　93
公理的確率　196
古典的確率　195
弧度法　147
根元事象　194

■サ行■
最小公倍数　47, 48, 53
最大公約数　46, 48, 53
最頻値（モード）　204
錯角　100
三角関数　35, 147
散布図　205
散布度　204

式の概念の理解　44
試行　194
事象　194
事象の独立　198
次数　51
指数関数　146, 181
自然数　6, 44–46
実数　44, 48
実数の連続性　49
四分位偏差　205
尺度　202
重解　57
集合数　45
習熟度別授業　23
重心　132
従属試行　198
従属変数　152
従変量　152
主格変換　62, 63
主観的確率　189
樹形図　190
主変量　152
順序尺度　202
順序数　45
順序の公理　95
順列　192
条件付き確率　198
小集団学習　180
乗法公式　51
乗法定理　199
証明　122
資料の活用　2, 7, 8, 20
診断的評価　16

垂線　119
推測統計　212
垂直　119
推定　213
推論　4, 5, 7, 88, 90, 91

数概念　41
数学活用　3, 4, 11
数学的確率　195
数学的活動　2, 7
数学的帰納法　10
数学的作法型学習　25
数学的モデリング　156
数と式　2, 7, 8, 19, 20
数の体系化　44
図形　6, 8–12, 19, 20, 87, 90
図形の移動　88, 90, 121

正規分布　208
正規分布の標準化　211
整式　50, 51
整数　6, 10, 44, 47, 48
生徒が主体的に活動する　62
積事象　195
積の法則　191
積分　148
接続詞　27–29
絶対値　177, 178
先験的確率　195
全事象　194
全数調査　212
線分　118

素因数分解　8, 10, 46, 47
総括的評価　17
相関　205
相関係数　206
相関図　205
相似　99, 124
相似比　124
素数　46

■タ行■
対称移動　121
対数関数　146

代数教育　41
代数教育の構築　44
代数的思考　71
大数の法則　224
対頂角　100, 102
体の公理　60
代表記号　42
代表値　204
互いに素　46, 53
多項式　50
多変数関数　186
単項式　50
単純分割授業　23

中央値（メジアン）　204
抽出　212
中線　132
直線　94, 118

定義　93
定数項　36, 51
定積分　149
展開する　51
点集合　93

同位角　100
統計　189
統計的確率　196
統計的推測　212
同側内角　100
同値変形　44, 55
同類項　51
独立試行　197
独立変数　152
閉じている　46
度数分布　202
度数分布多角形　202
度数分布表　202

■ナ行■
内心　128
内接円　128

二項定理　193
二項分布　207
2乗に比例する関数　165
二等辺三角形　102

■ハ行■
場合の数　190
排反事象　195
範囲　205
半直線　118
反比例　156, 162
反復（重複）試行　198
判別式　57

ヒストグラム　202
ピタゴラスの定理　127
非復元抽出　213
微分　148
微分係数　142, 149
評価　13–15
標準正規分布　210
標準偏差　205
標本　212
標本空間　194
標本調査　212
標本標準偏差　213
標本比率　214
標本分散　213
標本平均　213
比率（比例）尺度　202
比例　156, 162
頻度的確率　196

不確定な事象　7, 8, 11, 219, 221
復元抽出　213

複合量　148
複素数　44, 49, 50
不定積分　149
不等式　43, 44, 145
フリーハンド　174
プログラム電卓　70, 72
フローチャート　26–28
分散　200, 205
分数式　53
分布曲線　208

ペアノの公理　45
平均値（アヴェレージ）　204
平行　119
平行移動　121
平行線　100
ベイズの定理　199
平方根　12, 146
平面　95
変化の割合　142
変動係数　205
変量　139, 152, 202

放射性物質の半減期　181
方程式　42–44, 55, 60
母集団　212
母集団分布　213
母標準偏差　213
母比率　214
母比率の検定　217
母比率の推定　214
母分散　213
母平均　213
母平均の検定　217
母平均の推定　213

■マ行■
無作為　182
無作為抽出（任意抽出）　213

無理数　6, 8, 12, 41, 44, 48, 49

名義尺度　202
命題　92, 122
メネラウスの定理　110

文字　41–44, 54
文字式　41–44, 54
文字・文字式の概念および方程式の理解　44
問題解決学習　24, 26

■ヤ行■
有意水準　215
優角　119
有理式　53
有理数　6, 11, 44, 48, 49
有理数の稠密性　49

ユークリッド幾何学　11, 88, 90
ユークリッド空間　6

余事象　195
余事象の定理　197

■ラ行■
ラジアン　147
ラプラス流確率　195

両側検定　215

劣角　119

■ワ行■
和事象　195
和の法則　190

■執筆者紹介■（執筆順，執筆担当）

黒田恭史（くろだ　やすふみ）　　編者，第 1 章，第 3 章
1990年　大阪教育大学大学院教育学研究科修士課程修了
2005年　大阪大学大学院人間科学研究科博士後期課程修了
2005年　博士（人間科学）大阪大学
現　在　京都教育大学教育学部教授
専　攻　数学教育学，脳科学
主　著　『数学教育の基礎』（編著，ミネルヴァ書房，2011）

井上雅喜（いのうえ　まさよし）　　第 2 章
1992年　大阪教育大学大学院教育学研究科修士課程修了
現　在　雲雀丘学園中高等学校教諭
専　攻　数学教育学
主　著　『中学校数学＋総合学習 2 国際理解の展開』（分担執筆，明治図書，2002）

竹歳賢一（たけとし　けんいち）　　第 2 章
1994年　大阪教育大学大学院教育学研究科修士課程修了
現　在　大阪大谷大学教育学部講師／東北大学大学院情報科学研究科博士後期課程
専　攻　数学教育学，論理教育
主　著　『初等算数科教育法』（分担執筆，ミネルヴァ書房，2010）

岡本尚子（おかもと　なおこ）　　第 3 章
2007年　大阪大学大学院人間科学研究科博士前期課程修了
2010年　大阪大学大学院人間科学研究科博士後期課程修了
2010年　博士（人間科学）大阪大学
現　在　立命館大学産業社会学部准教授
専　攻　教育工学，数学教育学
主　著　『神経科学による学習メカニズムの解明—算数・数学教育へのアプローチ』
　　　　（ミネルヴァ書房，2011）

柳本　哲（やなぎもと　あきら）　　第4章

1978年　大阪教育大学大学院教育学研究科修士課程修了
1981年　大阪教育大学教育学部附属天王寺中学校教諭
現　在　京都教育大学教育学部教授
専　攻　位相空間，数学教育学
主　著　『数学的モデリング －本当に役立つ数学の力』（明治図書，2011）

岡部恭幸（おかべ　やすゆき）　　第4章

1999年　神戸大学大学院総合人間科学研究科博士前期課程修了
2006年　神戸大学大学院総合人間科学研究科博士後期課程修了
2006年　博士（学術）神戸大学
現　在　神戸大学大学院人間発達環境学研究科教授
専　攻　数学教育学，数理認識論
主　著　『初等算数科教育法』（分担執筆，ミネルヴァ書房，2010）

渡邉伸樹（わたなべ　のぶき）　　第5章

1996年　大阪教育大学大学院教育学研究科修士課程修了
2005年　神戸大学大学院総合人間科学研究科博士後期課程修了
2005年　博士（学術）神戸大学
現　在　関西学院大学教育学部教授
専　攻　数学教育学，認知心理学
主　著　『数学科教育法入門』（分担執筆，共立出版，2008）

数学教育実践入門
Introduction to Mathematics Education Practice

2014 年 3 月 25 日　初版 1 刷発行
2017 年 11 月 10 日　初版 3 刷発行

編著者　黒田恭史　©2014
発行者　南條光章
発行所　**共立出版株式会社**
東京都文京区小日向 4 丁目 6 番 19 号
電話 (03) 3947-2511（代表）
郵便番号 112-0006
振替口座 00110-2-57035 番
URL http://www.kyoritsu-pub.co.jp/

印　刷　加藤文明社
製　本　協栄製本

一般社団法人
自然科学書協会
会員

検印廃止
NDC 410.7, 375.41
ISBN 978-4-320-11083-0

Printed in Japan

JCOPY ＜出版者著作権管理機構委託出版物＞
本書の無断複製は著作権法上での例外を除き禁じられています．複製される場合は，そのつど事前に，出版者著作権管理機構（ＴＥＬ：03-3513-6969，ＦＡＸ：03-3513-6979，e-mail：info@jcopy.or.jp）の許諾を得てください．